U0590416

国家社科基金
后期资助项目
GUOJIA SHEKE JIJIN HOUQI ZIZHU XIANGMU

科技金融体系建设与效果评价

Construction of Science and Technology Financial System and Evaluation of Its Effect

刘 骅 著

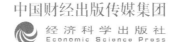

中国财经出版传媒集团

经济科学出版社
Economic Science Press

国家社科基金后期资助项目
出版说明

后期资助项目是国家社科基金设立的一类重要项目，旨在鼓励广大社科研究者潜心治学，支持基础研究多出优秀成果。它是经过严格评审，从接近完成的科研成果中遴选立项的。为扩大后期资助项目的影响，更好地推动学术发展，促进成果转化，全国哲学社会科学规划办公室按照"统一设计、统一标识、统一版式、形成系列"的总体要求，组织出版国家社科基金后期资助项目成果。

全国哲学社会科学规划办公室

前　言

从 2006 年《国家中长期科学和技术发展规划纲要》中最早提出科技创新创业；到 2011 年，科技部联合"一行三会"发布了《关于印发促进科技和金融结合试点实施方案的通知》，确定全国 16 个地区为首批促进科技和金融结合试点地区；再到十八届三中全会把科技金融作为配置科技资源的重要手段；2015 年 1 月，李克强总理在国务院常务会议中公布了"设立 400 亿元创业投资引导基金，助力创业创新和产业升级"的决定。显然，我国已经进入"创新驱动"助力经济增长的阶段，转型发展正在成为我国金融业"新常态"下的主旋律。

在我国科技金融发展第三个阶段（自 2006 年起）的十年间，科技金融由一个解决中小企业融资难、融资贵的工具，转变为创新驱动发展的"牛鼻子"。其发展范式也逐步由供给、政府、技术和服务为导向，向需求、市场、产业和竞争为导向转变。然而，金融并不必然促进创新，金融是异质的，不同的金融体系在促进创新方面具有不同的绩效。因此，在现有背景下，应对如何促进我国科技和金融结合，有效支撑和引领经济发展方式转变给予更多关注。

首先，对我国科技金融体系的研究有必要站在全局和战略的高度充分认识科技和金融结合的重要意义。促进科技和金融结合不仅重要而且迫切，因为当前全球孕育新一轮创新竞争高潮，我国处于加快转变经济发展方式、全面建设小康社会的关键时期。科技金融体系建设是社会变革生产方式和生活方式的重要引擎。我国要在未来国际竞争中占据有利地位，掌握发展主动权，迫切需要加大"科技创新和金融创新紧密结合"这一重要引擎的驱动力。同时必须看到，我国战略性新兴产业的快速发展不断催生新的金融服务需求，形成新的金融业务增长点，为金融创新提供新的市场机遇；我国以科技成果转化、高技术产业化为重点的金融创新经过二十几年的探索，也为抓住新的市场机遇创造了必需条件。充分认识促进科技金融体系建设的重要性和迫切性，必须以科学性为基础，以科学发展观为指导，提升对科技与金融如何有机结合、有效对接的认知能力，全面正确地认识技术创新过程中的不确定性，尊重两者结合和对接的内在规律。

其次，科技金融体系建设的重点是不确定性管理机制和风险管理机制的创新。技术创新过程充满不确定性，金融创新也充满不确定性。不确定性如果是给目标实现带来正面影响的可能性，这就是机会，它支持价值创造或保持现有价值，是不确定性"好"的一面；不确定性如果是给目标实现带来负面影响的可能性，这就是损失，它破坏价值创造或破坏现有价值，是不确定性"坏"的一面。如何管理不确定，控制不确定性"坏"的一面导致的风险，抓住不确定性"好"的一面创造的机会，是技术创新和金融创新的共同主题，也是技术创新金融面临的最大挑战。因此，无论是金融产品服务的创新，还是金融基础保障设施、宏观监管模式的创新，都必须以不确定性管理机制和风险管理机制的创新为导向；多元化、多层次、多渠道的科技金融建设体系，必须以不确定管理和风险管理为主线展开。

再其次，保证以政府与市场利益关系为核心实现多方共赢，这是科技金融体系建设的保障。技术创新和金融资源的结合实际上是相关主体之间的结合，并且最终体现在利益分配上。离开技术活动和金融活动的主体以及相关的利益实现机制，科技与金融的有效结合不可能实现。科技金融体系建设需要调动多方面的积极性，其中，核心是如何处理好政府和市场的利益关系，例如，政府投入的引导作用和市场投入的主导作用的协调，政府投入和市场投入之间的转换，等等。要全面兼顾不同市场参与主体的利益关系，特别是技术创新主体的高科技企业（尤其是中小企业）与各金融企业之间的利益关系、不同技术创新金融供应主体之间的利益关系。只有统筹兼顾，实现多方共赢，科技金融体系建设才能得到保障。

最后，为深入实施自主创新战略提供重要保障，这是科技金融体系建设的根本目的。在技术创新和金融资源结合过程中，不同的参与主体有着不同的目标函数，不同的目标函数会导致对成功和失败形成不同的定义，进而形成对技术创新与金融资源有效性的不同评价标准。技术创新和金融资源能否有效结合在很大程度上取决于参与各方（包括政府）的整体目标与各个体目标的一致性，以及导致的共同评价标准和个体评价标准的一致性。对技术创新和金融资源结合有效性的不同评价标准直接影响人们对两者如何结合的决策，产生不同的优先排序，制约技术创新和金融资源相互结合。因此，强调科技金融体系建设的根本目的是为深入实施自主创新战略提供重要保障，重点在于必须坚持科技与金融结合的正确方向，在推动其建设实践活动中，必须以是否有利于提高为实施自主创新战略提供重要保障作为评价技术创新和金融资源是否有效结合的基本标准，协调参与主体各自的目标函数以及由此决定的具体评价标准，这样参与各方才能形成合力，保持行动一致，实质上推动技术创新和金融资源的有效结合，为实施自主创新战略提供重要保障。

基于上述分析，本书认为科技金融体系应该是整合主要金融资源，为处于不同生命周期的科技型企业融资增信、信息共享的一个综合性服务系统，并能与政府"一揽子"相关政策举措相匹配，从而有效填补科技型中小企业"麦克米伦"缺口的各种金融新业态的组合。其构建的实质是由政府、资金提供方、中介服务机构和科技企业共同参与，相关主体发挥相互扶持、资金支持、信用评级、风险控制等功能，依托科技创新体系，贯穿投融资信息发布、企业资信审查、融资洽谈、融资达成、融资后事项等金融建设全过程，充分利用政府与市场这两只强有力的手，建立资源流转顺畅、风险控制有效的科技金融创新模式，进而实现金融支持科技创新的目标。

本书基于霍尔三维结构模型搭建科技金融体系理论框架，进而从创业风险投资、科技贷款、科技资本市场、科技保险和科技金融政策环境多角度分析科技金融体系建设问题；在实证分析部分，本书从高新技术产业项目创业风险投资的效果评价、科技贷款产品创新与风险分担的效果评价、科技资本市场支持高新技术产业化发展的效果评价、科技保险运行效果及其影响因素评价，以及科技金融体系政策环境建设的效果评价五部分对科技金融体系建设情况进行系统评估。因此，本书在把握科技金融政策趋势，破解科技型中小企业融资难融资贵困局，全面推进科技金融业务模式创新转型等方面，具有一定的理论意义和实践价值。

目　　录

绪　　论

上篇　科技金融体系建设

下篇　科技金融体系建设的效果评价

绪　论

第一章　科技金融研究背景及体系构建

科学技术是经济结构转型与经济可持续发展的原动力，通过科技创新加速产业升级成为我国由"中国制造"转向"中国创造"的必经之路。创新过程中持续的资金需求及多重风险却使得科技发展面临阻碍，发展科技金融就成为破解这个难题的有效途径。近年来，我国政府先后颁布促进科技金融发展的政策和措施，各地区也积极开展科技金融实践探索，对科技金融自身发展规律等基础性理论研究却仍较为鲜见，无法有效指导科技金融实践的发展。为此，研究科技金融体系建设及效果评价，对国家推进科技创新与科技金融协同发展具有较强的理论价值和现实意义。

第一节　科技金融研究的理论背景

在国外虽然存在"science finance""science financing""technology finance""sci-tech finance"等不同的表达，但均没有对其进行系统的解释，因此国外从理论上诠释科技金融也尚未形成一个独立而完整的范畴。在中国"科技金融"一词最早出现在 1993 年深圳市科技局使用的"科技金融携手合作扶持高新技术发展"这一提法中，实际上是科技与金融的合称，表示要把科技和金融相互结合起来共同促进高新技术发展。

一、科技与金融的关系

科技与金融创新有着什么样的关系，这是经济学的一个古老话题。熊彼特（Shumpeter，1912）认为，经济发展的实质在于创新，而创新是生产要素的组合。银行信用的重要作用是为生产要素新组合提供购买力，进而推动经济的发展。希克斯（Hicks，1969）指出工业革命并不是技术创新的结果，或者至少不是其直接作用的结果，而是金融革命的结果。工业革命早期所使用的创新技术，因为缺乏大规模的金融资本，使其无法进入产业化阶段，因此无法导致工业革命。佩里兹（Perez，2002）指出风险投资家为获取高额利润，迅速投资于新技术领域，继而出现了金融资本与技术创新的高度耦合，从而导致技术创新的繁荣和金融资产的几何级增长。陈涤非（2002）认为，科技为金融发展提供了知识准备和技术基础，金融为科技发展创造了资本动力，金融与科技在互动中实现共同发展。李颖（2009）认为，当前科技产业与金融结合越来越紧密，将二者的结合分为初端、中端和高端三个层次。

二、金融发展与科技企业技术创新的关系

国外学者对金融发展与技术创新之间关系的理论研究可分为两个层面：一是不同的金融安排对企业技术创新作用效果的比较分析，即金融发展作用于企业技术创新的结构观；二是从金融功能的角度出发，研究金融对企业技术创新的作用机理，即金融发展作用于企业技术创新的功能观。

（一）金融发展影响企业技术创新的结构观

不同的金融安排构成了金融体系，结构视角的分析旨在探讨不同金融安排作用于企业技术创新的差异，即商业银行和资本市场孰优孰劣的问题。

（1）创业风险投资与企业技术创新。摩尔（Moore，1994）和奥基（Oakey，1984，1995）等学者认为，处于早期成长阶段的高科技企业最大的发展瓶颈在于融资约束，而创业风险投资可以用于弥补小型科技企业的资金缺口（Himmelberg & Petersen，1994）。同样，对于资金提供者来说，处于早期成长阶段的高科技企业面临产品的市场认可不可知、行业技术更新快、行业结构变化快、企业家缺少运营企业的经验、企业资产中以无形资产为主等若干种风险，对于风险承受能力低的金融安排必然会降低对这些企业进行投资或贷款的意愿。天使基金和专业风险投资机构将发挥其独特优势，成为弥补这些企业融资缺口的主要方式。

萨皮恩扎和古普塔（Sapienza & Gupta，1994）对美国风险投资的经验研究表明，风险投资家对所投资企业的重要作用依次是：战略作用，风险投资家在董事会中发挥重要作用，充当风险企业的商业咨询师和财务专家；对创业者的个人支持作用，风险投资家成为创业者的朋友、教练和知己；网络作用，风险投资家帮助企业聘请管理人员，加强职业和产业方面的联系。

科施宁（Keuschning，2004）认为，风险投资家和创业者所形成的合

约中，创业者提供关键技术，风险投资家提供资本和管理经验，这种新的合约方式有效促进了创新。同时，科施宁还证明了调整税收政策和加强对创业风险投资的激励也能促进创新。除了对于技术创新企业的资金支持，创业风险投资更重要的作用在于风险资本家所提供的其他贡献——帮助企业寻找关键的管理团队成员、获取供应商和客户的信任、帮助企业摆脱日常压力以形成战略（Timmons & Bygrave，1986）。

创新企业融资面临着在银行和风险投资之间的选择。温顿和叶拉米利（Andrew Winton & Vijay Yerramilli，2008）认为银行对企业监管较少，但面临投资者的流动性需求，风险资本家对企业的监督更为深入，但风险投资家因为加强投资者流动性约束而承担了较高的资本成本。在公司经营困难的情况下，由于该公司的经理宁愿继续经营而不是清算公司，宁愿采用激进的（冒险的）而不是保守的（安全的）持续经营的战略，投资机构必然监控公司并取得一些控制权。风险资本融资只有在激进的发展战略不太有利可图时才最优，这种冒险的发展战略伴随着很高的不确定性；因成功率较低，这些企业的现金流配置具有较高风险和明显偏低的清算价值，而一旦成功就会带来高额回报。风险资本家资本成本的降低将鼓励企业从安全战略和银行融资转变为风险战略和风险资本融资。

创业风险投资作为一种新型的权益融资安排，其特殊的契约安排和激励约束机制能够有效处理技术创新企业融资过程中的融资规模小、风险、信息不对称等一些根本性问题，因而越来越成为促进中小技术创新企业发展的一种重要金融制度安排。

（2）商业银行与企业技术创新。商业银行是否会促进企业技术创新，已有文献的研究结论并不一致。商业银行有利于企业技术创新的观点认为，银行运作具有规模效应，而且对银行的监管非常严格，因而能够给企业的技术创新活动提供有保障的金融支持；银行还可以对企业的技术创新项目提供特殊的金融服务，激励企业的创新研发（Gerschenkron，1962）。拉詹（Rajan，1992）的研究则认为商业银行不能有效支持企业技术创新，因为强有力的银行体系会利用自己在金融交易中的强势地位侵占企业技术创新活动带来的收益，从而削弱企业的创新动力，并且银行还有保护现有规模较大的企业、阻碍创新企业进入的内在动机（Hellwig，1991）。

另外，由于银行规模大，需要多层组织结构，从而导致委托代理链条过长，因而易于处理"硬信息"（公开的财务报表与资信记录），而难以评估财务制度不健全的创新创业企业；由于企业技术创新的不确定因素多，因而对于银行来说是高风险投资项目，银行天然的谨慎性，会使其对技术创新项目具有内生性规避动机，从而不利于企业创新活动（Weinstein & Yafeh，1998；Morck & Nakamura，1999；Boot & Thakor，2000）。在中国这样经济从计划向市场转轨的国家，国有银行会服从政府的安排，支持那些能够大量吸收就业的劳动密集型产业以稳定政治，对于技术创新型企业关注不够（La Porta et al.，2002）。

商业银行对企业技术创新的效应也取决于银行业的竞争程度。一种观点认为，垄断竞争的银行结构对企业创新租金的掠夺程度较大，从而抑制了企业的创新活动（Boot & Thakor，1997）；适度竞争的银行结构能够有效满足企业技术创新的外部融资需求（Dewatripont & Maskin，1995；Xu & Huang，1999）。另一种观点则认为，银行业的垄断并不一定会降低融资效率，因为处于垄断地位的银行可以通过选择利率水平和信贷配给，或者利用与借贷者长期形成的业务关系，有效甄别和筛选不同类型的借贷者，达到金融收益和金融风险的适度均衡。而且，银行业的适度垄断有利于银行体系的成长，防范银行间过度竞争而导致的金融不稳定（Petersen & Rajan，1995；Rajan & Zingales，1998；Cetorelli & Gambera，2001）。

卡林和迈尔（Carlin & Mayer，2003）以OECD（经合组织）国家为研究对象，提出了关于银行集中度对企业技术创新作用效果的第三种观点，即银行集中度对企业技术创新的作用效果取决于一国经济发展的阶段，在一国经济发展初期，银行集中度越高则经济发展越快；当这些国家的经济发展到企业技术创新对经济增长有重要作用时，银行集中度和经济增长的关系转变为负相关。因此，银行业的竞争程度对技术创新的利弊不能一概而论。可以看出，商业银行是否能促进技术创新企业的发展有截然不同的两种观点。但从整体上看，商业银行可以在一定程度上促进技术创新企业发展的研究比较多，而且认为银行业结构对企业的创新活动有很大影响。

（3）资本市场与企业技术创新。资本市场可以克服商业银行的不足，引导金融资源投向创新型企业，因而资本市场更适合高风险的创新性投资项目（Allen，1993，Morck & Nakamura，1999）。马塞和米勒（Macey & Miller，1997）认为，银行贷款的最主要特征就是一种固定收益索取权，而股票市场是一种有限责任的动态索取权，反映的是如何使企业的增长潜力最大化，因此那些高研发密度、高增长潜力和高风险的企业更适合通过股票市场融资。艾伦和盖尔（Allen & Gale，2002）还指出，决定资本市场和商业银行相对绩效的关键在于观点的多样化和风险程度，对于那些新的或相关信息难以获得的产业（即缺乏信息和投资人持不同意见的一些产业），通过金融市场融资更有效率。

同时，二级资本市场交易成本及流动性的变化也会影响技术创新。本希文加等（Bencivenga et al.，1995）利用世代交叠模型证明，资本市场的效率会直接影响到市场对技术的选择，进而影响一国的经济增长。资本市场过高的交易成本会降低交易的活跃度，从而迫使市场选择那些期限较短的技术；要等到资本市场的活跃度达到一定程度后，要素市场才会乐于选择那些期限较长的技术，这种高投入和高产出的技术必然会产生较高的经济利润，从而给经济增长带来显著的影响。

米切拉希和苏阿雷兹（Michelacci & Suarez，2004）指出，资本市场能通过信誉资本（informed capital，指风险资本家的名望、财富和专长）的循环促进企业创造、创新和成长。由于激励和信息问题，初创的小企业比成熟企业面临更高的上市成本。上市前，这些企业可以与银行、风险投资者等监督者维持紧密关系来获得营运资金，直到前景更可观或激励问题有所缓和。然而，新企业上市越早，监督者的信誉资本便越快地转向其他初创的小企业。因此，如果信誉资本供给不足，那些能降低初创企业上市的要素就会鼓励商业创新（business creation）。与商业创新相联系的技术性溢出，以及股市中新企业丰厚的外部性收益将为鼓励新企业上市提供初步条件。

另外，保罗（Paul，1992）认为资本市场能通过融资多元化来实现风险分摊。若没有资本市场，商业银行只能通过选择不太细分或产出不太高的技术（技术多元化）来控制风险。这种交互作用将产生多重均衡，在低水平均衡上，融资服务发展不足，技术也不够专门化；在高水平的均衡上则相反。

达塔和迪克松（Datta & Dixon，2002）通过考察技术变革中的公司股票市值变动，以及股价是否总是随着技术进步而上升，发现了倒 U 型动态转换，即随着技术进步，在股价的初始上升之后，会伴随着短暂的下降。杰兹曼奥斯基和纳巴（Jerzmanowski & Nabar，2008）从定价的角度研究了股票市场估值对研发投资、创新速度和福利的作用，认为研发投资受到融资约束的情况下，以往的高估值经历能够缓解这些约束，提高整个经济领域的研发投资规模和创新速度。

传统的股权融资（即主板市场融资和创业板融资）在对技术创新企业融资过程中通过信息的分散处理更好地解决了信息不对称问题，通过融资多元化更好地进行了风险分担、通过信誉资本的循环更好地处理了激励问题，因而比起商业银行这种金融安排更有利于技术创新企业的发展。

（4）科技保险与企业技术创新。科技保险的功能就是为科技活动开发者规避和转移技术创新风险。刘燕华（2006）认为，保险作为现代金融和服务业的重要力量，其提供保险保障、分散化解风险的作用，将会有效地激励企业的研发活动，促进自主创新能力的提升，为科技发展注入新的活力。科技保险的启动和推广，必将在很大程度上化解创新创业者的后顾之忧，从而将更多的国内外创新资源吸引到我国的创新活动中来。周延礼（2007）则认为，大力发展科技保险不仅能够推进企业自主创新，而且能够提升高新技术企业信用条件，优化对外贸易结构。对保险业来说，大力发展科技保险能够扩大市场需求，有利于实现保险业做大做强和又好又快发展。刘如海、张宏坤（2007）指出，科技保险能够促进区域科技与经济和谐发展，维护社会稳定。

（二）金融发展影响企业技术创新的功能观

20世纪80年代以来，很多经济学者开始从功能的角度来解释不同金融安排的差异，因而出现了基于功能视角对金融发展影响企业技术创新的分析，其中以莫顿和波第（Merton & Bodie, 1995）的研究最具代表性。他们提出，金融体系的基本功能远比结构要稳定，结构的变化是由功能决定的。因而，西方学者在分析金融发展对企业技术创新的作用时，也开始从功能的角度进行分析。

莱维（Levine, 1997）指出，金融结构的差异对于技术创新和产业增长的促进作用是第二位的，最为重要的问题是金融体系必须具有改善信息披露和降低交易成本的核心能力。阿伦和盖尔（Allen & Gale, 2000）也认为，金融体系是复杂的，市场和中介各有利弊，哪一种金融安排更有利于企业技术创新，不仅取决于经济体自身的特质和创新文化，还要与市场参与者的共同行为特征相匹配。

具体而言，学者们从以下几种金融功能着手，探讨了金融对企业技术创新的作用机理。

（1）融资功能。金融体系的融资功能包含动员储蓄和提供流动性。企业把创新性的技术应用于批量生产并获得收益需要较长的资金占用期，在生产性资本和流动性资本之间合理分配资金是企业的重要投资决策，投资比例一旦确定，企业便可能面临流动性冲击，当这种冲击超出事前准备时，企业就面临着短期融资困难。因此，白兰特（Byrant, 1980）、戴蒙德（Diamond）和戴布威格（Dybvig, 1983）等学者就提出，由于投资收益高的项目难以在短期内变现，而短期投资项目所提供的收益往往低于长期项目，所以企业在选择项目时，面临着流动性冲击与经济效率提高的两难抉择，而资本市场或银行等金融安排能通过它们的流动性提供功能实现经济效率的改进。

福恩特和马林（Fuente & Marín，1996）、布莱克博恩和洪（Blackburn & Hung，1998）等人指出，金融体系的不完善使得创新难以获得充足的外部资金，而金融自由化解除了信贷约束，有利于现代技术的采纳，促进了知识和技术密集行业的发展。阿吉翁等（Aghion et al.，2005）进一步提出，金融自由化带来的金融发展，使企业家更容易获得信贷，并且允许他们从事创新活动。而且，阿吉翁和霍威特（Aghion & Howitt，2011）的研究也表明，降低信贷约束带来更低的筛选和监督成本，从而能缓解代理问题，提高创新频率。

（2）风险分散及管理功能。创新是一个不断试错的过程，会受到各种不确定因素的影响。在进行技术创新的研究开发、中间试制、商业化生产等过程中，企业会面临各种技术风险和市场风险。金融体系在给企业技术创新提供资金支持的同时，不同金融制度安排形成了投资者不同的风险分散机制。

金和莱维（King & Levine，1993）指出，通过持有技术创新企业发行的有价证券，金融市场不仅实现了风险分散功能，还促进了对创新活动的投资，进而促进了企业技术创新。以银行为主的金融体系通过风险内部化来管理风险，即银行将其所管理的金融风险直接转化成自身所承担的风险，但银行所能承担的风险是有上限的，这就迫使银行回避那些风险较大的创新项目。

伯格和尤戴尔（Berger & Udell，2002）认为，由于规模经济和范围经济的需要，现代银行多采用多部门、多层级的复杂组织结构，导致了委托代理链条较长，信息传递成本较高。同时，技术创新及信息基础设施、法律环境、商业环境与市场结构等外部因素制约着这种复杂组织的执行效率和交易成本。这就决定了银行最为关注如何使其贷款风险最小化，而不是使所贷款企业的价值和增长潜力最大化。因此，银行不擅长处理那些高风险的创新性项目。

（3）信息传递和处理功能。技术创新企业要获得融资，必须把有关项目投资前景的信息传递给投资者，投资者对这些信息进行甄别和筛选后，根据既定的投资策略和投资偏好再做出相应的投资决策。

阿伦和盖尔（Allen & Gale，2002）指出，市场和银行的信息传递和处理机制有明显不同。资本市场能提供"多元审查"，投资者通过公开的信息披露获得企业技术创新方面的信息，众多的投资者通过对市场发布出来的信息进行比较、分析和甄别，通过投票来反映投资者对这些信息的认可程度，从而使有关技术创新内容和前景的重要信息会通过证券的价格反映出来。而银行只能进行"一元审查"，信息传递和交流仅限于银行与企业之间，相关的投资决策由银行的专业信贷人员做出。对于成熟的技术，各方观点能够达成广泛的一致，不需要重复审查。但是对于高风险、高科技的企业融资，各方难以就价值评判达成一致的意见。此时，多元审查就很必要，可以通过股价的信息，即股票的买入和卖出的多元决策机制对企业和技术进行重复审查。因此，在技术创新的前期，市场融资更有优势，后期则是银行融资更有优势。

（4）公司治理功能。技术创新企业获得外部权益融资之后，一种必然的结果就是公司治理。技术创新企业为了获得资金而放弃一部分所有权，导致企业所有权和经营权分离，使得资金提供者（股东）为确保资金的安全性，对企业的经营管理和绩效进行监督和控制。技术创新企业的公司治理分为三个阶段：事前监督、中间监督和事后监督（青木昌彦，1995）。事前监督是金融系统对项目前景和风险的评估，主要是克服信息不对称问题；事中监督则是为了解决道德风险问题；事后监督包括回报的实现、失败的补偿、随机矫正能力和惩罚性措施等内容。

萨霍尔曼（Sahlman，1990）提出，为激励创新企业提供准确的信息和努力工作，风险投资者可以运用多种机制来缓解信息不对称问题，包括分段投资、使用可转换优先股和股票期权等，因而是创新企业治理机制中最重要的组成部分。布莱克和吉尔森（Black & Gilson，1999）也指出，风险投资通过初次公开发行股票的方式退出投资相当于为创业者提供了一个控制权看涨期权：风险投资者通过企业成功上市后就放弃了控制权，创业者就有机会获得企业的控制权，这种预期回报将激励创业者为企业的发展壮大而努力。

冈珀斯（Gompers，2001）也认为，分阶段投入和可转换证券都是风险资本有效促进技术创新企业发展的公司治理机制。风险资本对技术创新企业分阶段投资的作用在于，风险投资者拥有放弃和增加项目投资的两种期权，这两项期权对风险投资者具有很大价值，因为风险投资成功的基础在于对成功项目追加投资，并及时终止失败项目，这就对技术创新企业家形成激励和约束，使所有者（风险投资者）和经营者（企业家）之间的矛盾最小化。在可转换证券的契约约束下，企业家的大部分收入来自未来股票增值，固定的合同工资只占其收入的较小比例，这也实现了风险投资者对企业家的激励和约束，从而具有与分阶段投入相同的作用效果。

三、科技金融的概念界定

近年来，国内将科技金融作为科技工作的深化（房汉廷，2010），对其系统研究已逐步展开。其中，学术界对科技金融概念与内涵的界定主要有三种：

（1）科技与金融的互动，强调两者的双向关系（赵昌文等，2009），即科学技术发展存在着对金融的需求。徐冠华（2005）曾揭示了科技与金融的辩证关系，并指出金融的繁荣是以产业竞争力为基础的，只有具备强大的产业竞争力才能支撑持续繁荣的金融。而在理论界公信力较强、认可度较高的科技金融定义，则是由赵昌文（2009）提出，"科技金融是指促进科技开发、成果转化和高新技术产业发展的一系列金融工具、金融制度、金融政策与金融服务的系统性、创新性安排，是由向科学与技术创新活动提供金融资源的政府、企业、市场、社会中介机构等各种主体及其在科技创新融资过程中的行为活动共同组成的一个体系，是国家科技创新体系和金融体系的重要组成部分"。

（2）科技对金融的需求，强调金融资源对科技创新支持的单向过程（李心丹等，2013），即将科技金融界定为金融发展中的一种新业态。李心丹（2013）指出"科技金融是金融资源供给者依托政府科技与金融结合的创新平台，通过对创投、保险、证券、担保及其他金融机构主体等金融资源进行全方位的整合创新，为科技型企业在整个生命周期中提供创新性、高效性、系统性的金融资源配置、金融产品设计和金融服务安排，以促进科技型企业对金融资源或资本需求的内生性优化，进而保障企业技术革新有效提升并推动整个高新技术产业链加速发展的一种金融业态"。

（3）科技金融是一个产业，是产业金融的一个分支（钱志新，2010）。该定义将支持高新技术产业发展的金融界定为科技金融，强调科技金融的产业特性，即科技金融是产业金融发展的一个分支。例如，钱志新（2010）将科技金融定义为"科技企业在整个生命周期中的融资过程，该过程包括融资工具、融资制度、融资政策以及融资服务，融资活动的参与者包括政府、企业、市场、社会中介机构以及其他社会团体"。

此外，国务院印发的《"十三五"国家科技创新规划》（以下简称《规划》）明确了科技金融的性质和作用。《规划》第十七章第三节提到："建立从实验研究、中试到生产的全过程、多元化和差异性的科技创新融资模式，鼓励和引导金融机构参与产学研合作创新。在依法合规、风险可控的前提下，支持符合创新特点的结构性、复合性金融产品开发，加大对企业创新活动的金融支持力度。"目前这是对国内科技金融最为权威的表述。

显然，科技金融落脚于金融，利用金融创新，是高效、可控地服务于科技创新创业的金融业态和金融产品。上述规划中还明确指出，要推进各具特色的科技金融专营机构和服务中心建设，集聚科技资源和金融资源，打造区域科技金融服务品牌，鼓励高新区和自贸试验区开展科技金融先试先行。

第二节　科技金融研究的实践背景

中共十六大以来，国家提出了增强自主创新能力、建设创新型国家的重大战略思想，科技金融体系也进入了全面建设的新阶段。2005 年，胡锦涛同志在十六届五中全会上，明确提出了建设创新型国家的重大战略，成为进入这一阶段的重要标志。

一、建设创新型国家重大战略的提出与实施

2006 年国家召开的全国科学技术大会，做出实施科技规划纲要、增强自主创新能力的决定，发布了《国家中长期科学和技术发展规划纲要（2006 – 2020 年）》，明确提出了"自主创新、重点跨越、支撑发展、引领未来"的新时期科技工作方针，对未来十五年我国科技改革发展作出全面部署。党的十七大强调，提高自主创新能力、建设创新型国家是国家发展战略的核心、提高综合国力的关键，要坚持走中国特色自主创新道路，把增强自主创新能力贯彻到现代化建设各个方面。国家要制定一批促进自主创新的政策和措施，实施一批科技重大专项，加大自主创新投入，构建国家创新体系，推进创新型国家建设。

中共十八大特别强调，要实施创新驱动发展战略，强调科技创新是提高社会生产力和综合国力的战略支撑，必须摆在国家发展全局的核心位置。这是我们党放眼世界、立足全局、面向未来作出的重大战略决策，对于我国加快建设创新型国家、开启迈向科技强国的新征程，对于全面建成小康社会、全面深化改革开放，对于走中国特色社会主义道路、推进科学发展和社会和谐、加快推进社会主义现代化，具有十分重大的意义，必将产生全面而深远的影响。

二、经济金融体制改革取得明显成效

这一阶段，经济金融体制改革已取得明显成效。以促进市场经济发展目标并适应以市场化经营为宗旨的金融体系也已经建立起来。2007 年，不仅有中国建设银行、交通银行等国有商业银行登录 A 股市场；也有兴业银行、中信银行等中等规模的股份制商业银行上市，还有南京银行、北京银行、宁波银行等城市商业银行纷纷抢滩 A 股市场，金融工具得到空前发展并臻于完善。创业板正式运行、"新三板"的试点和科技保险的出现表明已经完成了银行、证券公司和保险公司三大金融机构的跟进过程，为科技金融发展奠定了全面坚实的基础。

三、科技金融体系建设全面启动

建设创新型国家战略的提出，极大地鼓舞了科技企业发展的热情，科技金融体系也进入全面建设阶段。

（一）创业风险投资

2007 年 8 月，创业投资引导基金开始施行。财政部、科学技术部制定出台了《科技型中小企业创业投资引导基金管理暂行办法》，中央财政安排专项资金引导创业投资机构，吸引和带动民间资金增加对初创期科技型中小企业的投资。引导基金将通过阶段参股、跟进投资、风险补偿和投资保障 4 种方式支持创业投资机构，2007 年引导基金安排 1 亿元资金对 50 家风险投资机构和 52 家科技型中小企业进行了资助。

（二）科技贷款

2007 年 8 月，科学技术部与招商银行在北京签署了《支持自主创新科技金融合作协议》。按照"科技部积极组织推动，招商银行独立审贷，依托多种形式的科技金融合作平台，按市场化进行操作"的原则探索科技创新与金融创新相融合的道路。2007 年 9 月，广东省科技厅与国家开发银行广东省分行签署了额度为 180 亿元的《科技与开发性金融合作协议》，2008 年又与招商银行广州分行签订了 50 亿元战略合作协议，充分显示了金融支持重大科技专项、国家科技计划项目、科技型中小企业、科技创业投资、国家高新技术产业开发区等科技领域的决心与信心，在国家政策引导下，金融机构开始通过科技商业贷款支持国家自主创新战略的实施。

（三）科技资本市场

（1）"新三板"试点取得成功。2006 年 1 月，科学技术部、证监会以及中关村科技园区管委会共同启动了"中关村科技园区非上市股份有限公司进入证券公司代办股份转让系统进行股份报价转让试点"。"新三板"建立之初的定位是为高速成长的科技型中小企业提供投融资服务，以及成为证券公司代办转让系统、创业板市场甚至主板市场的优质企业蓄水池。"新三板"成立之初存在一定缺陷，如交易方式过于呆板、没有体现融资的功能、交易结算单一等，导致一些企业持观望态度。

为妥善解决这些问题，2006年10月14日，"新三板"第五次五方联席会议在深圳召开，会议决定对"新三板"进行改革：一是有限责任公司改制成股份有限公司之后，不用再等一年，可以直接进入"新三板"；二是简化挂牌企业定向增发的程序，只要券商和定向私募的企业双方认可，中国证券业协会备案即可。此外，在结算银行、结算方式等方面也进行了调整。从此"新三版"进入了快速发展时期，企业数量有所增加，并且很快就有北京时代科技股份有限公司和中科软科技股份有限公司两家挂牌企业实现了定向增发。

（2）创业板开始运行。2004年5月，证监会正式批复深圳证券交易所设立中小企业板市场。这个在主板市场框架内相对独立运行的新市场的诞生，标志着分步推进创业板市场建设迈出实质性步伐，为创业板市场建设积累经验和打下坚实基础。2005年，时任证监会主席的尚福林曾指出：推动以创业板市场为重点的多层次资本市场体系建设的条件已经比较成熟。2007年8月，国务院批复以创业板市场为重点的多层次资本市场体系建设方案，创业板市场建设再次提到日程。

2009年3月31日，证监会发布《首次公开发行股票并在创业板上市管理暂行办法》，办法自2009年5月1日起实施。办法共分为六章八十五条，对拟在创业板上市企业的发行条件、发行程序、信息披露、监督管理和法律责任等方面进行了详细规定。根据办法，创业板的发行人是依法设立且持续经营三年以上的股份有限公司。有限责任公司按原账面净资产值折股整体变更为股份有限公司的，持续经营时间可以从有限责任公司成立之日起计算，发行后股本总额不少于3 000万元。2009年10月23日，创业板举行了开板仪式，正式开始了运行。创业板的推出能够为数量众多的自主创新和成长型创业企业提供资本市场服务，有利于强化资本市场对国民经济发展的支持，推动创新型国家建设。至此，支持高新技术企业发展的多层次资本市场初步形成，中国科技金融体系也将因为创业板的推出而趋于完善。

（四）科技保险

《国家中长期科学和技术发展规划纲要（2006 - 2020年）》及其若干

配套政策和《国务院关于保险业改革发展的若干意见》都明确规定，要积极开创保险业支持自主创新，服务高新技术产业和企业的新局面。科学技术部和保监会按照国务院的要求，在深入调研的基础上，提出了要大力推动科技保险业务的基本思路。

2006 年，科学技术部、保监会与财政部、国家税务总局、中国出口信用保险公司、华泰保险公司以及许多地方政府之间展开了多层次、多角度的调研和探索，陆续出台了《关于加强和改善对高新技术企业保险服务有关问题的通知》（保监发［2006］129 号）、《关于进一步支持出口信用保险为高新技术企业提供服务的通知》（财金［2006］118 号）、《关于进一步发挥信用保险作用支持高新技业发展有关问题的通知》（国科发财字［2007］254 号）、《关于确定第一批科技保险创新试点城市的通知》（国科发财字［2007］427 号）等文件。这些文件针对科技保险的试点和推广，提出了税收政策、财政资助等方面的优惠，同时相关保险公司也就投保、赔付、保费交付方式等环节承诺提供绿色通道。

2007 年 7 月 20 日，科技保险创新发展试点城市签字仪式在北京举行。科学技术部和保监会与北京市、天津市、重庆市、深圳市、武汉市、苏州高新区分别签署了科技保险合作备忘录，上述五市一区正式成为我国第一批科技保险创新发展试点城市，并由华泰保险公司、中金保险经纪公司与有关科技企业签署了科技保险保单。此次试点，首批推出了高新技术企业产品研发责任保险、关键研发设备保险、营业中断保险、出口信用保险、高管人员及关键研发人员团体健康保险等险种。

（五）科技金融相关政策

2006 年，在《国家中长期科学和技术发展规划纲要（2006－2020 年)》公布以后，国家以落实规划纲要及其配套政策为契机，制定了一系列科技金融政策文件，建立了科技部门与金融机构的合作协调机制。科技部积极会同中国人民银行、财政部、银监会、保监会、证监会、国家税务总局、国家开发银行、中国进出口银行、中国出口信用保险公司等部门和单位，制定出台了科技金融方面的几个政策文件，初步形成了支持自主创新的科技金融政策体系。

（1）政策性科技投资。2007 年 11 月 22 日，科学技术部与中国进出口银行在北京签署了《支持自主创新战略实施科技金融合作协议》，国家科技计划项目获得政策性贷款支持。根据协议，在五年合作期内，中国进出口银行将向国家科技计划项目和重点科技工作提供政策性贷款和投资支持，将国家重大专项、国家科技计划项目、科技创业风险投资项目等作为未来重点合作领域。科学技术部将发挥政策引导、组织协调职能以及项目、专家、信息等优势，结合进出口银行政策性信贷和特别融资账户业务等金融优势，共同促进我国高新技术产业发展。

（2）设立科技金融创新示范区。2009年2月20日，建设中关村国家自主创新示范区动员大会在北京召开，正式公布了《国务院关于同意支持中关村科技园区建设国家自主创新示范区的批复》。同意支持中关村科技园区建设国家自主创新示范区，并实施股权激励、科技金融改革创新等试点工作。2009年12月，国务院批准武汉东湖高新区建立国家自主创新示范区，比照中关村享受建设科技金融体系先行先试的优惠政策。

第三节　科技金融体系建设的相关理论基础

虽然科技与金融对经济发展的作用已经引起很多学者的关注，但是两者关系问题的研究并未引起理论界足够的重视，对科技与金融结合具体方式的认识也不够清晰，只是粗略地认为两者之间是相互作用的。为了更好地研究科技金融体系，本节从金融发展与金融创新两个方面对科技金融相关的理论基础进行梳理。

一、金融发展理论

金融发展理论研究的核心问题是金融发展与经济增长之间的关系，对于这个重要议题，学者们的研究结果不尽相同。本部分主要根据该理论发展的时间脉络来阐述金融发展理论。

（一）萌芽及基础

关于金融发展的理论，最早可以追溯到17世纪和18世纪，金融体系发展对产业资本繁荣起到了很大的促进作用，约翰·洛克（John Locke，1695）和艾达姆·史密斯（Adam Smith，1776）的著作就提出了货币体系和金融中介的重要性。

到了20世纪，熊彼特在《经济发展理论：对利润、资本、信贷、利息和商业周期的研究》中，指出了银行家在经济发展过程中的重要性，认为企业家只有在信贷和金融市场的支持下才能发挥经济功能，并从企业家创新的视角揭示了经济增长和金融体系之间的关系。

20世纪60年代，戈登史密斯（Goldsmith，1969）发表了重要研究成果《金融结构与发展》，从金融结构角度来分析金融发展。他认为世界各国在金融结构上存在差别，并造成了金融发展和经济发展的不同特征，金融结构主要指金融工具种类、金融机构的设立、金融工具和金融机构的实际特征和相对规模、各种金融中介机构的密集度、金融工具数量和金融机构资金量与经济总量的相对值等方面。此外，金融结构的第一个特征反映在金融相关度（financial interrelations ratio，FIR）上，即一国金融上层结构和实际经济上层结构之间的关系，一般用现存金融资产与国民财富之比来表示；第二个特征是金融工具在经济中的分布，包括债务工具和股权工具的比例，长期和短期债务的比例，以及不同风险性和价格波动性工具之间的比例关系；最后一个重要特征是金融机构在金融工具存量中的份额，一般用金融机构所拥有的资产在整个金融资产中的比率来表示。

古尔雷和肖（Gurley & Shaw，1960）在《金融理论中的货币》中研究了金融体系中的货币功能、货币政策和货币控制、金融与经济增长的关系等，揭示了货币在金融体系和经济发展中的作用，并区分了内在货币和外在货币的概念，但是货币只是多种金融资产中的一种，金融理论应该面对多样化的金融资产；商业银行之外的其他金融机构同样拥有信用创造的能力；除了货币政策，财政政策和债务政策也影响着金融与经济的关系；多样化的金融机构、金融工具和金融市场形成充分发展的金融制度，金融制度的效率决定了经济能否最有效地配置资源。

（二）建立及发展

20世纪70年代初，金融发展理论取得进一步突破，麦金农和肖（Mckinnon & Shaw）在1973年分别发表了《经济发展中的货币与资本》和《金融深化与经济增长》，他们把分析重点放在了发展中国家，认为金融自由化和金融发展会促进经济增长，而金融抑制则会阻碍经济增长，提出了发展中国家取消金融抑制和实行金融自由化的政策主张。麦金农（Mckinnon）认为金融增长一方面是金融变量的增长，如货币增长、货币需求增加；另一方面是金融变量与宏观经济变量的比率增长，如储蓄与GNP之比。麦金农和肖（1973）提出的金融抑制是指一种货币体系被压制的情形，具体包括利率上限、信贷配给、较高的准备金要求、市场进入限制等金融抑制措施，会压抑储蓄和投资，降低均衡状态下的经济增长率。他们都认为要让自由市场机制决定信贷配置，取消利率上限，随着实际利率水平向真实均衡水平的不断调整，较低产出的投资项目将逐渐被淘汰，从而提高了整体投资效率，经济增长率也随之提高。

但是金融自由化理论包含三个基本假设：完全信息、利润最大化竞争行为以及制度分析的缺失，而这些假设与发展中国家的现实是不符的。另外，对于金融自由化过程中的成本和风险以及对经济增长可能造成的负面效果却缺乏研究，未能全面考察金融自由化与金融风险控制、金融危机防范以及金融稳定性之间的关系。

此后，麦金农和肖推动金融发展理论研究不断向前，许多经济学家纷纷提出他们对金融发展问题的见解。第一代麦金农－肖学派盛行于20世纪70年代中期到80年代中期，代表人物包括卡普（Kapur）、马斯森（Mathieson）、贾尔比斯（Galbis）和弗里（Fry）等，他们主要对金融深化理论进行实证研究和进一步扩充。第二代麦金农－肖学派盛行于20世纪80年代末90年代中期，代表人物包括格林伍德（Greenwood）、莱维（Levine）、史密斯（Smith）和卢卡斯（Lucas）等。这一时期的金融发展理论从效用函数入手，建立了各种具有微观基础的模型、引入了诸如不确定性（流动性冲击、偏好冲击）、不对称信息（逆向选择、道德风险）和监督成本之类的因素，在比较研究的基础上对金融机构和金融市场的形成做了规范性的解释。

（三）后续研究

通过对发展中国家金融自由化实施过程及结果的观察，许多学者对金融发展理论进行了进一步的思考。斯蒂格利茨（Stiglitz，1981）认为政府应该采取间接控制机制对金融市场实施监管，此后，海尔曼（Hellman）、默多克（Murdock）和斯蒂格利茨（1997）在《金融约束：一个新的分析框架》中提出了金融约束理论。海尔曼等人认为金融约束是指政府通过间接控制措施，包括对存贷款利率的控制、市场准入的限制，为生产部门创造租金机会，调动金融企业、生产企业和居民等各个部门的生产、投资和储蓄的积极性。通过一系列政策，以期达到防止金融抑制、促进金融深化的目的。理论是为实践服务的，许多学者通过实证分析来检验金融发展理论，包括宏观、中观、微观各个层面，并对理论提出的政策建议进行了研究。

对于科技金融来说，其不同于传统金融的特征便是科技，金融发展理论对于研究科技金融的适用性体现在以下两个方面。

一是金融体系的发展可以帮助降低信息不对称成本，尤其对于高科技企业来说，各方金融参与者难以把握高科技企业的相关项目价值，获取相关信息的成本更高，对于其前景判断则会更难。而发达的金融体系能够帮助参与者从多方面了解企业相关信息，从而做出更为准确的判断，而这也会帮助高质量的企业获得相应的资金，推动高科技企业的发展，形成交互作用的良性循环，促进科技金融体系的发展。

二是金融体系可以为科技型企业提供规避创新风险的手段和渠道。科技型企业的核心竞争力是创新，而创新往往是具有高风险特征的，并且收益也具有不确定性。一方面，金融体系为项目投资者在市场上变现提供了渠道，完善了投资者的退出路径；另一方面，金融市场的发展，扩大了项目的资本来源，有利于优化资本结构，从而促进全社会对创新活动的投资。

二、金融创新理论

金融创新理论主要从金融创新的动因入手探讨金融创新的来源，学者们分别从约束诱导、规避管制、制度推动和降低交易成本，以及应对不完全市场等角度提出了约束诱导金融创新理论、规避管制金融创新理论、制度学派金融创新理论、交易成本金融创新理论、不完全市场金融创新理论以及金融创新理论的一般均衡模型。

（一）约束诱导理论

约束诱导理论的代表人物是希尔佰（Silber），他认为金融创新是微观的金融组织采取一定行为来减轻外部对其的金融压制，从而满足其利润最大化的目标，主要是指金融工具或一些金融实践的创新。约束诱导理论是基于微观经济学观点从供给角度探讨金融创新问题，该理论认为金融创新是金融组织为了最大化利润对金融约束做出的反应。这种金融约束被认为有外部和内部之分，其中，外部约束主要来自于政府的控制管理，内部约束是企业自身的核心资产比率和流动性限制等。因此，金融组织在外部和内部的双重约束下要想追求自身利益的最优就需要不断进行创新才能生存，当约束条件发生变化时，会导致创新金融工具的产生。约束诱导理论具有一般性和系统性的特点，能够较为广泛地解释微观金融工具创新的成因。

（二）规避管制理论

规避管制理论的代表人物是凯恩（Kane）。规避创新是指为了回避各种金融规章制度管控采取的行为，包括金融业务、产品和服务方式等的创新。规避管制理论重点关注外部环境尤其是政府的管制产生的金融创新。凯恩提出一个规章制度制定过程框架，他认为被管制主体的规避过程和规章制度的制定过程是相互博弈、相互适应的。该理论认为金融机构为了绕开金融管制产生金融创新行为，但当金融创新危及到金融稳定和货币政策目标时，又会受到新的金融管制，继而又产生新一轮的金融创新，因此这个过程是动态的博弈过程，几乎不存在静态均衡，因此规避管制理论又被称为管制辩证法模型。规避管制理论也被认为是约束诱导理论和制度学派理论的折中，因为它既指出金融创新是由于对约束的回避，又认同金融当局会对威胁到金融稳定和货币政策的金融创新加以新的管制。

（三）制度学派理论

制度学派的代表人物有诺思（North）、戴维斯（Davis）和赛拉（Scylla）等，他们主张金融创新是一种制度改革，与经济制度互相影响，并提出金融创新并非20世纪电子信息时代的特殊产物，而是与社会制度密切相关。该理论认为金融体系由于监管制度而引起的任何变化都可以被视作金融创新，如政府为维系金融稳定和防止收入不均采取的改革措施等。该理论还指出金融创新只有在受管制的市场经济体制中才会存在，其观点是，金融创新在严格管制的计划经济体制中会受到很大抑制而无法实现，而完全自由没有管制的市场经济体制下，则没有为规避管制进行创新的必要。制度学派将政府监管行为和制度看作是金融创新的主要动因，并将金融创新的内涵从金融业务创新推广到制度创新层面，将金融规章制度也作为金融创新，因此该理论与其他理论相比拓宽了金融创新范围。但制度理论这种将金融管制制度都视为金融创新的宽泛观点也一定程度上降低了对金融创新实践的具体指导意义。

（四）交易成本理论

交易成本金融创新理论的代表人物是希克斯（Hicks）和尼汉斯（Niehans），他们认为金融创新主要动因是降低交易成本，该理论的核心观点是，金融创新的过程就是不断降低交易成本的过程。交易成本理论的观点有两重含义：一方面，能否降低交易成本被用来衡量金融业务和金融工具创新的价值；另一方面，金融创新中往往伴随技术进步，由技术进步带来交易成本的下降。希克斯将交易成本、货币需求与金融创新结合提出：一方面，交易成本高低决定了货币需求的不同，而不同的货币需求下需要对应不同类型的金融工具；另一方面，交易成本降低能够使货币演变为更高级形式，继而产生新的金融工具类型；此外，交易成本的不断降低会刺激金融创新去改善金融服务。将金融创新原因归结为追求交易成本的降低，反映正是由于金融主体的趋利性产生金融创新，虽具有说服力，但同时也有一定的局限，因为降低交易成本只是金融创新众多原因中的一个。

（五）不完全市场理论

不完全市场金融创新理论的代表人物主要有尼汉斯（Niehans）、杜飞（Dufey）、吉第（Giddy）、德塞（Desai）、劳（Low）、勒威尔林（Llewellyn）等。学者们认为金融创新并非产生全新的金融产品，而是对产品已有特征（包括定价、期限和流动性等）做一些改变和重组，从而促进金融系统功能的提升。如尼汉斯（Niehans，1983）将金融安排描述成标准金融产品的"打包"，这些产品被归纳为三大类：一是现在货币对未来货币的兑换，二是信贷双方的组合，三是代表顾客付款的执行。杜飞和吉第（Dufey & Giddy, 1981）认为由于市场具有不完全性，追逐利润的金融机构发现采用一种新的技术或工具能够在不完全市场获得盈利机会，由此就催生了金融创新，通过将一些标准化金融要素进行组合，填补不完全市场和完全市场之间的差距。德塞和劳（Desai & Low, 1987）的观点也认为金融创新是实现金融市场完善性的手段，提出金融创新只是现有金融产品不同特征不断重新组合的过程。勒威尔林（Llewellyn, 1992）提出金融系统功能是金融创新所关注的焦点，判断金融创新的最根本标准就是其能否提高金融系统的一般功能和具体金融机构的效率。

（六）一般均衡模型

金融创新的一般均衡模型代表人物是阿伦（Allen）和盖尔（Gale）。该理论主要是从金融市场的不完全性入手，提出在一般均衡理论的框架内来分析金融创新过程。阿伦和盖尔（1991）在他们的研究中提出了风险共享和最优证券设计的金融创新一般均衡模型，描述了不完全市场中的企业通过金融创新达到一般均衡的过程，使得不完全市场向完全市场接近。阿伦和盖尔的研究通过将金融创新模型化的方式增强了对不完全市场中金融创新过程的理解，然而其局限性在于只考虑了风险共享作为金融创新的激励因素，而忽略了其他因素，如监管、交易成本和公司控制等。

第四节 科技金融体系结构重塑

一、科技金融体系内涵框架设定

近年来，理论界主要从科技金融参与主体和科技金融内容结构等视角开展研究，其成果较多，也逐步形成了较为完善的科技金融体系结构。杨刚（2005）较早地从科技金融参与主体角度进行研究，认为资本市场和各种中介组织（包括评估机构、投资银行、投融资管理顾问公司）是科技金融发展的客观需要。从科技金融内容结构角度进行研究的文献及观点有：唐绪兵等（2005）认为金融制度环境、金融市场和高效的金融组织是科技金融创新体系的重要组成；廖添土（2007）从科技投入角度，通过与发达国家比较，提出我国需加快构建多层次科技金融支持体系，拓宽科技发展融资渠道，多层次主要包括完善银行信贷、构建金融服务体系和风险监测与调控体系；邓天佐（2012）认为科技金融内涵渗透于"以企业为主体、市场为导向、政产学研用相结合"，科技金融系统具有多要素、多层面、多维度构成特征，包括三个层面：金融创新、科技创新、管理创新，科技金融产业与现代科技服务产业，改造升级传统产业、培育发展战略性新兴产业和孕育催生先导性产业。以上三个不同维度的坐标中，分别显示不同功能与作用，既表现正激励，亦体现负反馈。

但多数学者结合科技金融参与主体及内容结构综合研究科技金融体系。赵昌文等（2009）不仅研究科技金融参与主体（科技金融需求方、供给方、中介机构、政府等），同时认为科技金融体系由科技财力资源、创业风险投资、科技贷款、科技保险、科技金融环境等要素构成。肖泽磊等（2011）从构成主体、生命周期、运作机制和风险防范机制等层面构建科技金融创新体系。陆岷峰等（2011）则认为，需要构建以科技银行为核心的科技金融体系。洪银兴（2011）提出，科技金融在现实经济运行中有两个截然不能分开的部分：一是直接科技金融，基本上由风险投资家提供，涉及股权融资及相应的股权交易市场；二是间接科技金融，涉及银行提供的信用。文竹等（2012）提出，需建立一种面向科技型中小企业的科技金融体系，该体系发展经历 3 个阶段：政府推动期、银行介入期、自觉发展期。这些研究成果的侧重点有所不同，对科技金融参与主体在科技金融中的作用程度及方式略有区分。

综合国内学者对科技金融体系的认识，本书将其观点系统梳理并归类，设定科技金融体系的内涵框架，具体如图 1-1 所示。

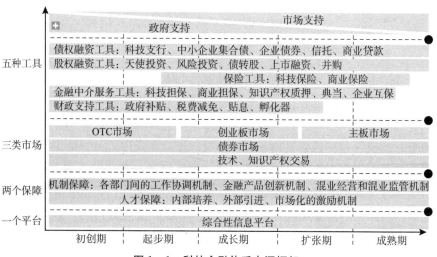

图 1-1　科技金融体系内涵框架

根据图 1-1，本书将科技金融体系内涵定义为：科技金融体系应该是整合主要金融资源，为处于不同生命周期的科技型企业融资增信、信息共享的一个综合性服务系统，并能与政府"一揽子"相关政策举措相匹配，从而有效填补科技型中小企业"麦克米伦"缺口的各种金融新业态的组合。其构建的实质是由政府、资金提供方、中介服务机构和科技企业共同参与，相关主体发挥相互扶持、资金支持、信用评级、风险控制等功能，依托科技创新体系，贯穿投融资信息发布、企业资信审查、融资洽谈、融资达成、融资后事项等金融建设全过程，充分利用政府与市场这两只强有力的手，建立资源流转顺畅、风险控制有效的科技金融创新模式，进而实现金融支持科技企业的目标。基于上述对科技金融概念的理解，一方面，从科技金融资源的供给者考虑，科技金融体系具有自身特有的结构，除了政府的科技与金融资源外，还应包括创业风险投资、科技信贷、科技资本市场和科技保险多个层面；另一方面，从科技金融需求者角度，科技型企业在不同发展阶段表现出融资难困境的共性问题为：融资渠道较为单一，融资中的信用缺乏及信息不对称，从而造成其融资效率不高。此外，政府作为科技金融的重要参与者，其主要功能和作用应该体现为通过政策制定与执行来"引导"和"推动"金融资源的投向。

二、科技金融体系的霍尔三维结构

（一）霍尔三维结构的相关理论

美国系统工程专家霍尔（A. D. Hall）于 1969 年提出了霍尔三维结构模型，这种系统工作方法论被应用于全球范围的大型复杂系统的规划、组织以及管理问题。霍尔三维结构将系统工程的全部过程分别称为：逻辑维和时间维的诸多步骤和阶段，不仅考虑步骤和阶段之间的关系衔接问题，同时还保证完成各个步骤和阶段所需的相关专业技能及其资料（知识维），将时间维、逻辑维和知识维进行组合就形成了一种三维空间结构。

其中，时间维依据时间顺序将系统工程进行划分，分别为划分、拟订方案、研制、生产、安装、运行、更新七个时间阶段。逻辑维是指在时间维划分的基础上设置的思维程序，具体是指明确问题、确定目标、系统综合、系统分析、系统优化、决策、实施七个逻辑步骤。知识维是指在全部系统工程解决过程中所涉及的各种相关知识、技能等方面的信息，这些信息涉及社会学科的多种方向。将时间维、逻辑维、知识维进行三维结构的组合，就构成了系统工程研究的基本体系，同时三维结构可以将系统工程中的任一阶段和步骤进行逐一展开，形成分层次的立体结构体系。

（二）科技金融体系的霍尔模型

基于科技金融体系内涵的设定，结合霍尔三维结构模型的系统思维方法，本书从科技金融供给者的多层级角度，科技金融需求者不同发展阶段的融资需求特点，以及宏观政策机制和金融生态视阈，重塑了科技金融三维结构体系。首先是时间维，生命周期的多阶段性决定了科技型中小企业投资价值与投资风险的多样性，因而其各阶段对于资金需求的数量及方式也不同，故需要的金融支持方式也存在差异，但一点可以肯定，科技型中小企业在生命周期的每一阶段都需要一定的资金支持；其次是知识维，在科技金融体系的霍尔三维结构中，形成了不同类别的科技金融创新服务模式和工具，包括创业风险投资、科技贷款、科技资本市场及科技保险等，他们共同承担着填补科技型中小企业"麦克米伦"缺口与化解技术创新风险的重任；最后是逻辑维，科技金融体系构建中应充分挖掘科技金融参与主体的功能与行为，主要包括政府的政策支持、金融机构的资金供给、中介机构的全面服务，以及企业自身的基本运营。因此，本书从系统工程学视角，将霍尔三维结构模型予以变通并嵌入科技金融体系建构研究过程中，其具体结构如图 1－2 所示。

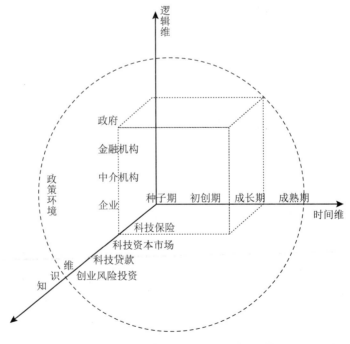

图 1－2　科技金融体系的霍尔三维结构模型

虽然从已有文献梳理得出的图 1-1 中，科技金融体系内涵框架包含了诸多科技金融体系关联因素，但显然在图 1-2 中，科技金融体系的霍尔三维模型进行了针对性的约简，以突出科技金融体系内涵特征，具体而言，在时间维强化了科技型中小企业融资难、融资贵的四个关键阶段，即种子期、初创期、成长期和成熟期；在知识维凸显了科技金融工具在科技金融体系重塑中的重要作用，即创业风险投资、科技贷款、科技资本市场和科技保险；在逻辑维则明确了科技金融体系的参与主体，即政府、金融机构、中介机构和科技型中小企业。当然科技金融体系内涵框架中包含的其他关联因素在霍尔三维模型分析中并不是未予论及，而是结合霍尔三维结构模型后，该理论体系研究的视域更具系统性和针对性，并将科技金融体系内涵中的平台、保障和市场等关联因素一并通过霍尔三维模型中的政策环境因素予以阐释，进而更加明确了科技金融体系重塑过程中，政府与市场"两只手"不可或缺的重要作用及其角色分工。

第五节 研究内容与意义

本书紧密围绕科技金融体系的霍尔三维模型，从上篇科技金融体系建设和下篇科技金融体系建设效果评价展开全书内容。在上篇内容中，本书锚定科技金融体系建设中的主要矛盾，即科技型中小企业融资难、融资贵问题，重点从理论层面分析创业风险投资、科技贷款、科技资本市场和科技保险等诸多金融工具，如何在政府引导及其他科技金融主体共同参与的条件下，发挥其填补科技型中小企业"麦克米伦"缺口的作用；同时，注重强调科技金融体系中政策环境建设的突出地位，通过科技金融政策环境建设的系统分析，以桥梁和纽带作用串联科技金融体系中的各关联因素，以全面描述现阶段我国科技金融体系构建中的政府和市场双重作用的引导与推动力。在本书的下篇内容中，主要采用实证分析方法，测度高新技术产业项目创业风险投资的效果，科技贷款产品创新与风险分担的效果，科技资本市场支持高新技术产业化发展的效果，科技保险运行效果极其影响因素，科技金融体系政策环境建设的效果。具体章节内容包括：

第一部分（第一章）绪论。本章从科技金融的理论与现实背景切入，阐述了科技金融相关理论；在明确科技金融体系内涵框架的基础上，基于霍尔三维结构模型重塑了科技金融体系，并简述了全书的研究内容和研究意义。

第二部分为上篇，主题为科技金融体系建设，共包括五章（第二章至第六章）：

第二章至第五章分别对创业风险投资、科技贷款、科技资本市场和科技保险进行系统分析。该四章内容基于霍尔三维结构模型，主要分析与阐述该结构模型中知识维与逻辑维、时间维之间的两两关系，即四种科技金融工具在科技金融体系中与其参与主体的行为规律，以及企业不同生命周期阶段的科技金融体系运行情况。

第六章为科技金融体系政策环境建设。本章重点以科技金融环境建设为纽带，系统阐释科技金融体系建设的必要性与特殊性，全面梳理国内外学者对科技金融体系政策环境建设的基础理论观点；进而比较分析全国十个典型城市在科技金融政策环境建设方面的举措与经验。

第三部分为下篇，主题为科技金融体系建设的效果评价，共包括五章（第七章至第十一章）：

第七章为高新技术产业项目创业风险投资的效果评价。本章首先运用AHP分析法遴选影响高新技术产业项目创业风险投资效率的重要指标因素，然后运用数据包络模型测算江苏省无锡、南京和苏州20个物联网企业项目创业风险投资的总体效率、纯技术效率和纯规模效率，进而得出其达到 DEA 有效的改进方向；并基于超效率 DEA 模型，对江苏省高新技术产业项目创业风险投资的发展绩效进行整体评价，最后提出相关政策建议。

第八章为科技贷款产品创新与风险分担的效果评价。本章运用 SCP 范式对科技信贷市场进行分析，认为信贷市场结构的不合理是导致中小企业融资难、融资贵的重要原因，并通过动态演化博弈模型分析发现，解决这一问题的重点是提高资金的可获性和配置效率。进而通过对苏南地区科技支行的实地调研，从横向与纵向两个维度系统评价科技信贷创新模式及相应产品，并针对其代表性产品分别运用风险弱化、转移、分拆、捆绑的方式，设计科技信贷风险分担机制。

第九章为科技资本市场支持高新技术产业化发展的效果评价。本章从发展规模，股票市场和债券市场三个维度构建科技资本市场支持高新技术产业化发展的效果评价指标体系，将网络层次分析法与模糊综合评价法相结合，评价了江苏省生物医药产业、物联网产业和新材料产业的高新技术产业化发展能力。最后，提出科技资本市场支持高新技术产业化发展的政策组合。

第十章为科技保险运行效果及其影响因素评价。本章运用灰色理论构建灰色关联评价模型，测算了我国第一批六试点城市（区）科技保险实施的绩效，找出指标体系中影响首批试点城市（区）科技保险实施绩效的主要因素，并在此基础上提出改善我国科技保险实施效果的相关政策建议。

第十一章为科技金融体系政策环境建设的效果评价。一方面，本章尝试利用引力熵模型，通过对"科技金融发展指数"和"经济距离"内涵的界定，建立一个基于空间区域视角下的"科技金融引力"模型；同时，运用该模型对长三角地区相关城市的"科技金融引力"进行定量测度，为该区域科技金融非均衡发展现象提供一种新的分析视角，也为长三角地区科技金融协同发展提出一些有益的政策建议。另一方面，本章基于江苏省科技金融体系服务平台建设效果评价指标，运用因子与聚类分析方法实证分析江苏省13个地级市科技金融体系服务平台发展水平，进而利用聚类分析法测度江苏省科技金融体系服务平台建设呈现出的梯度状况，描述其发展中的地域非均衡性特征。

此外，本书的学术价值体现在两个方面：一是在理论层面，本书将传统孤立的科技金融各组成要素，统一纳入基于霍尔三维结构的科技金融体系分析框架中，有助于完善科技金融的理论研究范式；在科技金融体系研究框架下，从不同维度分析科技金融工具、参与主体在高新技术企业发展不同阶段的互动行为与关系，有助于深化科技金融组成要素的理论研究；从不同层面构建科技金融体系建设效果评价指标体系，有助于拓展基于中国情境下科技金融可持续发展的研究。在应用价值上，本书在微观层面，揭示科技型中小企业在不同生命阶段，科技金融工具、参与主体的互动行为规律，有助于破解其"麦克米伦"缺口，及化解技术创新风险。二是在中观层面，评估科技金融服务体系建设对战略性新兴产业、创新创业发展和区域科技创新的支撑效果，有助于提升科技金融体系的运行与服务效率；在宏观层面，对科技金融体系政策环境建设的效果进行评价，有助于营造科技金融可持续发展的良好氛围。

本 章 小 结

本章从两个层面梳理了科技金融发展的理论与现实背景，基于金融发展与创新理论，结合霍尔三维结构模型，约简了科技金融体系内涵框架，重塑了科技金融体系的霍尔三维结构模型。本书将紧扣该核心理论模型，以期通过科技金融体系三个维度的系统分析，将科技金融体系建设的过程明晰化，便于合理配置系统中的要素资源，提高科技金融体系的服务效率，并能对体系中各参与主体行为决策发挥较强的指导作用。

上篇　科技金融体系建设

第二章 创业风险投资

创业风险投资是科技金融体系建设的核心范畴，是与科技型中小企业"风险—收益"结构最匹配的金融类别，在推动技术创新、完善金融资本市场、解决中小企业融资难、促进经济增长方面发挥了重要作用。在我国创新型国家的建设过程中，科技型中小企业迅速发展，创业风险投资通过股权投资从资金、技术以及投资企业各阶段的管理等方面，为其提供各种类型的融资支持，推动我国高新技术产业迅速发展。

第一节 创业风险投资参与主体及行为

一、创业风险投资运行中的政府行为

从当前我国创业风险投资的发展情况来看，政府仍是创业风险投资的主要推动者，是推动创业风险投资发展政策的主要制定者，重点在于政策的指引和宏观调控。在战略层面上政府通过制定发展战略和规划，在战术层面上政府通过激励手段，以直接或间接的方式影响创业风险投资业的形成和发展。两种手段均能体现政府的支持和引导作用，也都是影响创业风险投资业形成和发展的主要政府行为。政府对创业风险投资的行为集中体现在利用一系列有利于创业风险投资发展的政策支持上，主要表现在财政支出、金融支持、税收优惠、风险分担、人才政策和法律环境等政策支持。

（一）财政支出政策

财政支出政策是指政府利用财政资金对创业风险投资进行扶持，主要包括财政投资、财政补贴和政府采购三种形式。财政投资是政府直接向风投机构或风险企业提供资本，提高创业风险投资的信誉，通过政府产业政策导向引导社会资金积极参与。财政补贴是政府向风投机构或风险企业提

供的各种无偿经济补助，相对提高其收益率，如为缓解不同阶段科技型中小企业的融资问题，政府设立的创业投资引导资金、种子基金等。政府采购是一种政府的直接购买行为，通过政府采购可以为技术创新活动开拓初期市场，降低创业风险投资的投资风险。

（二）金融支持

金融支持主要是指政府在投融资方面对创业风险投资的支持，主要表现在政府风险资本的供给、风险资本的退出方面。

在风险资本供给方面，政府不仅允许银行和投资银行参与创业风险投资，同时也放松了养老基金、保险基金等机构参与风险投资的限制，极大地增加了风险资本的供给。另外，一些国家创设了以发行和交易高新技术风险企业为主的二板市场，即创业板，为风险企业直接融资提供了方便和快捷的融资渠道，为创业风险投资退出提供了可靠的保障。例如，美国纳斯达克、中国创业板和中小板的设立对促进和完善创业风险投资起到了巨大的推动作用。

（三）税收优惠政策

税收政策主要是通过各种形式的税收优惠，使风险投资者享受到较高的收益，以实现对创业风险投资的支持，并吸引资本以风险投资的形式向高科技产业倾斜。对新兴产业和高技术开发的企业实行税收优惠是政府促进创业风险投资发展的重要措施之一。我国政府规定，科技型中小企业享受所得税减半或者免征所得税的税收优惠政策，以扶持科技型中小企业发展。

（四）风险分担政策

风险分担政策，即政府以一定的财政资金为基础，为机构或企业的债务融资提供偿债担保，降低投资的风险。如我国由政府或国有控股集团出资成立专门为科技型中小企业提供担保的金融担保公司，为企业向商业贷款进行担保，一定程度上解决了我国高新技术中小企业融资难的问题；成立的科技成果转化风险补偿专项资金为科技型中小企业分担了部分风险。

（五）人才政策

技术创新是创业企业的基石，也是企业成长的动力和源泉，而技术创新都来自于人才。在人才支持政策上，从中央政府到地方政府都为培养杰出的人才制定了相应的政策，以鼓励创业风险投资快速健康发展。例如，我国大部分城市为引进和使用高技术人才而制定相应的奖励和优惠政策，以支持科技型中小企业的发展。

（六）法律环境

法律环境的支持是指一个完善的创业风险投资市场应当有一套与之相配套且完善的法律体系，以保护投资者和创新企业的利益。有关创业风险投资的法律法规主要涉及四个方面：有关资金融通的法律法规，有关知识产权的法律法规，有关股份制企业的制度法律，有关风险投资的存在依据和操作指南。

二、创业风险投资运行中的创投机构行为

创业风险投资机构是具体运作和经营管理风险资本的组织。一般一家创投机构可能设立多个风险资本基金，对不同的行业和领域进行投资。创投机构是创业风险投资过程中的关键环节，直接关系到创业风险投资业的兴衰。

不同的创投机构有不同的方向和领域，也有不同的资本来源。根据创投机构具体业务、投资方向、资本来源的不同，将其分为专业风险投资公司、风险投资基金、产业集团和金融机构附属的风险投资机构和私人投资机构。专业风险投资公司有两种形式：一种是独立、专业地进行风险投资的风险投资机构；另一种是隶属于大型投资银行或金融机构的专业风险投资机构。风险投资基金是从风险资本投资者那里筹集大量可供长期投资的风险资本，集合成规模较大的基金，对风险企业进行投资，私募基金在风险投资基金中占有重要地位。产业集团和金融机构附属的风险投资机构的目标是在大公司资金支持下为母公司寻求新技术，以保持母公司的垄断或领先地位。私人投资机构包括风险资本家和天使投资人，风险资本家是具有一定资金和战略眼光的个人投资者，天使投资人是指风险企业的第一批投资者，瞄准的一般是小型种子期或早期的初创项目。

在创业风险投资市场上，一方面是具有巨大增长潜力的投资机会，另一方面是寻求高风险、高回报的投资资本。创投机构的职责是发现二者的需求，并使机会与资本联系起来。

第一，为风险企业提供直接的资金支持。创投机构一般会作为风险资本的投资者和风险企业的枢纽，负责创业风险投资运营，并参与项目的管理和决策。

第二，为风险企业提供增值服务。创投机构以股权形式投资于风险企业，投资后监测风险企业并参与管理，但不控股或直接经营风险企业，而是通过资金和技术援助，甚至是市场推广、管理咨询，取得部分股权，提供增值服务，促进其发展。同时，创投机构的人才与关联企业等资源也为风险企业提供帮助和扶持。

第三，为投资者追求利润最大化和资本增值。创投机构的资本来源于风险投资者，其最终目标是获得最大的投资收益，因此创投机构有责任和义务为资本所有者取得利润最大化，获得资本增值。

第四，为资金融通起到中介作用。作为一类金融中介机构，创投机构将社会闲散资金转化为生产要素，能发挥资本增值功能，起着重要的资源配置作用。

三、创业风险投资运行中的中介机构行为

随着创业风险投资市场规模扩大和发展成熟，资产变动与产权交易等专业性较强的业务被分离出来，形成对社会中介服务的市场需求。另外，中介机构通过专业化操作，在创业风险投资各参与主体间牵线搭桥，为创业风险投资的评估、决策和风险企业的经营提供良好的支持，提高了创业风险投资的运作效率和资源配置效率。从科学与效率的角度上考虑，与创业风险投资相关的中介机构有投资银行、会计事务所、资产评估机构、项目评估机构、律师事务所等。

（一）投资银行

随着创业风险投资的发展，投资银行在创业风险投资市场上的角色逐渐由资本供应者向金融服务中介转变，主要提供的服务如表 2-1 所示。

表 2-1 投资银行为创业风险投资提供的服务

所承担的角色	提供服务的内容
融资中介	为创业风险投资筹集资本；为投资者提供投资咨询
退出中介	出让风险企业股权交易；在证券设计、发行、承销及股票定价方面提供专业化服务
融资服务	作为战略投资者进入风险企业，为风险企业股权上市提供便利
设计金融工具	设计可转换债券等金融工具，防范和规避风险

（二）会计事务所

会计事务所在创业风险投资运行中的作用主要是对风险企业进行财务分析和财务审计。财务审计和财务分析主要是对企业的资产、负债、现金流等方面的财务状况进行确认，以反映企业真实的财务状况，为风险投资决策提供财务依据。会计事务所也根据风投机构的要求对风险企业进行尽职调查，对企业现状、产品技术、发展前景及其管理层进行详细考察和分

析，为风投机构提供风险企业全面准确的信息。

（三）资产评估机构

在对风险企业进行投资前，要对风险企业的资产规模进行评估，以便合理确定各方权益。特别地，对于有形资产相对较小，技术、专利等无形资产更为重要的科技型中小企业，专业的资产评估机构能够准确测算企业的无形资产价值，为融投资双方提供比较准确和真实的投资价值，为双方进行企业股权分配提供可靠的参考依据。

（四）项目评估机构

项目专业评估机构的目的是对企业新技术和新产品的发展趋势、成熟性、应用性进行评估，对风险企业技术和产品的市场前景作出科学判断，为风险投资提供决策依据。项目评估机构既可以是已经成立的专业机构，也可以是相关专家组成的项目评估小组。

（五）律师事务所

律师事务所在创业风险投资过程中、完成后都充当法律顾问，帮助融投资双方解决相关法律问题，具体包括制定法律意见书，协助风险投资退出等。

在创业风险投资运作过程中，中介机构和创业风险投资的融投资双方既有联系又有区别。中介机构为融投资双方起着纽带和桥梁的作用，为融投资双方提供中介服务；但中介机构只提供相关的专业化服务，双方合作成功与否，投资成功与否，与中介机构没有直接关系。

四、创业风险投资运行中的风险企业行为

由于风险企业经营成功与否尚未明确，产品技术尚不成熟，产品市场前景尚不明确，收益和风险都存在巨大不确定性，因此也称为创业企业。风险企业的发展阶段可分为四个时期：种子期、创建期、成长期和成熟期。

风险企业在其生命周期的各个阶段均需创业风险投资介入。风险企业在引进创业风险投资前应该先明确融资目的、评估融资条件、选择合适的创投机构、熟悉引进创投的一般性程序，并有针对性地进行准备。因此，风险企业应熟悉引进创投的三个必要阶段，即融资准备阶段、融投资双方的沟通阶段、创投进入阶段。

风险企业家作为风险企业的创建人，在风险投资进入企业之前，是风险企业的经营者，对引导风险企业的发展方向起着关键性作用。一般来说，风险企业家将资源、劳动、原材料及其他资产组合起来并创造新的价值。对风险企业家来说，其主要任务是为风险企业融资，为了获得风险企业发展所必需的资金，风险企业家一般要想方设法的取得风险投资者和创投机构对企业的信任。

第二节　企业生命周期与创业风险投资运作

科技型中小企业均具有不同的生命周期，而且在生命周期的不同阶段企业会呈现出不同的高风险特征。正是基于风险控制的因素，科技型中小企业各个阶段获得的创业风险投资的形式和机会存在很大差异，总的来说，为科技型中小企业提供的融资金额会随着生命周期的推进呈现递增趋势。处于种子期、初创期的科技型中小企业风险大、难以控制，商业银行科技资金不宜过早介入。所以，传统的金融机构贷款多集中在处于成熟期的中后期阶段。

由表2-2可以发现，创业风险投资对科技型中小企业的金融支持几乎贯穿于企业的整个生命周期，根据企业各个阶段资金需求与用途以及风险的特点，创业风险投资的规模及数量也存在差异。

表2-2　　　　　科技型中小企业生命周期以及主要融资渠道

阶段	资金需求与用途	主要风险	主要融资渠道
种子期	较小，R&D、中试	技术风险	天使投资、创业风险投资等
初创期	较大，市场开发	创业风险	天使投资、创业风险投资、政策性金融等
成长期	大，规模扩张	经营风险	创业风险投资、银行等
成熟期	大，继续扩张	较小	银行等

一、种子期的创业风险投资

种子期是指创业企业的技术还处在创意、发明或产品研究与开发阶段，该阶段创业企业的主要任务是研究与开发出新技术和新产品，验证与测试创新及创意的可行性，此时研究与开发费用是最主要的支出。因其科技创新的成果是样品、样机或是较为完整的生产方案，所以企业尚未开展生产经营活动，面临的主要风险主要来自于技术成败和新产品开发失败等。由于创业风险投资具有"参股不控股、风险共担"的本质，风险投资家同时面临很大的投资不确定性风险。

种子期的企业，主要处于技术创新的初期，是技术的酝酿阶段，主要解决新技术和创意的思路，对资金需求量较小，企业在该阶段还具有以下特征：企业需要寻求高级经营管理者帮助制定可行的阶段发展计划，创业企业"轻资产"的特性且无实物抵押，没有开展生产经营活动且无销售收入来源；投资只能采取股权方式，且投资回收期很长；风险在企业整个生命周期各个阶段中最高。该阶段，创业投资家很难从商业计划书提供的资料中直接评价其投资价值，需要对创业企业进行全方位的分析与评价。创业者主要通过自筹资金来解决研发过程中的资金需要，此外有一定"眼光"的风险投资家也可能进行"天使投资"。

（一）创业企业种子期的融资渠道——天使投资

天使投资是一种非正式创业投资模式，作为一种早期、分散、小型的长期权益性资本投资，天然地契合了科技创业企业高风险、高回报、低资金门槛的特点，是支撑高科技产业和科技型企业快速发展壮大的重要推动力。天使投资多发生在创业者已经用完自有资金之后，接触创业投资机构（VC）之前。

处于种子期、初创期企业急待扶持，促进天使投资的发展可以有效缓解种子期创业企业的融资困境。天使投资发展主要包括五种模式，如表2-3所示。发展天使投资运作模式有利于促进我国天使投资市场的规范发展，有利于解决创业企业融资难、融资贵问题。

表2-3   天使投资的几种模式

模式	类型	含义
1	天使投资人	拥有一定的资本金、投资于创业企业的专业投资家
2	天使投资团队	以天使投资俱乐部、天使投资联盟为主要形式的天使投资团队，其克服了个人天使投资所具有的项目渠道窄、资金规模小、投资时间少、经验不足等缺点
3	天使投资基金	机构化的天使投资模式，改变天使投资原有的分散、零散、个体的性质，是天使投资未来发展的潮流
4	孵化器式	该模式的天使投资能够为企业提供更为系统与全面的场地、资金、管理等服务，备受政府与企业推崇
5	投资平台式	随着互联网和移动互联网的发展，大量应用终端和平台对外开放接口，很多创业团队和创业公司可以基于这些应用平台进行创业

（二）创业企业种子期的融资渠道——创业企业孵化器

根据全美企业孵化器协会（NBIA，1995）的定义，创业企业孵化器是为新创立公司提供一系列的援助计划，通过内部的专门技术与共用技术与共用资源网络来提供商业及技术援助的渠道。创业企业孵化器重点针对新创立的企业在其刚刚成立、最容易"受伤"的阶段提供所需要的帮助，并且促进新生公司的成长、技术转移及当地经济的繁荣。创业企业孵化器将挑选出有发展前途的初创企业，集中地向初创企业提供所需服务，优化初创企业的成长环境，使其成活并成功走向社会的大环境。

创业企业孵化器可以根据不同的角度进行分类，从创业企业孵化器的经营目的来看，有营利性和非营利性两类；从投资主体看，政府主导的高新技术创业服务中心，企业、学术机构的孵化器和多元主体混合的孵化器，具体类型如表2-4所示。

表2-4   科技企业孵化器的划分类型

项目	分类方式	类　　　型
1	投资主体	政府（高新技术创业服务中心），企业、学术机构和多元主体混合的孵化器
2	经营目的	营利性、非营利性
3	服务对象	社会孵化器、企业内孵化器
4	组织形式	虚拟孵化器、连锁孵化器和创业孵化集团
5	国际国内	国际科技企业孵化器和国内科技企业孵化器
6	发展形态	初级形态（物业型）、中级形态（专业型）和高级形态（投资型）
7	企业类型	综合型、专业型（如高技术孵化器、制造业孵化器、生物医药孵化器、农业孵化器等）

孵化器作为一种企业辅助机构，除了具备建筑等物理设施外，还具有一定的集群效应，不但能拥有政府创业投资引导基金的支持，更能吸引风险投资家的关注，获得企业发展所需的资金，大大促进新创企业的组建和健康成长。古洛塔和马克丹尼（Charles Gulotta & Giles McDaniel，1995）认为，企业孵化器作为一种灵活的设施，可以帮助新生和成长中的企业在它们初创的脆弱时期得到生存和发展。另外，孵化器能有效提高新创企业的成活率，充当新创企业成长发展的催化剂。

二、初创期的创业风险投资

初创期是指科技创业家或企业将其经过种子期研究所形成的具有商业价值的项目成果，通过企业创业来实现科技成果向产业转变的阶段，是高科技型中小企业创立形成的阶段。不仅涉及科技人员将实验室成果向工业生产环节转移的技术行为，而且涉及科技创业者的企业家行为，即把原来较为松散自由的科研团体转化为具有生产经营职能和严密组织结构的经济实体，是取得、整合、运用技术、人才、资金等各种经济资源的过程。

初创期的企业尤其是初创期的科技型中小企业，主要呈现出以下几个特点：首先是高创新性。初创期企业以技术的研究开发为主要经营手段，企业的主要功能和作用是如何实现技术"创新"，将创新技术转化为企业的无形资产。其次是高风险性。高新技术创业企业发展的经营风险主要有技术、资金、管理风险、市场、人力资源等多方面的风险。最后是高成长性。初创期企业一般盈利甚微或没有盈利，甚至亏损，其价值主要来源并依赖于未来高技术产品开发所形成的发展潜力。由于高技术产品创新性所带来的高附加值，使得创业企业一旦获得成功，其收益远高于一般企业。因此，初创期的科技型中小企业基本不受传统技术发展水平的制约，具有跳跃性发展的成长性。

经过种子期的发展，企业已经开始正常的生产销售，但是还不具备大批量生产的条件，销售收入有限，而企业需要投入到研发、生产、营销的费用大幅度增加，初创期企业的主要资金需求如表2-5所示。

表 2 - 5 初创期企业的资金需求

项目	主要支出	支出说明
1	厂房设备	将种子期的研发成果转化，需要生产场所和生产设备
2	员工薪资	高管和科研技术骨干人员的薪资
3	产品研发	产品更新速度快，需要不断追加投资
4	其他杂项	购买生产原料、制造费用、管理费用等

初创期的科技型中小企业，资金需求量相对较大，然而由于企业存在多个方面的经营风险，且经营业绩没有形成一定规模的资产，银行贷款难度大，也不易通过创业投资对创业企业进行尽职调查，以便获得创业投资的资金，从而造成企业发展面临融资困境。这一阶段创业企业的主要资金来源仍是自筹资金，但由于技术创新基本完成，看好企业技术和产品前景的风险投资者开始介入，同时也可能会吸引一些战略投资者。

适合初创期企业的融资方式有内源融资、知识产权融资、天使投资、创业投资、小企业集合债券等。本书主要分析"天使投资 + 孵化器"和

"创业投资 + 孵化器"的融资方式，无论是从企业自身的融资角度，还是从资金来源方的角度，既促进企业不断创新与良性发展，又为投资家提供投资的平台，可以实现投融资双方的有效共赢。

（一）创业企业初创期的融资渠道——"天使投资 + 孵化器"

通过天使投资的资金注入，创业企业得到了一定的资金和投资人的创业经验，使得创业企业可以度过融资难关，成活率不断提高。孵化器的主要作用是以科技型创业企业为服务对象，以降低创业风险和成本，提高企业的成活率和成长性，培养成功的科技企业和创业家。天使投资与孵化器有着共同的目的，就是为创业企业提供融资需求，提供便利的服务，促进企业的可持续发展。

通过"天使投资 + 孵化器"的融合，既可吸引和发挥天使投资的作用，又能促进孵化器的良性发展，促进企业创新以及科技成果的转化与产业化。目前孵化器与天使投资融合发展主要有两种模式：

1. 政府主导"孵化器 + 天使投资"发展模式

政府主导的孵化器是非营利性的社会公益组织，组织形式大多为政府科技管理部门或高新技术开发区管辖下的一个事业单位，孵化器的管理人员由政府派遣，运作经费由政府全部或部分拨款。在这种模式下，孵化器以优惠价格吸引天使投资机构入场，充当天使投资与创业企业之间的媒介，如图 2 - 1 所示。

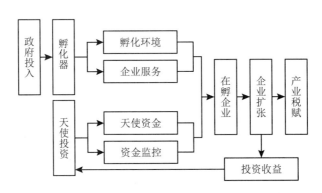

图 2 - 1　政府主导的孵化器与天使投资融合发展模式

2. 企业型"孵化器 + 天使投资"发展模式

企业型孵化器为市场化方式运作孵化器，以保值增值为经营目标，自负盈亏。这种类型的孵化器，多采用自己运营天使投资资本的运作模式，使得孵化、投资、管理实现一体化，减少投资成本的同时也减少了投资风险，其运作过程中充分进行资源整合，提高了资本效率，如图2-2所示。

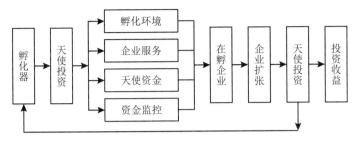

图2-2 企业孵化器与天使投资融合发展模式

（二）创业企业初创期的融资渠道——"创业投资+孵化器"

1. 项目共享

优质的创业企业，具有良好的市场成长潜力，拥有自主知识产权的技术，以及有创造力的管理团队。创业企业家与投资家之间存在的信息不对称，创业企业家的道德风险等因素也增加了投资家的风险。创业投资在选择项目时，通常选择相对较为成熟和自己较为熟悉的项目以规避风险。高科技创业企业尤其是处在初创期的创业企业，其高成长性通常伴随着高风险，因此在创业初期难以通过传统的融资渠道获得资金。

孵化器的核心是为入孵企业提供孵化服务，提高创业企业成活率和成长率，初创期的风险完全由孵化器来承担。但是，前提是建立在孵化器对企业的资源状况和发展前景进行全面考核的基础上，仅仅接受符合条件有发展潜力的企业。孵化器为企业提供全方位的服务，包括场地提供、咨询服务、管理介入、融资服务等，在此过程中，孵化器与在孵企业结成利益共同体，为创业风险投资的介入提供保障，降低创业风险投资项目的风险。

2. 资金互补

技术、资金和管理是成功项目的三大要素。创业企业在初创期一般资金的需求量并不大，但由于这一时期企业面临难以测评的技术、管理、资金等多重风险，因此通过传统的融资渠道获取资金并不现实。孵化器降低了初创企业的创业风险和成本，提供种子资金和融资渠道是其重要功能之一，在解决初创期创业企业的资金需求上具有不可替代的作用。随着创业企业资金的需求量不断增大，孵化器受自身资金来源的限制难以满足日益增长的企业资金需求，创业风险投资的介入能及时解决初创企业向成长期过渡。

3. 管理互补

创业风险投资是一种股权投资，创业投资家通常参加创业企业投资后管理，利用其资源优势促进创业企业价值提升。但是单纯的创业投资领域存在高度的信息不对称性，妨碍了创业投资家对新创企业的参与，这就需要在创业企业与创业资本之间建立沟通的中介，孵化器当然地承担起该角色。孵化器不仅为在孵企业提供基础设施，而且为其提供全方位的管理、信息、咨询和融资服务，孵化器对企业的技术状况、管理团队和业务活动等都有很深的了解，便于其向创业投资家提供较为及时、准确的信息。孵化器与政府及其相关部门、科研机构和相关企业都存在着良好的合作关系，拥有广泛的社会网络，为创业企业充分利用外部资源提供了必要的支持，使在孵企业的管理成本和运营成本得到了合理的降低，弥补了创业投资在空间管理形态上的不足。

三、成长期的创业风险投资

成长期是指企业初创期之后的技术发展和生产扩大阶段。经过了初创期之后，企业在生产、销售、服务等方面已经有了一定的基础，新产品的设计和制造方法已经定型，并且已经具备了小批量的生产能力。但是由于销售网络还没有建成，企业的品牌形象也没有真正树立起来，因此，科技型中小企业在成长期需要扩大生产经营能力，组建完善的销售队伍，大力拓展产品市场。科技型中小企业成长阶段是资金需求最大的阶段，在这个阶段，企业要投入大量的资金用于生产销售，需要大量的启动资金用于原材料的购买等，因此这一阶段是决定科技型中小企业能否成功的关键。

成长期的科技型中小企业具有以下特征：一方面维持高成长性，处于成长期的该类企业除面临一般企业的生存发展问题外，还需维持活跃的科技创新能力，加强创业企业高技术产品的研制开发能力，不断创新技术，实现成果转化以及投向市场。另一方面多要素投入，企业在成长期需要把各种资源、人才、技术和资本有效地组织配合，这是科技型中小企业在成长发展阶段的首要任务。

成长期的风险主要有两种：一是企业运营风险，企业的产品或服务逐渐被市场所接受，销售能力逐渐增强，生产规模扩大，发展速度加快。但由于企业高速成长，开始引起竞争对手的注意，竞争对手通过设置进入障碍、低价倾销、垄断中间商等方式来限制、阻止成长期企业的进一步发展，从而使企业运营风险加剧。二是企业市场风险，由于处在成长阶段科技型创业企业，尤其是中小企业，因为在技术、市场、信息上的不确定性均会给市场营销活动带来种种难题，而施行夹缝战略的成长期企业所开发出的市场一般是新市场，属于引导性需求，其市场容量多大更难以预测，使成长期企业特别是成长期中小型企业面临更大风险。

成长期创业企业的市场占有率逐渐提高、销售额实现快速增长，产生大量的现金流。但是，需要大量的资金投入实现扩大生产规模和新市场的开发，以及不断的技术创新需求。该阶段的企业已经具有较为明确的发展目标和销售战略，逐渐呈现广阔的市场前景，且已积累了一定的固定资产和信誉，企业融资渠道开始多样化，融资活动由资金数量多少向资本结构的优化转变，融资成本进一步降低，权益资本的收益水平得到提高。

此阶段企业以外源性融资为主，主要包括商业银行等金融机构提供的间接融资渠道，以及发行债券、上市、信托计划、私募股权等提供的直接融资渠道，此外创业风险投资也是企业可选的外源融资渠道。具体如表 2－6 所示。

表 2－6　　　　　　　　　　成长期企业各类融资方式比较

比较项目	企业发债	上市融资	股权融资
融资期限	各种期限，1~5 年为主流	无固定期限	各种期限，3~7 年
融资成本	债券的票面利率＋中介费	发行费用较高	融资费用较少
融资风险	有一定风险，负债利息增加	能够降低风险	能够降低风险
融资难度	满足发行条件，对单个企业要求低于一般企业债券	对企业的规模、盈利能力、公司治理结构等要求较高、发行难度较大	门槛较低
控制权	无影响	有影响	有影响

比较发现，创业风险投资作为一种直接面向科技型中小企业的股权投资，即风险投资家将风险资本投资于新近成立或快速成长的企业，同时参与企业的经营管理决策，也即投资后的管理，在企业发展成熟后则通过资本市场出售和其他方式转让所持有的股权以收回投资并获取较高的投资回报。和传统投资相比，创业风险投资在融资成本、投资风险、投资回报、投资对象等方面都有很大的不同。

创业风险投资独特的本质，也是解决高新技术中小企业融资难题的最佳途径。创业风险投资和成长期的高新技术中小企业之间有着共同特性。创业风险投资是追求高回报的，而这种高回报在传统投资领域无法实现。创业投资家对高风险、高回报的偏好与成长期高新技术中小企业高风险与高回报的特性不谋而合。

私募股权投资类似于创业风险投资,主要是指投资机构对企业的发展前景看好而进行股权投资,并通过上市、转让或并购的方式在资本市场退出,其主要具有以下优势:能够为企业提供稳定的资金来源,能够为企业提供高附加值的服务,有利于降低财务成本,并有效地提高企业的内在价值,从而成为成长期高新技术中小企业融资的重要途径。

四、成熟期的创业风险投资

成熟期是指经过成长期的发展与扩张后,企业的技术、产品和经营模式逐渐成熟,在行业中具有一定实力和地位,提高产品市场占有率是企业的主要任务之一。处于成熟期的企业生产规模不断扩大,经营业绩高速增长,技术风险降低。企业的技术水平、组织结构、信息管理、人才素质、营销服务等各方面都产生了深刻的变化。

处于成熟期的科技型中小企业具有以下特征:首先是市场竞争加剧。成熟期企业靠原有的市场占有率无法维持其在成长期的不断扩张所表现的增长率。因此,企业竞争的注意力转向本产业内部,争夺其他企业的市场份额。其次是成本和服务为中心。为留住和开拓市场以及发挥技术成熟的优势,企业的发展战略变得越来越以成本和服务为中心。最后是价格趋同和利润下降趋势。由于同质产品在市场上不断涌现,产品的价格趋同,市场份额开始下降,利润出现下降趋势。

进入成熟期后的创业企业尤其是高新技术创业企业主要融资特点与以往任何阶段都有了本质上的不同,表现在投资低风险、高资金需求、创业投资退出、高营利性、融资方式多样五个方面,如图2-3所示。

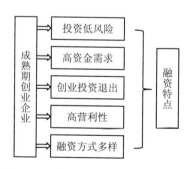

图2-3 成熟期创业企业的融资特点

成熟期创业企业主要处在扩张阶段,需要大量资金扩大生产规模和销售网络来占领市场，取得竞争优势。这个时期企业的融资渠道更加丰富，主要有内源性融资、商业银行及非银行金融机构的间接融资、上市融资。该阶段是创业风险投资的退出阶段，创业企业不再通过创投机构直接投资的资金进行融资，而是通过创业企业的上市，将创业风险投资转化为实际收益。正是创业风险投资长期性的投资、长期投资后的管理，以及企业上市前的指导，培养企业成功登录创业板市场、中小企业板，通过上市进一步获得融资，从而为创业风险投资的顺利退出开辟了通道。

本 章 小 结

创业风险投资是一种金融与科技相结合的投资，是连接科技创新与金融的纽带，并成为科技金融体系的有机组成要素。它通过行业研究挖掘有市场潜力的、高成长性的技术、产品、产业链或企业，加快资本增值速度，提升投资价值。本章基于科技金融体系的霍尔三维结构模型，重点阐述创业风险投资所在的知识维与三维结构体系中逻辑维以及时间维的两两关系。一方面，结合科技金融体系霍尔三维结构模型的逻辑维，从政府、创投机构、中介机构及风险企业方面刻画了创业风险投资参与主体及其行为特征；另一方面，通过科技金融体系霍尔三维结构模型中时间维，系统描述了创业风险投资在科技型中小企业种子期、初创期、成长期和成熟期四个阶段的运营特征和作用功能。

第三章　科技贷款

　　科技贷款是高新技术企业重要的债务融资工具。由于我国资本市场发展不充分、创业风险投资尚处于起步阶段，科技贷款在我国科技金融体系建设中显得尤为重要。自 1980 年以来，我国的科技贷款在贷款规模和风险控制方面取得了长足发展，为科技开发和科技成果转化提供了重要的资金支持，推动了高新技术企业的发展。由于我国现阶段缺乏统一的信用评级机制及全面翔实的信用记录，而处于创业早期的科技型中小企业又大多为轻资产的公司，商业银行出于信息不对称而考虑到的风险敞口使这些公司在商业银行信用贷款变得极为困难。"十三五"期间，国家在政策层面上对科技型中小企业进行扶持，并一再指导商业银行放宽对科技型中小企业的融资标准，加大科技贷款对这些企业的融资支持力度。

第一节　科技贷款参与主体及行为

一、科技贷款运行中的政府行为

　　政府在科技贷款中主要发挥引导作用、补充作用、服务作用和监管作用，可以通过发挥以上作用机制，治理科技贷款市场失灵现象，提供科技贷款市场的运行效率，促进科技贷款发展。

　　（一）政府对科技贷款的引导作用

　　政府通过政策措施来引导科技贷款参与主体的行为，主要包括对科技贷款供给者行为的引导和对科技贷款需求者行为的引导。

　　1. 对科技贷款供给者的引导

　　政府主要通过税收优惠、税收部分返还等财税措施，降低银行等资金供给者的科技贷款成本，增加科技贷款收益，进而扩大科技贷款供给。

2. 对科技贷款需求者的调控

政府主要通过贴息、补贴担保费等政策优惠，降低科技型中小企业的贷款成本，增加其科技贷款需求。

（二）政府对科技贷款的补充作用

政府补充机制，是政府治理科技贷款"市场失灵"现象的直接措施。某些区域、某些行业、某些类别的高新技术企业（尤其是科技型中小企业）风险较高，商业银行不愿向其提供科技贷款。针对这种市场失灵，政府可以直接弥补市场失灵所留下的市场空缺，直接向市场提供政策性银行科技贷款。政府的补充作用增加了科技贷款的供给，有利于降低高新技术企业科技贷款的成本，增加科技贷款市场的容量，促进科技贷款发展。

（三）政府对科技贷款的服务作用

第一，完善科技贷款基础设施，改善科技贷款生态环境是政府的基础职责。主要包括：首先，建立专业性科技贷款中介机构。专业性中介机构的建立和发展有利于更准确地衡量科技贷款风险，有助于风险的转移和分散。其次，建立完善的科技型中小企业信用体系。科技型中小企业信用体系的完善有利于方便而有效地评价企业科技贷款风险，降低科技贷款交易成本。最后，提高社会契约意识。契约意识的提高主要作用于减少科技贷款信用风险。

第二，为科技贷款提供服务，减少科技贷款市场的信息不对称现象。政府通过为科技贷款资金供给者提供信息咨询、项目推荐、专家评审等服务，减少科技贷款市场上的信息不对称，提高科技贷款效率，促进科技贷款发展。

（四）政府对科技贷款的监管作用

政府监管作用机制也是科技贷款中政府作用机制的重要组成部分，在促进科技贷款健康发展方面起着重要作用。政府监管作用主要是监管科技贷款参与主体的行为，观测总体风险的变化，防止科技贷款市场风险过度积累。如科技银行科技贷款业务的监管以及对科技贷款不良贷款率的监管。

二、科技贷款运行中的金融机构行为

（一）商业银行在科技贷款中的行为

商业银行是科技贷款资金的主要供给者。商业银行按照规模和股权结构的不同，分为国有商业银行、股份制商业银行、城市商业银行、农村银行、城市/农村合作社及外资银行等。国有商业银行的资产总额占据了银行资产总额的一半以上，但其在科技贷款资金供给的规模远远小于这一比例。以城市商业银行、股份制银行为代表的中小金融机构在提供科技贷款上具有体制优势，灵活性较强，成为科技贷款资金提供量最大的科技贷款供给者，外资银行在科技贷款风险控制方面具有一定优势。

由于我国的金融监管政策，银行无法混业经营，但国内商业银行也在积极进行多方合作，在政府相关部门的支持和帮扶下，牵头整合各项政府和民间的产业投资资金、政策性担保公司、私募基金、风险投资、保险公司、信托公司、租赁公司、证券公司等渠道和资源，通力协作，共同打造科技型中小企业综合化、立体化、全面化的金融服务体系。目前，商业银行正在积极牵头整合相关行业资源，专业运营，合力创新，形成了多种科技贷款模式和产品，拓宽了科技型中小企业的融资渠道。

（二）科技银行在科技贷款中的行为

关于科技银行，理论界并没有统一的界定标准。赵昌文（2009）等认为"科技银行是对主要为科技型中小企业提供科技贷款等金融服务的专业性、职能型银行金融机构的统称"，将"科技银行"限定为银行业金融机构，为狭义上的"科技银行"，其典型代表为硅谷银行。朱鸿鸣（2011）将"科技银行"广义化，将其界定为：为科技型中小企业提供风险贷款的专业性信贷机构，既包括银行类"科技银行"，也包括非银行类"科技银行"。"科技银行"中国化具有两种模式：科技支行与科技小贷公司。

1. 科技支行

科技支行被称为科技信贷专营机构，是商业银行的支行，不具备独立的法人实体资格。科技支行是狭义"科技银行"的中国化，即银行类"科技银行"的中国化或"硅谷银行"模式的中国化。该模式有六个要点：一是以具有法人资格的商业银行形式运营；二是设立在高新技术企业聚集地区，并将目标客户锁定为以科技型中小企业为主的科技企业；三是按科技企业所处周期的不同进一步细分其业务；四是可以采用"利息＋期权"的收益模式；五是开发权益估值技术；六是与创投机构紧密合作，加强风险控制。

科技信贷专营机构有四种管理模式，虽然都致力于服务科技企业，但不同的模式有不同的特点，各有优点和不足（见表3-1）。商业银行可以在不同分支机构选择不同模式，以适应分支机构科技金融业务当前发展状况。

专营模式	模式的优点	模式的不足
独立准法人制科技银行	1. 有利于统筹前台营销和后台管理，打造符合科技金融规律和特征的专业化经营模式； 2. 各种创新活动有利于全行科技金融业务标准化、流程化、专业化、独立化管理	1. 目标客户走向狭窄化，易产生客户资源争夺的问题； 2. 人员和部门设置上改动大，增加成本费用开支，存在资源浪费的问题
准事业部制科技企业信贷工厂	1. 依托全行的组织机构直接改建准事业部"信贷工厂"，运营成本低； 2. 能提高产品营销专业化程度，迅速占据与扩大市场； 3. 能实现作业流程化、生产批量化、风险分散化，发展运作业务，又能有效控制风险	1. 利用分行大量的资源与信贷业务边界不清晰，易形成权责交叉； 2. 从全国层面上成立科技金融企业事业部尚不成熟，目前只在省级分行以下自建
分级管理下科技企业信贷专营	1. 充分依托全行力量，在原有经营管理的基础上保持业务发展延续性； 2. 综合利用原有资源，不用进行重复投资，提高资源使用效率； 3. 总行运用各种杠杆推动信贷业务快速发展，并对专项指标进行考核和统计，调动各分支行积极性	1. 业务指标考核压力大，绩效考核机制不能充分激发内在动力，分支行有做大不做小的倾向； 2. 服务队伍专业化、产品专业化建设不足，难以提出专业化管理水平
专业支行制科技企业信贷专营	1. 不与其他支行科技企业信贷业务相抵触，不会影响到分行的整体业务模式； 2. 自由审批权限内审批贷款，有利于培养专业人才提供积极性； 3. 对尚不成熟的商业银行成功向垂直化、专业化、条线化的科技企业事业部制迈进创造条件	1. 存在支行服务半径有限，难以覆盖整个区域的问题； 2. 信息技术系统无法进行集中开发，无法实现独立核算，以及专门经营管理和资金运转的系统化产品

表 3－1　　　　　　　　　　四种科技金融专营模式对照

2. 科技小贷公司

科技小贷公司有两类模式：天津模式和江苏模式。天津模式科技小贷公司是以科技型中小企业为目标客户的小额贷款公司，其业务范围和资金来源等都完全符合《中国银行业监督管理委员会、中国人民银行关于小额贷款公司试点的指导意见》和《中国人民银行、中国银行业监督管理委员会关于村镇银行、贷款公司、农村资金互助社、小额贷款公司有关政策的通知》要求。江苏模式科技小贷公司是非银行类"科技银行"的中国化，或西部技术投资公司模式的中国化。根据江苏省发布的《省政府办公厅关于开展科技小额贷款公司试点的意见》，科技小贷公司是不吸收公众存款，面向高新技术产业开发区（园区）内企业，经营小额贷款和创业投资业务的有限责任公司或股份有限公司。

科技小贷公司模式的创新主要体现为以下四个方面：可以以不高于资本净额的30%从事创业投资业务；资本来源除不超过银行业金融机构外，还增加了经批准的股东借款和科技小额贷款公司之间资金调剂拆借两条渠道；杠杆率由1∶1.5提高到1∶2，"资本充足率"要求由66.67%降低到了50%；不设置单笔贷款额的绝对额限制，放宽了最低贷款额的限制。

科技小贷公司设立在高新技术企业聚集地区，其目标客户是科技型中小企业，并可以按企业所处周期的不同进一步细分其业务，可以采用"利息＋期权"乃至"利息＋股权＋期权"的盈利模式。此外，大部分科技小贷公司的主发起人是创投机构，这有利于科技小贷公司与创投机构的紧密合作。

三、科技贷款运行中的中介机构行为

科技贷款中介机构是发挥中介作用，促进科技贷款供给方与科技贷款需求方之间顺利交易的服务机构，是科技贷款重要参与主体。科技贷款中介机构包括担保机构、评估机构和信用评级机构等。

（一）担保机构

担保是针对科技贷款市场信息不完全和信息不对称的外部治理措施，担保体系的完备程度主要影响到科技贷款市场的运行和科技型中小企业的科技贷款融资的可得性，因此在科技金融体系中占有非常重要的地位。担保机构具有增强高新技术企业信用、降低科技贷款风险的重要作用。科技贷款市场是一个信息不对称较为严重的市场，且资金需求者（科技型中小企业）属于轻资产企业，信用状况普遍较差，需要担保机构提供担保、分担风险。目前，担保机构主要为政策性担保机构，但政策性担保机构的考核和盈利模式，往往导致其与创新性科技担保无法匹配。因此，政策性担保与社会担保的结合，逐步建立完善的科技型信用担保体系是融资性担保服务科技型企业的未来发展方向。

根据2010年3月银监会等七部委联合发布的《融资性担保公司管理暂行办法》第十七条，担保机构可以"以自有资金进行投资"。科技担保机构未来将跳出传统担保范围，可以从事创业风险投资业务。担保与创投深度融合，开发出属于科技担保范畴的金融产品。

（1）创业担保。科技担保公司为科技企业担保时，获取企业一定比例的股权、期权及董事会席位，不收取企业的任何担保费用。就企业而言，获得科技担保公司担保无须支付其担保费，节省了企业费用开支。此外，科技担保公司进入企业董事会，为企业发展提供先进的经营管理经验，将利于企业业务发展和财务成本规划；就科技担保公司而言，创业担保所获得的收益是股权收入和期权收入，收入的弹性更大，规模效益更为明显。

（2）担保期权。科技担保公司为初创期、成长期科技型中小企业提供担保时，给予企业优惠的担保费，但要求享有一定比例的企业期权。科技担保公司不仅可以获得担保费用收入（优惠担保费），还可以通过期权收入获取企业的成长性收益。

（3）担保分红。科技担保公司为企业提供担保的同时，除收取一定的担保费外（优惠后），要求享有收益分红权的担保模式。在业务操作上，担保分红一般按照被担保企业税后利润的一定比例对担保公司分红。担保公司不仅可以获得担保费（优惠后），还能通过分红收入享受企业的成长性收益。

（二）其他中介机构

科技贷款市场上还活跃着许多其他的中介机构，如信用评级机构，提供科技贷款风险评估服务；资产评估机构，提供评估抵押/质押品（如知识产权）价值评估服务；会计事务所，提供科技贷款需求方的资产信用评估服务。

四、科技贷款运行中的高新技术企业行为

科技企业特别是科技型中小企业是科技贷款的主要需求者。不同行业、不同规模、不同成长阶段的科技型企业在科技贷款需求上存在显著差异，如软件行业企业的融资难度要普遍高于生物医药行业的相关企业，规模较小的科技型企业融资难度要高于规模较大的企业，处于初创期的科技型企业的融资难度要高于成长期、成熟期企业，处于科技金融体系发展不完善、科技金融环境较差区域内的科技型企业科技贷款融资需求和融资难度要大于科技金融体系较完善、科技金融环境较好区域内的企业。

在科技企业的生命周期中，资本运营占据着主导的地位。科技型中小企业要先制定出企业的资本运营策略，在此策略的指导下进行融资和投资活动，资本在运营过程中实现增值。但企业每个阶段的特点不同，企业采用的资本运营模式也会有所差别，应根据企业的实际情况去选择适合的资本运营战略，资本运营战略的正确与否是企业兴衰成败的关键。

第二节　企业生命周期与科技贷款运作

结合科技企业生命周期发展阶段，本节主要对企业各阶段的融资需求、风险特征以及科技贷款如何介入进行分析（见表3－2）。科技贷款主要在科技型中小企业的成长期或成熟期介入，为企业提供大量资金供给。

表3－2　　　　　科技型企业各生命周期的主要特征及风险

生命周期	特征	风险
初创期	资金主要用于开发新产品和打开新市场，产品尚未实现规模化生产，单位成本较高，但是销售收入有限，财务数据不理想	市场风险与财务风险表现较为突出
成长期	占据一定的市场份额，发展方向明确，为了短时间内扩大生产规模占领市场有利地位，需要大量资金支持，但是此时通过证券市场或股票市场进行融资都是不现实的，主要依赖银行贷款获取资金	管理风险、技术被替代风险以及因为无法提供银行认可的合理抵押物而无法获得资金支持的风险
成熟期	产品、技术与市场配合良好，拥有一定的市场知名度和上下游合作伙伴，市场占有率持续提升，盈利能力也随之上升	产品更新换代的技术风险、内部管理不善带来的无法持续经营的风险、无法获得大量资金实现规模化经营的财务风险

另外，科技贷款为科技型中小企业不同生命周期提供融资帮助与服务，不能仅仅依靠银行，还需要建立跨平台合作体系。科技型中小企业往往是高风险和高收益并存的，这与商业银行经营的安全性原则相冲突，科技银行虽然具有业务的独特性，但仍属于商业银行范畴，也要符合安全性的原则，所以我国应建立健全科技贷款体系，科技银行和其他金融机构合作，建立跨平台的支持体系，以生命周期和融资需求为导向，让科技型中小企业在发展的每个阶段都能得到相应的金融支持，如图3－1所示。

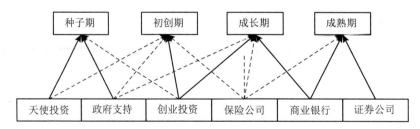

图3－1　科技型中小企业生命周期阶段中的融资选择

一、初创期的科技贷款

（一）初创期企业融资需求特点

初创期的企业主要是对科研项目进行大量、系统、反复的探索和实验研究，提出一些新创意或新技术、新发明，并进行新创意的商业化可行性研究论证。由于这一阶段研究的难度大，成果出现的时间不确定，商业目的不明确，在申请专利之前研究成果容易被外界共享，因此这一阶段的投资成功率最低，研究试验中投入资金量相对较小，但风险很大。初创期的资金使用特点决定了商业银行难以在科技中小企业初创期开展信贷业务。这一阶段的主要投入形式除了创业者自有资金和朋友借债，还有政府专项拨款、科研基金和天使投资家的风险资本等形式。政府机构为鼓励缺乏研发基金的高科技中小企业和个人发明创造，设立了孵化器、专项财政基金和其他形式的资金，这些形式的资金能够适应企业初创期周期长、无直接回报的特点。

创建期的企业主要利用初创期的新发明新技术，完成新产品的研究和开发。企业购买或租赁厂房、机器设备、原材料，并为新产品开辟营销渠道。因此，这一阶段对资金的需求量是比较大的。而在该阶段，企业经营尚未步入正轨，没有盈利记录，技术风险、市场风险相当大，新产品尚未完全得到市场的认可，失败的可能性很大。企业仍处于现金流出远大于现金流入的阶段，以规避风险为原则的商业银行等金融机构一般不愿意提供资金支持。不仅如此，这一阶段高科技中小企业若选择商业银行贷款融资方式，对于刚起步的资金缺乏企业，银行收取的利息将使企业背上沉重的债务负担。因此，在这一时期高科技中小企业多数愿意选择股权融资方式，让风险投资基金或风险投资公司以战略伙伴或战略控股者的身份进入。

（二）初创期科技企业风险

科技成果在转化为生产力的过程中存在着转化失败的风险，科技企业的成果转化风险是指科技企业在初创阶段，将科技成果从实验室阶段转为产品批量生产阶段的过程中所面临的风险。导致这一风险的原因有很多，诸如技术不成熟和创新失败问题，资金短缺带来的设备设施不健全、生产原材料短缺问题，组织管理产生的人员问题，以及外部环境不利等，而这些不确定因素的存在均会造成成果转化的失败风险。初创期企业面临的成果转化风险如表 3 - 3 所示。

表 3 - 3　　　　　　　　　　　　初创期企业面临的成果转化风险类型

风险类型	形成原因
技术创新风险	由于技术不成熟或技术创新失败等因素导致的科技企业成果转化失败
资金短缺风险	因内外部资金供应不足导致的科技企业成果转化失败
组织管理风险	由于管理者自身能力素质导致的决策和组织失策,最终导致的科技企业成果转化风险
外部环境风险	由于科技企业所处的社会环境、政策环境、法律环境等变化造成的科技企业成果转化失败风险,比如知识产权侵权和保护,以及行业政策导向带来的风险等

市场风险是科技企业技术成果转化成新产品进入市场后,面临的一系列经营管理风险。如因新技术对传统技术的冲击导致市场反抗的技术革新风险,技术不符合市场预期、适用性不强导致产品不适销的市场需求风险、新技术质量不稳定或存在瑕疵的产品召回风险、被市场抄袭盗版的技术侵权风险,以及出现新技术新产品的技术替代风险等。此外,不同行业的科技产品在运用到生产生活中还面临着独特的负面效果风险等。

(三)初创期科技企业的贷款介入

对初创期企业,一方面通过提供管理、财务、风险投资等方面的咨询服务加深其与资金供给方的了解、建立联系;另一方面重点通过政府风险池、担保机构以及股东合作等风险控制手段,适度提供其信贷支持。

风险池基金是主要面向处于创业初期或刚度过创业初期的科技型中小企业,在一定额度内实行风险分担的长期企业融资扶持机制,由各级政府按一定比例以出资或匹配风险的方式共同组建这个基金。在募集额度的基础上,科技支行放大 5~10 倍提供融资服务,充分发挥政府的产业导向优势、担保机构风险分担上的优势、金融机构的融资扶持优势,最终将政府的扶持政策通过担保资源和金融资源进行融合,让更多的科技型企业得到扶持,促进产业升级。

投贷联动则是"股权融资 + 债权融资"的一种金融创新模式。企业只要获得与科技支行开展投贷联动业务合作的创投机构相应的风险投资,股东也愿意将一定股权质押给银行,科技支行就按照企业获得风险投资金额的一定比例发放跟进贷款。通过这种方法,一部分优质的科技型企业在获得风险投资机构投资的同时,自动获得了科技支行跟进的债权融资服务,并且无须企业再提供其他担保方式。更重要的是,这一模式实现了银行对未上市企业股权价值的认定,有助于推进未上市企业股权价值实现,整体盘活企业在商业银行业务模式中的价值。

二、成长期的科技贷款

（一）成长期企业融资需求特点

在成长期，企业的新产品已进入市场并被不断推广，经营业绩逐渐得到体现，产品已受到市场欢迎并开始盈利，因而这一阶段投资风险有所下降。为适应市场大量的需求以及开发产品、扩大企业营销能力的需要，成长期资金需求量达到自种子期以来的最高水平。企业必须投入大量的R&D费用和广告费用，购买和租用厂房、设备、材料以及人力成本支出，组织大批量生产和销售。该时期的投资风险相对较小，企业运作和管理基本顺畅，如果发展顺利，将在发展壮大后走向成熟并大量盈利。

成长期也是商业银行开始真正介入高科技中小企业发展的阶段。由于这一时期的高科技中小企业有形资产较少，银行开展灵活多样的创新贷款方式（如存货、知识产权、有价证券抵押贷款等）对于高科技中小企业的资金融入尤为关键。政府倡导、建设信用担保体系，为高科技中小企业建立良好融资环境，减少融资过程中的信息不对称，也是解决此阶段资金需求的重要环节。

在这个时期，由于进入企业快速发展期，资金流动速度加快，创业投资机构在这一阶段投入资金的态度最为积极。这一阶段介入企业的风险投资，一般追求低风险、低收益的保守投资原则，属于中间投资，即擅长和偏好科技型中小企业发展中后期介入的风险投资。此阶段的风险投资介入后，对企业进行扶助、培育，以致企业发展壮大，取得一定的市场份额和社会知名度之后，风险投资公司便将企业推向资本市场，同时撤出前期投入的资金。这时，科技型中小企业发展就进入了下一个时期。

（二）成长期科技企业风险

科技企业的发展时间短、企业规模小、技术知识密集、资本密集等特性，使得科技企业在其发展过程中始终存在对资金的强烈需求，往往只能以信用贷款等方式向银行进行融资，因此这一阶段的风险更多是违约信用风险。

以下四个因素可能导致科技企业在成长期信用风险增大，使商业银行面临科技企业无法履行预期回报或还款义务的违约风险：第一，科技企业技术创新风险高，成活率低于其他行业；第二，对科技企业风险进行评估和管理时需要掌握专业技术，相关的专业技术知识壁垒致使商业银行难以进行风险识别、评估和管理；第三，科技企业的有形资产比例较低，缺少有效的可抵押物；第四，专利等无形资产的价值难以评估等。

此外，其他投资者和上下游的资金运作也会造成科技企业的风险加大。科技企业特别是成长期的中小型科技企业对资金依赖性非常强，投资者临时撤资或者取消注资会导致科技企业面临资金链断裂，造成项目研发或技术转化失败的风险。科技企业的上下游企业也可能造成企业风险，由于科技产品的研发、生产、销售和服务可能由多家企业分别承担，科技企业自身也面临原材料供应商、制造商、批发商以及零售商等产业链上下游企业的违约风险。

（三）成长期科技企业的贷款介入

对成长期企业，根据科技型企业资产特点，重点提供知识产权质押、应收账款质押等准信用的贷款支持，并根据企业的实际需求研发基于现金流的信贷产品。以知识产权质押为例，具体产品运用思路如下：

1. 设置贷款申请条件

经营良好并且所拥有的知识产权满足银行质押条件的科技企业才能够向银行申请知识产权质押贷款。商业银行主要对科技企业的现金流状况、信用记录、经营年限、知识产权的归属及其价值评估等条件提出要求。可以要求申请专利质押贷款的科技企业专利具备下列条件：被证实有盈利能力的专利实际运用不低于二年、发明专利的有效期限不低于八年、实用新型专利的有效期不低于四年。

2. 规定贷款用途、期限、额度、质押率等授信条件

商业银行可以对知识产权质押贷款提出以下条件：贷款用途仅限于借款科技企业在生产经营过程中的正常资金需求，不允许用到证券市场、期货市场、股本权益性投资、房地产项目开发，以及违法经营；贷款期限一般较短，通常为一年，如果确实需要，最长不超过三年，不得办理展期；贷款额度一般控制在人民币1 000万元以内；规定发明专利权和实用新型专利权的质押率不超过30%和20%等。知识产权质押贷款可以采用风险定价机制，根据企业的现金流情况采取灵活多样的还款方式，可以整贷整偿，也可以整贷零偿、零贷零偿、零贷整偿，随时根据需要归还贷款，由企业根据自己的生产周期、生产的积极性，灵活进行自己的债务安排。

3. 实施有针对性的贷后管理

知识产权质押贷款的贷后管理需要关注：企业实际控制人重大事件和信用变化情况；贷款资金使用计划的执行情况；知识产权的授权、侵权与维权情况；影响知识产权价值发生波动的政策变化及突发事件等。还可以借助专业中介机构，对质押知识产权进行持续的跟踪调查、评估和担保以

控制贷款过程中的风险。

4. 与其他风险缓释工具组合

由于知识产权的评估、定价、托管、变现和交易等都尚存在困难，商业银行目前的知识产权质押贷款业务，主要是将知识产权作为补充担保方式，还没有改变对传统担保方式的依赖态度；要么就是将知识产权质押贷款作为信用贷款发放，没有能力考虑知识产权作为抵质押品的变现补偿价值。因此在当前实践中，可以将知识产权与实物混合打包，组合多种风险缓释工具，如"知识产权质押 + 担保保证""知识产权质押 + 有形资产抵押""知识产权质押 + 政策性专项补偿"等方式，确保贷款发生风险时，银行只承担一部分的损失。

三、成熟期的科技贷款

（一）成熟期企业融资需求特点

成长后期到成熟期主要是企业技术开发成功，市场需求迅速扩大，并进行大规模生产的阶段。该时期的各经营风险降为最小，企业已开始大量盈利；由于企业规模、资产结构、企业信用、市场地位的变化，融资环境大为改善。企业融资品种增多，融资空间增大，融资结构得到优化。这一时期融资方式主要有以下几种：

一是向银行等金融机构贷款。进入成熟阶段后，高科技中小企业产品技术渐趋成熟，目标市场明确，管理也走上了规范的轨道，经营业绩有了长足进展，各种风险已大幅度降低。由于企业规模、资产结构、企业信用的变化，企业拥有足够的业绩记录来证明自己的信用，此时由于银行贷款风险下降，以规避风险为原则的商业银行等金融机构愿意提供贷款（包括授信方式），银行会与企业建立稳定的合作关系，成为企业融资的稳定来源。

二是资本市场股票融资。进入成熟阶段后，企业融资环境的改善，企业融资空间很大，企业得到广大公众的认可，上市条件已经成熟，国内外创业板上市进入现实可操作阶段。这一阶段上市已成为高科技中小企业融资的一种主要方式。

三是并购与转让的风险投资渠道。这一阶段风险投资以并购投资，转让投资为主，数额较大，投入期较短，一般 1～2 年后投资者就将其持有股份转让或送入二板市场后退出，这类风险投资是最接近退出途径的一类风险投资。另外，并购是高科技中小企业发展中后期融资的一种重要方式，也不失为风险投资的一个重要出口。

（二）成熟期科技企业风险

随着科技企业的不断成长壮大，自身发展和外部环境变化都会给企业带来新的机遇，同时也暗藏新的风险。科技企业在成熟期发展趋于平稳，此时企业往往面临市场需求的变化、新技术的更新替代以及自身的发展突破，需要寻找新的出路。偏离科技企业原有轨道的盲目扩张、创新停滞、遭遇新技术的替代都将是科技企业在成熟期突出的风险特征。

盲目扩张是很多发展到成熟期的科技企业衰退的一个最危险因素，在成熟期阶段，科技企业特色创新产品可能市场已饱和，竞争也达到白热化，此时的企业确实应该向集团化、多样化发展。但是如果没有对市场有足够的调研了解，将随意建厂房、建实验室，尤其是将企业触角伸向不熟悉的领域，将导致企业在新领域的投入难以收回，最终因资金链紧张甚至断裂而破坏企业原有积累。

成熟期科技企业的另一个极端则是因循守旧，这个阶段企业组织内部机构官僚化、外界沟通机制减弱，从而导致市场反应迟缓等。成熟期的企业如果意识不到原来的创新产品已经过时，需要更新换代，或者由于原有主营产品投入过大，考虑机会成本不愿意让新产品介入，就会陷入被动局面。科技企业在成熟期容易遭遇僵化腐朽的更年期综合征，不能持续创新的新循环，进而遭遇破产或被兼并的困境走向衰退。在互联网技术和信息高速发展的今天，很多技术的更新换代是革命性的创新，而非渐进性的，如果不能在成熟期很好地抓住机会完美转身，很快就会被淹没在创新浪潮中。

（三）成熟期科技企业的贷款介入

对成熟期企业而言，不仅需按照传统对业务提供资金支持，还应重点通过科技金融平台为企业提供包括上市前的财务顾问、管理顾问等"一揽子"综合金融服务方案。

银行借道资本市场客户资源可以大量拓展中小企业信贷业务，还可以此为基础拓展投行业务和中间业务，将资本市场作为理财产品转让发布的平台。

一是实现批量贷款。以创业板、新三板、四板（地方性股权交易中心）为核心开发批量贷款业务可以成为银行对接资本市场合作的主要业务模式。这种模式可以简化传统的贷款业务程序，如双方建立授信合作后，创业板、新三板和四板的挂牌企业只要满足相应条件，无须履行其他手续，可直接从银行进行贷款融资。银行与创业板、新三板、四板合作能拓宽客户获取渠道，且挂牌企业资质相对优质，通过这种方式，银行能够以批发的方式开展信贷业务，大大降低业务成本，提高银行效率。同时，挂牌企业信息披露比较规范，而且创业板、新三板、四板也会采取一些增信措施，其贷款风险要低于一般中小企业贷款，其股权具备一定流动性，也能有效降低贷款风险。

二是拓展投行、中间业务。在利率市场化加速推进的背景下，银行传统的息差收入逐渐减少，中间业务、投行业务将会是其主要的收入来源。而除了信贷业务外，创业板、新三板、四板能够为银行带来更多的投行和中间业务机会。在此过程中，银行为企业提供全程金融服务，同时也获得各种业务机会。科技企业具有高速成长的特点，使得其发展过程中会产生多种金融需求，而信贷业务只是其中一部分。随着企业的发展壮大，银行能获得财务顾问、资金结算等多种业务。商业银行除了为挂牌企业提供传统信贷、支付结算、金融咨询等常规服务外，还可以提供股权质押融资、期权贷款等创新金融服务。

三是其他业务领域。除了贷款业务、投行业务、中间业务外，商业银行还可以与创业板、新三板、四板在银行理财产品交易等方面进行合作。创业板、新三板、四板将作为银行理财产品转让发布的平台，开辟理财产品乃至银行信贷资产流转的新途径。

本 章 小 结

科技贷款作为科技金融体系的主要范畴之一，为建立科研开发新机制、加速转化科技成果，为促进科技创新发展作出了重大贡献，同时为科技型中小企业获得信贷资金提供了有效途径。本章基于科技金融体系的霍尔三维结构模型，重点阐述科技贷款所在的知识维与三维结构体系中逻辑维以及时间维的两两关系。一方面，结合科技金融体系霍尔三维结构模型的逻辑维，从政府、金融机构、中介机构及高新技术企业方面刻画了科技贷款参与主体及其行为特征；另一方面，通过科技金融体系霍尔三维结构模型中时间维，系统描述了科技贷款在科技型中小企业种子期、初创期、成长期和成熟期四个阶段的运营特征和作用功能。

第四章　科技资本市场

我国企业长期过分依赖银行贷款,直接融资渠道几乎封闭。然而直接融资必将成为我国企业融资的大势所趋。直接融资可以把企业的各种风险分担到社会的各个阶层,甚至在全球范围内进行分散。美国通过资产证券化和融资渠道的全球化,把经济成长的风险分散到了全球,这是直接融资的一大优势所在。如果过度依赖间接融资的银行贷款,企业的风险就会过于集中于银行体系,给我国经济留下严重隐患。尤其对于高科技、高风险的科技型中小企业来说,通过逐渐完善的资本市场进行直接融资将是未来选择融资渠道的必然趋势。

第一节　科技资本市场参与主体及行为

一、科技资本市场运行中的政府行为

我国资本市场在市场准入、交易、税收政策和监管制度方面的理念存在着缺陷。科技型中小企业的市场准入难,在证券市场上进行上市和股债权融资限制条件很多。我国单一的资本市场结构使得市场交易规则和原则呈现出单一的现状。中国市场经济的健全完善程度在相当大程度上依赖于政府—市场关系被正确处理的程度,政府监管中存在的问题,根源在于政府—市场关系的不完善性。在处理资本市场运行过程中产生的问题,应让资本市场通过自身的调控去解决,而不是通过政府的调控去处理。只有在市场不能使全社会福利最大化时,政府行政制度才能给市场运转过程中出现的问题给予纠正,使其达到"帕累托最优"。让"看不见的手"引导着经济运行,维护市场的公平竞争,使市场更加有效地运转。

(一)法律法规及行政扶持政策

近年来一些法律法规的制定,为科技资本市场的发展创造了积极的制

度保障，例如新《公司法》《证券法》等法律的出台，规范了科技资本市场上各主体的行为。证监会在发行制度、上市公司监管、市场建设、产品创新等层面实施的一系列改革，也为科技资本市场的发展创造了良好的条件。

另外，相关行政政策的推出赋予了我国科技资本市场强大的生命力。2013年12月在《国务院关于全国中小企业股份转让系统有关问题的决定》中提出要建立不同层次资本市场间的有机联系，即使得交易所市场、全国股份转让系统和区域性股权转让市场间形成上下贯通、有机联系的统一整体，这意味着全国股份转让系统与交易所市场、区域性股权转让市场之间将建立转板制度。在建立便捷高效的转板机制后，企业可根据自身发展需求，自由选择适合的资本市场，进一步发挥股票发行注册制下资本市场优化资源配置的作用。中共中央、国务院《关于实施科技规划纲要增强自主创新能力的决定》明确指出，改善对高新技术企业的信贷服务和融资环境，加大对高新技术产业化的金融支持，发展支持高新技术产业的创业投资和资本市场。进一步加大对增强自主创新能力的金融支持力度，大力发展资本市场和创业风险投资，构建与我国科技创新体系建设相互促进、充满活力的科技投融资体制，推进我国科技进步和创新，带动生产力质的飞跃。

（二）科技资本市场制度设计

中国资本市场发展历史较短，带有明显行政主导的强制性制度变迁特征，其基本制度体系是由政府主导建设的。本节对资本市场最核心的四个基本制度：发行制度、交易制度、信息披露制度和监管制度进行分析。

1. 发行制度

发行制度的确立是资本市场的运作起点，是相关证券进入资本市场的首要门槛。所谓发行制度，即指国家证券监管机构对企业上市发行证券的标准、条件及程序等内容进行审核所制定的一系列制度规则。目前，世界上证券发行制度主要有两种：注册制和核准制。注册制是指证券发行申请人依法向证券主管机构提交与证券发行有关的信息和资料，并由证券主管机构对其提供的信息和资料进行审查，但只对注册文件的形式进行审查，不对其进行实质判断。核准制是指证券发行申请人不仅要按照法律规定提供相关信息资料，而且还要对其提供资料的真实性、准确性、完整性负责，同时证券主管机构还要对资料的实质性进行审核。

（1）审批制。中国资本市场发行制度以审批制的确立为诞生标志。由于中国计划经济制度的影响，1990年到1999年7月之间中国资本市场主要实行审批制度，即上市企业的选择和推荐，以及证券发行的规模都由地方和主管政府机构根据额度决定。在20世纪90年代，中国刚刚触摸到市场经济的门槛，整个社会中不论是社会民众还是制度设计者们对投资意识和金融理念都比较匮乏，法律、会计和产品评估等金融服务行业处于空白阶段。在一个缺乏市场制度的环境下，资本市场选择审批制这样的计划式发行制度是理所当然的。严格的审批程序为资本市场的稳定运行提供了有力保障，虽然有一定的局限性，但是在资本市场的最初阶段审批制有其必然性和必要性。

（2）核准制。1999年7月《证券法》规定我国证券发行采用核准制。所谓核准制，即指发行人不仅要依法全面、准确地将投资者做出投资决策所需要的企业信息给予充分的披露，还要符合法律所规定的实质条件，证券发行人只有在得到证券主管机构的核准批注后才能发行证券。与此同时，证券主管机构不仅要审查发行公开信息的真实性、准确性、完整性，还要对该证券的投资价值进行审查，确保投资者的利益。发行人必须全部符合法定条件，否则发行申请将被否决。自此中国资本市场发行制度进入核准制时期，逐渐改变了以往行政机构遴选和推荐企业的做法。与审批制相比，核准制提高了券商的风险意识，促使证券承销商肩负了保险人责任，有利于增强证券发行过程的透明度，提高发行企业的质量。

此时的核准制以"通道制"为具体制度安排，所谓通道制即指由证券监管部门根据各家券商的实力和业绩来确定其拥有的发股通道数量，然后券商按照发行一家再上报一家的程序来推荐发股公司的制度。券商只要具有主承销商的资格就可以获得2～9个通道，所谓通道就是可以推荐申请公开发行股票的企业数。通道制的实行培育了券商的市场竞争意识，为了有效保证推荐上市公司的成功发行，券商对拟上市公司申报材料的审核更加严格完善，同时也督促了拟上市公司的规范经营，间接提高了上市公司质量。虽然这种通道制仍然带有发行名额受限的特点，但是比之前完全的行政审批和指标下派的做法更符合市场经济的要求，也为证券发行制度由计划机制向市场机制的转变奠定了基础。

（3）保荐制。随着资本市场进一步发展壮大，市场参与者对市场运行效率的要求越来越高，保荐制度应运而生。2003年12月28日，中国证监会发布了《证券发行上市保荐制度暂行办法》决定自2004年2月1日起实行保荐人制度，这也是世界上第一次在主板市场实行保荐人制度。所谓保荐制，即指由券商担任保荐人，负责对发行人进行上市辅导和向证券管理部门推荐。在此过程中，保荐人需要核实发行人的发行文件和上市文件中所记载资料的真实性、准确性、完整性，督促发行人建立严格的信息披露制度，并以此承担风险防范责任，也就是连带担保责任。因为保荐制度明确规定保荐人承担连带责任，这就迫使保荐人必须提高自身的专业素质和责任心，尽可能杜绝虚假财务信息，以此促进发行人更加注重公司自身实力，最终提高资本市场内上市公司的质量。

（4）注册制。2015 年 12 月 9 日，国务院常务会议审议通过了拟提请全国人大常委会审议的《关于授权国务院在实施股票发行注册制改革中调整适用〈中华人民共和国证券法〉有关规定的决定（草案）》。证监会发文指出积极稳妥推进股票发行注册制改革。证监会表示，注册制改革是一个循序渐进的过程，不会一步到位，对新股发行节奏和价格不会一下子放开，不会造成新股大规模扩容。

2. 交易机制

从全球证券市场的发展情况来看，现代资本市场的交易制度根据市场微观结构主要有两种基本类型：指令驱动型和报价驱动型。所谓指令驱动型，也称竞价驱动或委托驱动，即买卖双方可以根据双方的订单详情直接交易或者将自己的交易指令委托给代理经纪商，由经纪商持单进入交易市场，交易市场根据买卖双向价格为基准进行撮合，最终达成交易。主要有集合竞价和连续竞价两种形式，其特点是买卖双方直接进行交易，交易价格由买卖双方确定。报价驱动型俗称做市商制度，即做市商给出证券买卖价格，并分别向市场买卖双方进行双向报价，在价格合理的基础上，做市商以自有资金购入卖方手中证券或者向买方出售自有证券，做市商以买卖证券的差价获取收入，其特点是买卖双方无法接触，交易价格只能由做市商决定。

目前我国上海、深圳证券交易所实行的是公开竞价制度，也称之为订单交易的驱动机制。但是，该交易机制也存在缺陷，也有对有行无市、交易过度火爆或过度疲软等难以进行有效控制的情况。而做市商制度却能很好解决，引入做市商机制，可以起到做市、造市与监市的作用，能为市场提供流动性和增强市场的稳定性，既可以满足投资者的投资需求，又可以使风险在投资者与做市商之间分散。

3. 信息披露制度

信息披露制度是指资本市场中上市企业为了保障投资人的利益，在证券发行前、上市后和交易中等一系列过程中，依照相关法律和证券主管部门的规定，向社会大众和券商公开发布与企业有关的财务、经营状况等信息和资料，以便投资人了解上市企业情况的制度，主要包括证券发行信息披露和持续信息公开。信息公开制度旨在使投资人了解发行人的内情，能够做出明智的投资判断。

中国资本市场信息披露制度经过将近十年的不断修正，逐步趋于完善。1999年7月1日，历时五年准备、起草的《中华人民共和国证券法》开始实施，其中对一级市场信息披露制度和二级市场信息披露制度都进行了规定。《证券法》的实施意味着中国证券市场有了专门的基本法，信息披露制度的立法层次从法规上升到了基本法律。《证券法》强化信息披露机制，有效遏制了内幕交易行为，减少了因信息不对称给投资者带来的损失。随后，为了更好地服务资本市场，《证券法》经历了四次修订，分别是2004年8月第一次修正，2005年10月全面修订并重新公布，2013年6月再次修订，以及2014年修正后所形成的新《证券法》。

在四次修订中，信息披露制度也有了重大发展。2005年全面修订中，对信息披露中的重大事件增加了"公司涉嫌犯罪被司法机关立案调查"这项内容，完善了信息披露，保护了投资者利益。不仅如此，这次修订还明确了"一致行动人"概念，即因部分人与他人合谋，采取联合收购形式对上市公司进行收购，妄图通过个人收购未达法律规定最低持股比例，以此规避信息披露。一致行动人的确认有效制止了这种投机行为，保护了中小股东的利益。2014年所形成的新《证券法》对信息披露制度更是做出了详细的规定和解释，其中从63条到72条都是对上市企业持续信息公开制度所做的明确规定，同时还明晰了对利用内幕消息从事非法内幕交易行为的法律条文。除了证券法对信息披露制度有所法律规定外，中国证监会还出台了相应的信息披露规定。2010年1月公布的《公开发行证券的公司信息披露编报规则1-15号》、2014年3月颁布的《公开发行证券的公司信息披露内容与格式准则第1号——招股说明书》等法规。这一系列法律、法规的实施，不断完善着中国资本市场信息披露制度建设，规范了信息披露行为，保证了投资者的利益。

4. 监管制度

监管制度是指政府证券监管部门对资本市场各类活动主体的行为进行引导、干预和监管所采取的管理体系、组织结构和管理模式的集合。证券监管制度对资本市场的运行有着举足轻重的作用，因为监管制度影响着市场运行效率的高低，也是维护市场公开、公平、公正及保障整个资本市场有序、健康、稳定发展的根本制度。根据监管主体的不同，通常将证券监管制度分为三类：集中型监管制度、自律型监管制度和中间型监管制度。集中型监管制度，这种模式主要由政府成立一个专属的、全国性的证券监管机构对资本市场进行统一监管，而其他行业协会等组织只起从旁协助作用。自律型监管制度，即指政府没有成立一个全国统一的证券监管部门和颁布诸如《证券法》类似的法律，且很少直接对资本市场活动进行干预，主要由证券交易所和相关行业协会对市场进行监管。中间型管理制度，该模式是将集中型和自律型监管制度两种制度的特点集于一身的监管制度，既注重通过统一立法强化监管也重视利用行业协会等机构自律。

我国现行的金融监管体系是一种"一行三会"的模式，即在中国人民银行的统领下，证监会、银监会和保监会履行分行业监管的职能，采取"混业经营、分业监管"的模式。我国政府和相关部门放开创业板市场和三板市场的过程，是一个审慎思考和反复验证的过程。在此期间，证监会加大了监管强度和处罚力度，对内幕交易、坐庄、虚假重组等违法违规行为进行了综合治理，净化了资本市场的主体行为，并且使投资风险得到充分的释放，保障了投资者的合法权益，极大地增强了他们的投资信心。在这种步步为营的发展思路下，不仅使我国资本市场的发展走向了一条健康规范的道路，也为放开创业板和三板市场创造了积极的条件，为科技资本市场的发展奠定了坚实的基础。

（三）税收优惠

税收可以调整社会资源的分配，不同税收政策的实施能够对产业结构产生不同的影响，相关的优惠税收政策对于企业和行业的发展具有很重要的促进作用。对风险资本从科技型中小企业股权转让中的增值部分及分红给予必要的税收优惠和减免，取消印花税或者征收较低印花税，不仅可以鼓励风险资本投资者积极投资，而且对股权转让这一市场的进一步发展起到一定的扶持作用。同时调整对创新基金的税收政策，对基金发行、交易、投资及其转移等环节给予税收优惠和减免，引导更多的资金参与创业板市场，创造条件让更多投资人拥有财产性收入。

二、科技资本市场运行中的金融机构行为

金融机构作为资本市场上的参与主体，在资源配置的有效性方面起到至关重要的作用。金融机构对科技资本市场产品的创新可以丰富科技型中小企业的融资渠道。

（一）科技资本市场中产品创新的必要性

1. 金融产品是资本市场的基础

没有产品就没有市场。资本市场就是依靠股票、股权、债券、投资基金、信托产品、长期信贷等金融产品或是资本市场工具才得以存在。产品

是资本市场的物质载体，只有把这些产品开发出来，资本市场里才有可交易的载体。因此，开发金融产品的过程就是建立和发展资本市场的过程。

2. 金融产品多样化才能实现多层次资本市场

建立和发展出多层次资本市场，从根本上说就是要开发多样化的金融产品。只有把不同特点的金融产品或资本工具开发出来，并形成一定的规模，才可能构成资本市场的多层次性，否则，只有一类产品，资本市场就只能是一个层次，根本谈不上多层次资本市场。例如，如果没有非上市的股权凭证、产业投资基金，就不可能形成非证券型的产权交易市场。再如，若没有适合场外市场交易的资本工具，就不可能形成场外资本市场。国外经验表明，无论从市场容量还是从交易方式看，场外市场都是资本市场极其重要的组成部分，发展多层次资本市场，主要就是大力发展场外市场，建立起场外的股票市场、产权市场和债券市场。这是因为场内市场对金融产品的标准化程度很高，这限制了它的层次性，大量的金融产品需要在场外市场寻找它的存在空间。

3. 金融产品单一是建立多层次资本市场的一个瓶颈

现阶段，我国资本市场已经有了长足发展，但仍然存在不少问题。其中之一就是市场层次过于单一。例如，股权融资市场基本上只有证券交易所这种集中交易的场内市场，缺少非证券型的产权交易市场、非集中交易的股票场外市场；在债券市场上，交易工具还不够多，国外流行的市政债券、高收益企业债等都还没有，投资基金、信托产品也还处于研讨阶段。通过私募方式筹集资金十分有限，尚未形成气候。

（二）金融机构产品创新的发展方向

我国资本市场的产品结构比较单一，基本上以股票为主，固定收益类证券产品比重比较低，而且现有的很多产品都无法体现对企业创新的促进作用。在金融市场改革逐步深入的同时，产品市场的创新是必要的，资本市场上债券产品的创新应当适当扩大。

1. 促进垃圾债券发展

垃圾债券，又称非投资级债券，是指资信评级低于投资级或未被评级的，具有高风险和高回报率的债券。我国正处在经济高速发展的轨道上，相对于欧美国家，身处中国的中小企业更容易获得自身生存壮大的机遇，所发行的垃圾债券也因此在还本付息上面临更小的困难。在此情况下，应适当调整市场准入门槛，如发行债券的企业必须有技术创新，且具有较大的市场潜力和发展前景，这样既可以为投资者降低风险，还能提高垃圾债券的生存力。对于我国尚不成熟的债券市场，垃圾债券既是一种良好的补充，也是一个不小的挑战。

2. 可转换的创新债券

对于融资困难的科技型中小企业来说，可转换债券无疑可以为它们的融资提供一个可行的途径，使得这些企业能够获得创新所必需的大量资金，进而比较顺利地实现由种子期、创业期到发展期、成熟期的跨越。待到公司上市后，公司可将可转换债券强迫转换成股权，或以更加优惠的条件转股，从而也避免了未来流动性支付的危机。

3. 短期融资券

短期融资券的发行无须担保，完全依靠信用评级，发行关键条款与贷款相似，发行短期融资券的速度较发行股票或企业债券要迅速得多，而且发行短期融资券的成本比银行贷款成本低，这对中小型的创新企业来说很重要。目前，发行短期融资券的大多是信用良好的大中型企业，而创新企业往往需要大量资金来促进其科研成果的转化，特别是对那些刚处于创业初期的企业，短期融资券可以缓解其短期内的大量资金需求，促进其创新。

4. 创新企业的资产证券化

对于科技型中小企业，甚至可以以其知识产权和未来收益作为基础，通过资产证券化经营公司重组和信用增级后发行债券融资，即无形资产证券化。首先，应建立起一种无形资产证券化的信托融资模式，设立专业的信托投资公司，负责高科技企业的无形资产信托。其次，由高科技企业将拟进行质押的无形资产设定为信托资产，由专业信托公司进行托管。金融担保公司对受托资产进行资信评级和担保，以提高信用等级。最后，由专业信托公司以经过信用增级后的受托资产为担保，或是向银行发行无形资产专门证券，或是直接以受托资产为抵押向银行进行贷款。

三、科技资本市场运行中的中介机构行为

在资本市场中，中介机构担负着连接市场各方，盘活全局的重任。券商、律师事务所、会计师事务所等资本市场相关机构与有上市意向的科技型企业对接，大力推动科技企业通过资本市场融资。

（一）中介机构的信息披露机制

在我国金融市场发展趋势下，股票发行制是证券发展的必然结果。股票发行注册制的核心在于强制信息披露及风险提示，是一种注重事前信息披露和事后处罚的发行审核制度。在证券市场中，非银行金融中介的主要作用是在间接或直接融资过程中为资金供求双方提供金融中介服务。非银

行金融中介主要有会计师事务所、资信评级机构、证券公司等，它们的重要职能是专业信息的生产和提供。会计师事务所开展审计工作并出具报告，资信评级机构对企业的资产状况、履约能力和信誉等进行全面评价，证券公司参与发行价格的确定。在股票发行注册制下，投资者只能根据披露的信息作投资判断，因此，非银行金融中介机构披露信息的质量显得尤为关键。

（二）中介机构的约束机制

在证券市场上，证券中介机构处于信息绝对优势地位，但来自投资者、发行人及监管部门潜在的约束机制能够迫使承销商不得不维护自己的声誉。以承销商为例，一方面投资者相对于承销商而言，始终处于信息弱势，但其拥有对承销商进行惩罚的能力。在新股发行中，如果投资者发现承销商高估企业价值、弄虚作假，投资者对该承销商承销新股的申购欲望就会减少。因此，为了维护自身声誉，信誉高的承销商在企业 IPO（首次公开募股）过程中弄虚作假的激励就会降低。另一方面，发行人与承销商之间属于委托代理关系，发行人向承销商支付承销费，委托承销商代为发行股票。为了保证企业自身成功上市的概率，同时为了能够尽量保证成功募集资金，质量高的企业更愿意支付较高的费用选择声誉较高的承销商来发行新股，而承销商出于自身利益考虑，也更愿意选择高质量的企业为合作伙伴。

四、科技资本市场中的高新技术企业行为

由于我国创业板市场上市企业的审核非常严格，许多优秀的高新技术中小企业可能不完全具备我国创业板市场较高的审核条件，而选择放弃在国内上市而选择相对比较自由的境外创业板市场进行上市活动，使得创业板市场对于高新技术中小企业的吸引力降低，资本市场的资源配置功能不能得到充分发挥。同时，上市资源的缺乏，使中小企业在争夺上市资源的过程中，容易产生信息披露造假，从而进一步削弱股市配置资源的功能。

第二节　企业生命周期与科技资本市场运作

处于生命周期不同阶段的企业具有其特定的阶段性特点，进而对融资渠道和资本数量的需求不同。因此，科技型企业在其成长发展过程中需要不同的金融工具，最终表现为对多层次资本市场的需求，具体如图 4-1 所示。

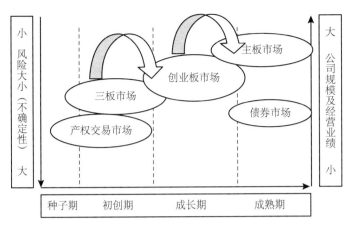

图 4 - 1　科技型企业的生命周期与资本市场

一、企业生命周期与股权市场融资

种子期是项目团队将创造性思维转变为现实技术发明的研究开发阶段，资金需求以团队自有基金或自筹资金为主，基本不涉及资本市场。

初创期，公司初步创立，仅凭团队的内部资金远远无法满足公司的发展需求，因此创业风险投资是其主要的资金来源。除此之外，公司也可以积极接触底层的资本市场，可以进入产权交易市场和三板市场挂牌交易。在资本市场上，科技型企业通过转让股权筹集外部资金。同时，规范化的资本运作机制可以对企业价值及最核心的知识产权进行评估，从而可以通过知识产权市场出让核心知识产权进行融资。科技型中小企业越早与资本市场进行联系，成长就越快。场外交易市场可以在此期间为科技型中小企业提供资金支持。

处于初创后期或成长早期的科技型中小企业在尚未达到创业板和中小企业板上市要求的情况下，可以申请新三板上市挂牌，并通过产权交易市场融通小额资金，经过新三板孵化成长后逐步升级到更高一层的资本市场。

成长期的科技型企业规模快速扩张，对资金的需求急剧膨胀。科技型企业迅速成长和资金匮乏的矛盾单靠科技信贷难以解决。鉴于此时企业初具规模，盈利模式日渐成熟，企业可以从低层次的三板市场进入较高层次的资本市场进行大规模的股权融资，即进入创业板市场发行股票融资。

成熟期的科技型企业已经有了稳定的规模和利润来源，并保有一定的竞争优势，此时的融资方式会更加灵活，企业可以通过创业板和主板市场发行股票融资。创业板和主板上市是风险资本退出的最佳途径。

资本市场融资是科技型中小企业发展过程中的战略性问题。企业在选择资本市场融资的同时也面临着上市失败的风险。如果不能成功上市，企业将付出很大的成本和代价，这对于成长期的科技型中小企业来说将会是重大打击。如果未能选择偏好企业所在行业的资本市场上市，上市价格将受到打击，更加不利于上市后的再融资。因此，我国的科技型中小企业应谨慎考虑，根据公司规模、所处行业、拓展领域、资本市场特点、证券交易所特征等因素综合加以考虑，选择适合企业自身条件的，上市后确实能增强企业实力和企业价值，吸引到更多投资者的资本市场上市融资，最终达到企业通过资本市场上市融资促进企业进一步发展的目的。

二、企业生命周期与债券市场融资

企业债券融资体系对科技资本市场具有重要补充作用。首先，阶段性融资适应性的补充。对于科技型中小企业而言，尤其是处于初创期和成长期的科技型中小企业，其规模一般不大，盈利能力有限从而其偿债能力也一般不被市场所看好。而企业债券的发行，不论是中小企业私募债还是科技型中小企业集合债，其本质上最终还是要落脚在偿债能力上，因此券商对初创期的科技型中小企业是不会发行企业债券的；成熟期和少量成长期的科技型中小企业，科技产业化、市场化、商业化都有了一定的收益和进展，对于那些财务能力较好、偿债能力较强的企业，可以考虑发行企业债券进行融资。因此，债券融资无法适应科技型中小企业不同发展阶段的融资需求，只能作为阶段融资的有益补充。

其次，融资模式错配的适应性补充。对于成长期和成熟期的科技型中小企业，其融资模式和融资渠道相对可选范围要大得多。往往企业既可以选择新三板上市，也可以选择创业板上市融资，同时也可以考虑发行企业债券进行融资，而这些融资模式的选择无疑需要根据企业具体的融资需求、企业特殊要求和融资周期以及融资成本等因素，因此企业债券融资可以作为科技型中小企业权衡融资期限、融资成本等不同诉求的适应性补充。

本 章 小 结

资本市场对资源配置有着重要意义，股票市场、债券市场、场外交易市场等在内的资本市场，其发展水平直接决定着科技企业发展的规模和成长的速度。本章基于科技金融体系的霍尔三维结构模型，重点阐述科技资本市场所在的知识维与三维结构体系中逻辑维以及时间维的两两关系。一方面，结合科技金融体系霍尔三维结构模型的逻辑维，从政府、金融机构、中介机构及高新技术企业方面刻画了科技资本市场参与主体及其行为特征；另一方面，通过科技金融体系霍尔三维结构模型中时间维，系统描述了科技资本市场中股权市场与债权市场在科技型中小企业不同发展阶段的运营特征和作用功能。

第五章　科技保险

　　科技保险是国家科技部与保监会联合推出的一项以保险服务于高新技术企业的创新举措，旨在支持高新技术企业发展，促进国家自主创新战略的实施。科技保险能有效分散企业研发项目的科技风险，提高科技研发各方主体对于科技研发的积极性，同时降低科技项目因科技风险而失败的可能性，提升科技项目研发的效率，从根本上推动社会科学技术的发展。我国自2007年起，先后分两批在全国"九市三区"进行了科技保险试点推广，其工作取得了突破性的进展，但与此同时，探寻科技保险推广、高效运行和可持续发展的模式，解决试点中暴露出的突出问题，也变得尤为迫切。

第一节　科技保险参与主体及行为

一、科技保险运行中的政府行为

　　科技保险是科技领域和金融领域的一种新鲜事物，一方面科技风险作为一种投机风险，如果以整个科技创新过程作为承保标的，以创新项目的失败作为保险赔偿的触发条件，科技保险并不能得以正常运作。但通过科技创新过程的分解和风险的细分，有些风险则具有可保性。这种科技风险整体不可保，分解后则具有可保的性质，注定了科技保险具有其独特的集成性。另一方面，科技保险作为一种准公共产品，如果完全由市场来提供则必然供给不足或效率低下，因此政府必须主导其相关活动或支出，承担主要责任。尤其在我国市场经济发育还不完善，保险事业并不发达，科技机构保险意识淡薄，保险能力相对有限的条件下，政府的作用将更加凸显。所以，科技保险的特有属性及在一定外部环境下科技保险推行初期的特殊性，注定了政府应成为科技保险试点运行阶段的主导者，必须通过法律手段、行政措施、财政政策、税收杠杆等来搭建科技保险体系，为科技保险的长期发展打开一个良好的局面。

由于保险公司从事经营活动是为了谋求自身利益的最大化，这样就无法避免负向外部性的产生，即保险公司会在追求自身利益最大化的过程中侵害到公众利益，甚至不惜以损害公众利益为手段来谋取自身利益。而另一方面，保险公司作为带有公益性功能的商业机构，其具有的正向外部性无疑是十分明显的，政府需要通过正确的引导和扶植，使商业保险功能更多地服务于社会。具体到政府扶持科技保险工作的开展，其具有的正向外部性体现在它完善了科技创新扶持体系，弥补了现有扶持手段的不足，使政府整体扶持效率的提高成为可能。

科技保险的推动，是一项开创性的工程，政府不仅参与宏观政策的制定，而且有时要直接介入微观经营管理活动。如果资源配置于社会，以达到除非损害他人利益，任何人都不可能获得额外福利的状态，那么社会资源的利用就达到了"帕累托有效"。如果资源可以通过某种方式重新配置，以至于在不损害他人利益的情况下，至少有一人获得额外福利，即成为"帕累托改进"。社会资源配置"帕累托有效"与政府保险利益存在复杂的关系。具体到科技保险而言，一方面政府作为社会公共利益的代表应当推进科技及金融资源的有限配置，从而达到"帕累托有效"。另一方面，安全利益和政治利益方面的需要使得政府必须有限放弃效率目标，转向寻找社会福利最大化。经济效率最优化与社会福利最大化都影响着政府利益，政府所采取的有效方法之一就是通过科技保险政策寻找平衡点，实现在该领域的"帕累托有效"。

基于我国政府职能的特点和保险的内在规律，科技保险的模式是政府主导下的商业运作模式，即保险公司按市场经济原则来自主经营，以利润最大化为经营目标，自负盈亏、自我约束、自我平衡的运作模式。我国采取这种模式的原因有以下三点：一是政府财力有限，承担全部风险不切实际；二是各地科技发展不平衡，如果保险公司的经营自由度比较大，则可以设计各种不同的适应市场需求的产品；三是保险公司的经营直接与其利益相关，承保的动力比较大。

这种模式下，政府本身不承担任何风险，但提供保险制度设计、保险产品设计、税收优惠、财政补贴、保险监管等方面的行为支持，本节将从这五个方面来研究科技保险的政府行为，如图5-1所示。

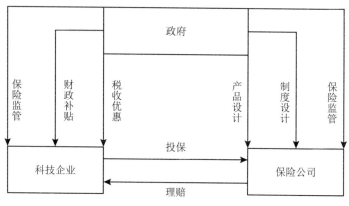

图 5-1 科技保险三方行为示意图

（一）科技保险制度设计

1. 科技保险法规

科技保险的发展需要政策支持，更需要法律的规范约束。目前，我国还没有专门关于科技保险的立法，保险业的立法也只有《中华人民共和国保险法》。科技保险作为保险的一个种类，保险法的一般准则同样适用于科技保险领域。但由于科技保险自身的专业性以及信息不对称性、科技风险集成性、弱可保性等特殊属性，还应当尽快构建科技保险的专业特有法律体系。

政府需要制定相关配套的法律来保障科技保险的发展，要对科技保险发展的目标、原则、保险责任、保险费率、赔偿方式以及政府在科技保险中的地位给予明确的法律规定。

2. 行政扶持政策

从 2006 年 6 月，为扶持科技保险的推广和发展，国家相继出台了《国务院关于保险业改革发展的若干意见》《关于加强和改善对高新技术企业保险服务有关问题的通知》《关于进一步支持出口信用保险为高新技术企业提供服务的通知》等相关政策。其中，《国务院关于保险业改革发展的若干意见》中明确指出要健全以保险企业为主体、以市场需求为导向、引进与自主创新相结合的保险创新机制。发展航空航天、生物医药等高科技保险，为自主创新提供风险保障。

《关于加强和改善对高新技术企业保险服务有关问题的通知》首次提出要大力推动科技保险创新发展，逐步建立高新技术企业创新产品研发、科技成果转让的保险保障机制，并对科技保险的操作方面提出了总体要求。《关于进一步支持出口信用保险为高新技术企业提供服务的通知》则要求加强出口信用保险对自主创新的支持，进一步促进出口信用保险为高新技术企业提供服务。为落实这些政策，各地方政府也相继开展科技保险政策的研讨，促使科技保险工作的进一步细化。

3. 经营主体模式

在政府主导的商业模式下，科技保险的经营主体可以选择多类保险机构和组织，我国政府对科技保险经营主体的选择是采用选择资本雄厚、管理先进的商业保险公司。2007 年，中国保监会与科技部联合下发的《关于加强和改善对高新技术企业保险服务有关问题的通知》中规定，我国首批科技保险经营主体为华泰财产保险股份有限公司和中国出口信用保险公司。2008 年，在科技保险第二批试点中，中国人民财产保险股份有限公司成为全国第三家试点经营科技保险的保险公司。

(二) 科技保险产品设计

图 5 - 2 给出了政府在引导科技保险实施过程中，其产品设计的理论框架。

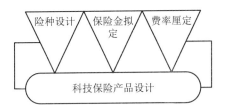

图 5 - 2　科技保险产品设计组成结构图

1. 险种设计

政府政策研究部门、科技部门、保险公司应联手合作，根据科技风险的特点，设置科学、合理、可操作性强的险种。2006 年底，我国确定首批试点推行了 6 大科技保险险种，2008 年第二批试点险种新增了 9 个险种。随着近年来科技保险工作的进一步展开，全国各科技金融体系建设较为完善的地区纷纷创新科技保险险种，以为高新技术企业创新"保驾护航"。

2. 费率厘定

科技保险的费率有两种厘定方法，一种是利用大数定理，根据预期损失大小，按期望损失比率和投保期限收取保费。另一种是保险双方根据保险标的特征商定保费和保险金。在缴纳保费时，政府给予适当政策补贴或税收优惠。保费补贴额和补贴率主要取决于纯保险费率、保险保障水平高低、政府的政策目标和财政能力、科技机构或科技人员对保险产品的接受程度和购买能力。

3. 保险金拟定

就科技保险的保险金而言，同样具有两种选择，一种是比率式的，损失发生时，保险金不超过所交保费的某个倍数；另一种是协商式的，这种方式操作简单，一旦损失发生，保险金就是缴纳保费时共同商定的保险金。在科技保险运行起步阶段，为吸引投保人，政府可以充分发挥国家信用的作用，为经营政策保险的团体进行担保，由国家承担超额赔付的保险责任和再保险责任，以提高保险团体的信用程度和承保能力。

（三）税收优惠

为充分调动保险公司和高新技术企业的积极性，在科技保险的启动阶段，各级政府部门必须带头支持，在法规制度上给予明确，财政上给予支持，政策上给予优惠。中国保监会和科技部应积极与财政部、国家税务总局等部门协商，在产品开发、业务经营、机构设立、财政支持、税收优惠等方面出台一系列支持政策。例如：《中华人民共和国企业所得税法》中规定："开发新技术、新产品、新工艺发生的研究开发费用等可以在计算应纳税所得额时加计扣除"。另外，《中华人民共和国企业所得税法实施条例》《财政部/国家税务总局关于企业技术创新有关企业所得税优惠政策的通知》及《财政部关于企业加强研发费用财务管理的若干意见》等文件中均对科技保险的税收筹划进行了论述，试点运行阶段科技保险享受国家的税收优惠政策包括：第一，明确科技保险保费支出纳入企业技术开发费用，而高新技术企业的技术开发费在实行 100% 税前扣除的基础上，允许再按当年实际发生额的 50% 在企业所得税税前加计扣除；第二，企业研发费用包括与研发活动直接相关的其他费用，即包括高新科技研发保险费用；第三，高新技术企业关键研发人员团体险可以突破有关团体人数的比例要求，达到投保人数量即可投保。

（四）财政补贴

我国科技保险第一、二批试点地区均出台了关于科技保险财政补贴资金的具体政策办法。根据各地情况规定了科技保险保费的补贴条件、补贴方式和补贴比例，并制定对科技保险投保企业的财政补贴政策，但为科技保险提供补贴的主要是地方财政，为进一步加大工作力度，中央财政也需积极参与科技保险试点工作，通过补贴等手段支持科技保险试点工作。

（五）科技保险监管

由于科技保险融入了财政和税收的支持，因此对科技保险的监管是必需的。一方面，监督各保险参与者是否在科技保险制度框架内合法的、有效的执行；另一方面在监管的过程中，积累经验、教训，收集相关数据，为进一步改进保险产品，完善运营方式提供依据。

目前我国科技保险相关工作主要是由保监会来监管，但由于保监会自身职能权限有限，需要对保监会的职能进行扩充。除此之外，还可以联合科技部、财政部、国家发改委、保监会等部门，单独成立专门的政策性科技保险的监管机构。

综上分析，科技保险是一种通过政府引导和补贴，运用市场机制和金融工具服务于高新技术企业的保险经营新模式，其存在的基础是保监会与科技部的有关政策。一方面，从试行阶段业务发展过程分析，良好的政府合作关系和有力的保险监管推动是其运行发展的先决条件；另一方面，补贴政策是开展科技保险工作的决定性因素。在科技保险运行的政策核心内容上，下一步应争取"三提高"，即提高补贴总额、提高补贴比例、提高单家补贴限额，从而更有效地增强企业对科技保险补贴政策的信任度，以积极参与其中。

二、科技保险运行中的保险公司行为

（一）科技保险承保人行为目标

科技保险承保人应在科技保险工作中积极探索，创新产品内容和业务模式，通过内外互动、总分联动、试点先行、全面推动的工作方式，为高新技术企业的创新创业风险提供全面的保险保障机制。

首先，需要通过深入调研企业需求，加强科技保险培训，扩大风险保障覆盖面，建立科技保险数据库，探索高新技术企业风险防范、应对以及处置综合管理体系，从而进一步扩大和深化科技保险发展。

其次，建立产品创新试验区，通过创新科技保险产品开发机制，将科技保险产品开发权下放到符合条件的保险公司，创新和升级开发新一代的科技保险产品。

最后，可借助综合金融服务的优势，探索通过为高新技术企业提供风险融资和金融服务，满足企业发展过程中融资、增信、保险的综合性需求。在严格控制风险和建立良好风险共担机制的基础上，进行保险服务创新，将保险公司对高新技术企业的服务范围从单纯的保险扩展为"风险保障＋促进信贷＋财务融资"等多种金融服务。

在科技保险这一特殊领域，一方面技术创新是高新技术企业生存和发展的基础；另一方面，保险产品创新和经营机制创新也是科技保险开展和成功的保障。由于高新技术企业风险较高、专业性强，一般的保险产品无法保障企业的特殊风险；同时，高新技术企业通常规模较小、资金短缺，常规的市场化保险机制无法推动保险供给和需求的结合。因此，需要科技保险承保人强化保险产品创新及其经营机制创新。

（二）科技保险产品创新

1. 科技保险产品创新的必要性

从现阶段科技保险的运行情况来看，科技保险获得了一定的市场份额，赢得了企业的初步认可，但同时也出现了一些问题，究其原因，有外部市场的因素，如企业对科技保险的认同度还不高，投保意愿还不够强等，但更多的却是科技保险产品自身的原因，具体表现在以下两个方面。

（1）科技保险产品的针对性不强。

高新技术企业的科技创新活动和经营管理活动均具有较强的特殊性，这是由科技风险的特殊性决定的，而这种特殊性导致企业经营稳定性较差。因此，有效和有针对性地化解科技风险，确保经营的稳定是高新技术企业投保科技保险的核心诉求。科技保险不仅需要传统的保险产品保障，更需要针对科技风险的保障；不仅需要单一风险保障，更需要综合风险保障。就科技保险产品而言，其针对性并没有达到理论上的强度。

（2）科技保险产品的科技含量不高。

由于科技风险的特殊性，传统的保险产品和经营方式是难以从根本上满足高新技术企业需要的。试运行阶段的科技保险产品，大多是对传统的保险产品进行改造而来，带有一些先天缺陷，例如结构失衡、保障范围较小、费率与责任保障不对等以及灵活性不足等。这些科技保险产品虽然在一定程度上能够满足高新技术企业的需要，但面对全新的科技风险，就显得无能为力，只能望而却步了。问题的存在要求对现有科技保险产品进行必要的创新，开发新的险种和产品，进一步挖掘科技保险市场的潜力。

2. 科技保险产品创新原则

科技保险产品创新在遵守《保险法》相关规定，符合市场规律的原则下，还应结合自身的特点，遵循以下原则。

（1）效益性原则。

科技保险的经营必须讲效益，而新产品的开发就必须从效益性出发，做到科技保险新产品既能为高新技术企业研发保驾护航，又能为保险公司带来合理的利润。

新开发的科技保险产品要取得可观的经济效益，必须注意处理好三个关系：即企业与保险公司的利益关系、产品开发与经营推广的衔接关系、短期利益与长期利益的因果关系。因此，要把开拓科技保险市场、满足企业需求、维护企业利益与注重保险产品的成本紧密结合起来，有效降低销售和管理成本，达到投入产出结构的优化。

（2）国内外相结合原则。

在国外并没有科技保险这一概念，而是针对特殊风险设置了相关领域的保险解决方案。这种情况下，我国科技保险产品创新就应以着眼于科技保险推广现状，发挥自主创新能力为主，同时加强对国外相关保险市场的调研，在科技保险产品设计上积极吸收国外的先进技术，使产品设计更趋完善，更加贴近市场。

（3）技术优势原则。

新开发的科技保险产品要想快速占领市场，就必须在技术上具有较大的优势。现在社会产品的竞争主要来自于其核心技术的不可效仿性，因此科技保险新产品的开发必须在技术上占据领先地位。

3. 科技保险产品创新流程

科技保险产品的创新具有一定的风险性，有些新产品虽然构思精妙，但却不具备市场可行性；有些虽然已投放市场，却无人问津。正因为存在风险，所以对科技保险产品的创新必须严格遵守科学的流程。科技保险产品创新的科学流程应当包括产生创新方案、审查筛选方案、方案可行性研究、产品技术性设计、产品制作与试点、新产品评价6个步骤，如图5-3所示。

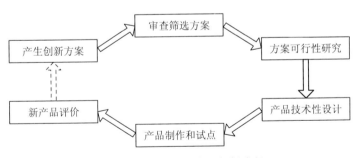

图 5-3　科技保险产品创新流程

（1）产生创新方案。

科技保险产品创新是从产生创新方案开始的，而创新方案的产生应建立在高新技术企业的需求和保险公司的目标基础之上。保险公司应该密切关注科技保险市场的发展动向，搜集科技保险新产品的概念和想法。这些新想法可以通过市场调研，专门预测和借鉴国外经验来获得。

（2）审查筛选方案。

审查筛选方案是对前一阶段产生的众多创新方案进行初步审查和筛选，目的是选择那些值得进一步研究的方案。创新方案应符合《保险法》和我国科技保险现行政策的规定，否则不能作为科技保险产品创新的备选方案。

（3）方案可行性研究。

方案可行性研究主要从商业角度来全面分析每一个科技保险产品创新方案的可行性，确定最优的投资策略。那些既能满足企业投保需求，又符合保险公司商业可行性，即可以为保险公司带来收益的产品创新方案才可以实施。

（4）产品技术性设计。

产品技术性设计的主要工作包括设计保单格式、确定科技保险产品的精算技术以及确保有足够的人力、物力来支持创新产品设计的相关方面。在技术设计过程中，精算师和其他从事产品设计的人员要确保新产品的财务稳健性。

（5）产品的制作和试点。

首先，保险公司要将科技保险新产品的保单格式和其他相关文件报送保监会等监管部门存档并获得批准，同时公司的信息系统和管理部门要进行一定的调整和升级，以便对新保单进行管理。之后，保险公司可以选择在一定范围内对科技保险新产品进行试点推广。

（6）新产品评价。

试点工作开始后，保险公司应继续对科技保险新产品的试点情况进行监控，看是否达到预期的目标。如果结果不令人满意，则对该新产品进行一些调整或取消，还可以用经过改进的产品代替该产品。监控新产品时进行的信息收集还会刺激新方案的产生，推动科技保险产品创新以实现其良性循环。

4. 科技保险产品创新方向

（1）科技保险子产品。

科技保险应该针对高新技术企业研发中的科技风险分摊来进行产品创新，但科技风险具有较强的行业特征，不同行业的企业面对的科技风险是不同的，而试行阶段科技保险产品的设计并未考虑到这一点，不同行业的企业只能选择投保相同的产品，这显然是不合理的。为此，应该将现有的科技保险产品进行细化，设计出服务于不同行业的子产品类型。其风险保障的目标可以相同，但考虑到不同行业的特点，在投保条件、保障范围、保险费率等方面应有所差别，这样不仅可以满足不同的投保需求，而且在一定程度上也可以减少逆向选择的发生。以关键研发设备保险为例，可以将其细化为几款子产品，每款子产品对应于适用的行业，如电子信息行业、生物制药行业、新材料行业等，各行业的企业则有针对性地投保相应的子产品。

（2）新领域科技保险产品。

现阶段我国科技保险产品保障领域主要位于研发设备、研发责任和研发人员上，但科技创新工作除了涉及上述领域外，还涉及其他一些至关重要的领域，如研发技术和研发资金领域等。随着科技保险试点工作的深入，应该开发一些新领域的科技保险产品。

（3）投资联结科技保险产品。

科技保险发展趋势之一是完善参与型模式，包括半参与及全参与型模式，即高新技术企业向保险公司投保科技保险，保险公司对企业及科研项目投资，双方实现风险共担，利润共享。这种模式下的科技保险产品就是投资联结科技保险产品。

投资联结科技保险产品可打破传统投保—理赔型的保险关系，使高新技术企业的科研风险不仅得到有效分摊，而且获得保险公司的直接投资，科研的成功性大为提高。同样对于保险公司，投资联结科技保险产品为其带来的不仅是保费收入，如果投资的科研项目能够成功，保险公司会得到额外利润分成，科技保险经营效益也会大为提高。

另外，在科技保险经营机制上，承保人应从科技保险运行之初就采用经营主体和经营产品双授权的专业化经营管理思路，利用产品创新拓展科技保险服务范围，从而有针对性地为企业提供个性化解决方案，帮助企业合理转移风险。同时，应深入研究高科技产业风险管理的规律，全面梳理高新技术企业提出的各种风险转移需求，加强对基础数据的研究和积累，以提高产品和服务的针对性和有效性。

三、科技保险运行中的中介机构行为

2006年底科技保险试运行以来，保险中介机构在科技保险实施中起到了"活性因子"的作用，有效推动了政府相关政策的落实到位，促进了保险公司创新试点的合理运行，优化了企业与保险公司供需平衡的险种结构。在面对高新技术企业保险意识有待加强，试点险种范围偏窄及试点过程中不规范竞争的主要问题时，保险中介机构在强化科技保险相关政策及措施的研究过程中，从以下三个层面起到为科技保险顺利运行的"催化"作用：

第一，协助政府部门推进科技保险试点工作。保险中介机构积极配合科技部、保监会及地方政府部门推动科技保险试点工作。一方面，协助相关政府部门拟定科技保险创新工作方案，对试点地区、行业、企业规模等相关情况提出建议；同时，协助试点地区地方政府，确定其科技保险创新试点工作实施方案；另一方面，接受试点企业委托，为企业提供保险经纪服务。

第二，积极开发科技保险新险种。有效配合相关保险公司合作开发科技保险试点险种，保险中介机构从保险角度出发，覆盖高新技术企业从研发到售后服务过程中可能面临的风险，为企业创新创业提供全方位的保险保障。

第三，探索科技保险业务模式创新。科技保险作为一项创新尝试，探索出由经纪公司作为试点地区政府和试点企业的专业风险顾问来推进试点工作的业务模式，该模式一方面符合聘请保险经纪公司作为其风险管理顾问的国际惯例；另一方面，这一模式能集中体现政府信用、商业信用和专业风险顾问服务对高新技术企业的支持，可有效增强高新技术企业对科技保险的信心。

四、科技保险运行中的高新技术企业行为

高新技术企业在科技保险实施中的行为效用分析。

从科技保险系统上看，高新技术企业与保险公司共同构成了科技保险市场主体；从科技保险流程来看，企业参与了科技保险流程的各个阶段，因此对科技保险中的企业行为进行研究具有重要的理论和实践意义，但目前这方面的研究却相对匮乏，有待深入。本节对科技保险流程的各阶段，即投保前期、投保阶段、理赔阶段的企业行为进行分析探讨，发现其中存在的关键问题及原因，并提出指导性建议。

投保前期是高新技术企业接触科技保险的初始阶段，企业在这一阶段行为的成效直接决定着企业对科技保险的认知态度和投保兴趣，行为内容主要是获取保险信息和确定投保意愿，如图5-4所示。

1. 获取保险信息

高新技术企业在决定投保前，需要充分地获取与了解科技保险的相关信息，而信息获取的途径是双向的：一是外在信息刺激，即政府、保险公司及保险中介机构面向企业进行科技保险宣传和推广，企业被动地从这些

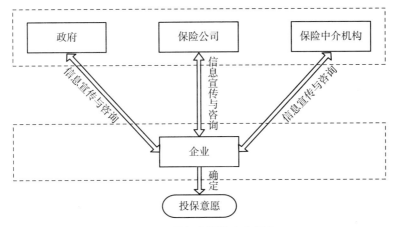

图 5 - 4　投保前期的企业行为

外在信息源接受一些科技保险信息；二是自主获取信息，即企业深感科研创新项目承受的科技风险过于巨大，难以独自承担，或是在其他某些企业通过科技保险获得良好的风险保障的示范作用下，主动地向政府、保险公司及保险中介机构咨询科技保险情况，获取相关信息。

2. 确定投保意愿

高新技术企业获取并了解科技保险信息后，着眼于自身科研项目中急需获得科技保险保障的要素，如设备、责任、人员等，判断其是否符合相关险种产品的投保条件，如果不能确定是否符合条件，则可以向保险公司或保险中介机构进行咨询。对于符合投保条件的要素最终是否投保，企业还需要考虑一些其他的因素，如科技保险与其他风险分摊方式的比较，科技保险费率水平，政府部门的财政补贴水平，保险公司的信誉度等，权衡之后才能确定其投保意愿。

高新技术企业确定投保意愿后，向保险公司提出投保要求，正式进入投保阶段。投保阶段是整个科技保险流程中的关键环节，关系到科技保险参与各方利益关系的确立。企业在该阶段以签订科技保险合同，建立科技保险关系为目标，其行为包括：了解保险条款、提交投保资料和保险方案谈判三部分，如图5-5所示。

图 5 - 5　科技保险投保中的企业行为

首先，了解保险条款。保险公司受理高新技术企业的投保要求后，会向其介绍科技保险条款。作为科技保险的参与方，企业要认真阅读了解科技保险条款，特别是保险责任范围、责任免除部分等保险条款的重点内容，以明确自身和保险公司各自所要承担和履行的责任。如果企业对保险条款存在异议，可要求保险公司做出解释，直至认可保险条款为止，若最终不能认可保险条款，则放弃投保。

其次，提交投保资料。高新技术企业认可科技保险条款后，须向保险公司提交相关的投保资料。由于投保资料是保险公司了解投保标的真实信息的重要来源，保险公司为减少逆向选择，会仔细审查投保资料，评估投保风险。若不符合科技保险承保理念，保险公司会拒绝承保，因此企业应当遵守诚实投保的原则，提供详尽真实的投保资料。

最后，保险方案谈判。如果高新技术企业的投保资料完备，并且投保风险符合科技保险承保理念，保险公司则制作科技保险方案并提交企业。随后，保险公司与企业就保险方案进行谈判，若存在差异，可以在双方同意的前提下，修改保险方案，最终达成一致，保险公司出具保险单，标志着科技保险关系的正式建立。

高新技术企业投保科技保险的目的是借助保险公司为研发创新活动分摊风险，实现自身效用的最大化，所以可将该模型运用于企业投保科技保险的决策行为研究中。科技保险关系建立后，在保险期内一旦事故发生，那么，企业就可向保险公司提出理赔要求，进入理赔阶段。理赔阶段是企业处理保险事故，获取风险补偿的重要环节，并直接关系到企业对其保障效果的感知和评价。这一阶段的企业行为包括：通报保险事故、协助调查事故、提供索赔文件和商定理赔金额四部分，如图 5 - 6 所示。

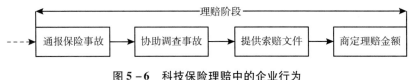

图 5 - 6 科技保险理赔中的企业行为

首先，通报保险事故。保险事故发生后，高新技术企业应及时向保险公司通报，通报方式包括直接向保险公司通报或由保险中介机构代为通报，同时企业要对事故现场拍照并尽量保留事故现场，作为索赔的依据。另外，如果事故是由第三方引起的，存在向事故责任方的追偿权，企业则需将其转让给保险公司，并协助追偿。

其次，协助调查事故。保险公司接到事故通报后，会派出理赔人员调查保险事故，调查内容包括事故原因、经过及损失情况。企业应协助理赔人员的工作，不得隐瞒欺骗。若事故原因符合保险方案的规定，保险公司才会接受企业的索赔，反之，则不予赔偿。

再其次，提供索赔文件。高新技术企业向保险公司提出索赔时，还应向保险公司提供必要的索赔文件，包括单证、单据及相关材料。不同险种索赔文件不同，参照科技保险条款的规定，企业需将索赔文件收集完全后提交保险公司审核。

最后，商定理赔金额。理赔金额的标准在高新技术企业与保险公司签订的科技保险方案中已有规定，双方应按规定的标准及实际损失额，共同商定理赔金额。保险公司会对企业提交的索赔文件进行仔细审核，以确认保险责任及赔付金额。最后，保险公司执行赔付并结案。

通过对科技保险中高新技术企业行为的分析，不难发现科技保险作为一种新生的保险类型，其理论与实务尚未成熟，运行模式主要是传统的投保—理赔模式。企业在科技保险中的行为与其他类型的保险相比，也没有体现较大区别，尚未凸显出科技保险对于企业的特殊性。造成这种情况的原因有以下三点：首先，科技保险是我国特有的保险类型，没有现成的国外经验可供参考，其发展还处于起步阶段，体系构建尚不完善；其次，科技保险中的一些险种来自于常规保险，如出口信用保险、高新技术企业财产保险等，其运营方式难免会沿用旧有的观念和做法；最后，也是最为关键的一点，高新技术企业目前对科技保险的认识存在偏差，不够深入，往往将科技保险片面的理解成为企业的各项科研要素，如研发责任、研发设备、研发人员等提供风险保障的保险类别，在投保时关心的是科技保险的费率水平和赔偿金额，以实现自身投保效用最大化。

但科技保险是作为高新技术企业科技风险的一种社会分摊方式而提出的，其中科技风险不同于一般的纯粹性风险，它是企业在追求科研创新活动的成功以获取利益的过程中所承担的一种投机性风险。科技保险的功能不仅限于弥补风险损失，更在于支撑科研创新。正因如此，企业应当将科技保险视为在政府引导下，运用市场机制和金融工具服务于自身的一种创新模式，以科研项目为中心，从更广的角度和更深的层次吸纳科技保险的参与，使保险公司通过科技保险的形式参与企业科研项目中去，实行风险共担、收益共享，并向参与型科技保险模式过渡。在这种科技保险模式下，高新技术企业与保险公司之间从传统的保险业务关系转变为新型的合作创新关系，社会资本和科研创新联结更加紧密，企业从中获得更大的科技风险保障，从而提高其科研创新的积极性和成功率。

第二节　企业生命周期与科技保险运作

科技保险的复杂性，决定了科技保险实施方式的多样性。从科技保险体系发展而言，可以将科技保险的运行模式划分为半参与型、全参与型、担保型、投保—理赔型四种。结合企业生命周期理论中高新技术企业不同阶段的特点及融资需求情况，四种科技保险运行模式可以有效地置入企业生命周期的不同阶段，以为高新技术企业技术创新"保驾护航"。

一、初创期至成长期的科技保险半参与型

半参与模式是保险公司在科研开发项目发生风险损失的情况下要向投保人支付赔偿费，而当科研开发项目获得成功而且收益超过某一标准时，保险公司可以较小的比例参与收益分成。这一模式实际是投保—理赔模式和全参与模式的结合，它介于两者之间。在该模式下，被保险企业不交纳保险金，而是出让部分的收益权，在项目发生风险时，保险公司负责赔偿保险合同中约定的赔偿金额，而当项目获得一定数额的收益后，保险公司可以行使收益权获取较小比例的收益分成。这种模式实际是将保险金转化为收益权，即将现金转化为一种权益，省略了保险公司利用保险金再投资的过程，因此较为适合高新技术企业在初创和成长阶段的实际融资需求和风险转移需求。

对于半参与模式下的科技保险的运行分为投保、理赔和收益分成三个部分。投保过程主要由企业投保、保险公司核保、保单生成三大部分组成。企业投保主要是企业向保险公司提出投保意向，并向保险公司提供保险资料。核保主要是保险公司对企业提供的保险资料进行审核，并审核和调查企业情况和资质，从而评估风险，决定是否承保。保单生成主要是保险公司与企业通过协商确定保险合同的条款，其中主要包括保险金额、赔付条件和赔付比率，以及项目收益分成条件和成数，具体的流程如图5-7所示。

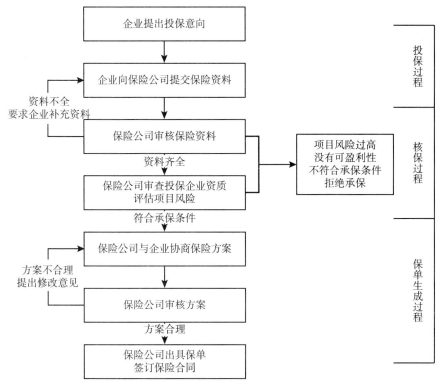

图 5-7　半参与模式下的科技保险投保流程

该模式理赔流程与投保—理赔模式下基本相同，理赔的金额应当依照风险共担的原则以及保险合同的相关条款赔付。

收益分成是半参与与全参与模式下所特有的流程。它主要包括收益评估、收益认定和收益分成兑现三个部分。收益评估主要是企业向保险公司提供项目收益报告，并由保险公司委托第三方对项目收益进行评估。收益认定则是在收益评估之后由保险公司对收益情况进行认定，并按照保险合同向企业提出收益分成方案，最后由企业认定收益分成方案。收益分成兑现是企业按照保险合同的相关条款以及双方认定的收益分成方案，对收益分成实施兑现，具体的收益分成流程如图 5-8 所示。

二、初创期至成长期的科技保险全参与型

全参与模式是指保险公司以风险投资者身份直接介入科研开发活动，并与企业或其他投资者实现利益共享、风险共担。在该模式下，保险公司不向企业收取保险费，同时向企业注入部分资金作为风险投资，派出专人参与监督和协助整个项目运作，帮助企业完成项目。在项目完成之后企业

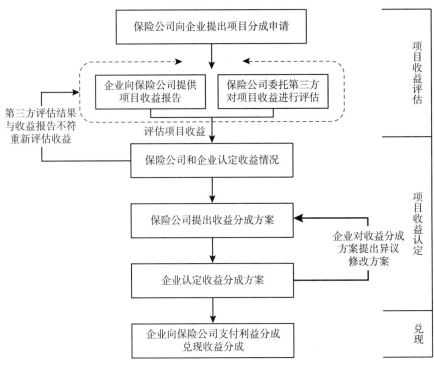

图 5-8　半参与模式下的科技保险收益分成流程

与保险公司对全部收益进行分成。从该模式的定义看，其核心主要是利益共享和风险共担，即企业与保险公司完全分摊风险并共享利益。这种模式一般在企业没有足够的资金和能力完成项目而项目本身具有较强可赢利性的情况下实施。保险公司在运行该种模式时应十分注重项目的风险评估和盈利能力，同时必须拥有具体项目相关知识和能力的人才参与监督和控制项目，以同步监控项目的风险。保险公司应注意通过再保险对项目实施风险分摊，以降低项目失败给保险公司带来的损失。由该模式上述特点不难发现，它将风险投资的运营理念植入保险领域，因此同样适用于高新技术企业初创期到成长期阶段。

全参与模式下科技保险的实施主要由三大部分组成：投保、项目过程风险控制和收益分成与损失分摊。

投保过程先由企业向保险公司提出申请，并向保险公司提供项目资料等相关材料，之后由保险公司对项目风险进行评估并审核相关资料，最后双方签订保险合同，保险公司向企业支付风险投资，主要的流程如图 5-9所示。

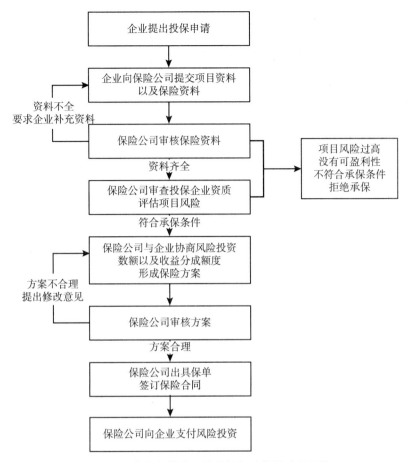

图5-9 全参与模式下的科技保险投保过程流程

项目风险控制流程主要由协商派遣项目参与人员、再保险和风险跟踪控制三个部分组成。协商派遣项目参与人员应先由保险公司与企业共同协商制定派遣人员的数量、人员名单、人员的职能、权力和监督控制的范围。再保险是保险公司根据项目的风险和相关需要，向其他保险公司提出再保险请求，并签订再保险合同的过程。风险跟踪控制主要包括保险公司派遣人员在发现或预知风险后与企业共同协商控制风险并及时向保险公司汇报，请求保险公司与企业共同规避风险；保险公司派遣的人员如发现企业存在欺诈或渎职行为应及时向保险公司报告，保险公司根据情况提出诉讼或终止保险合同；风险发生后，保险公司向提供再保险的第三方保险公司提出理赔请求，以减少损失，具体的流程如图5-10所示。

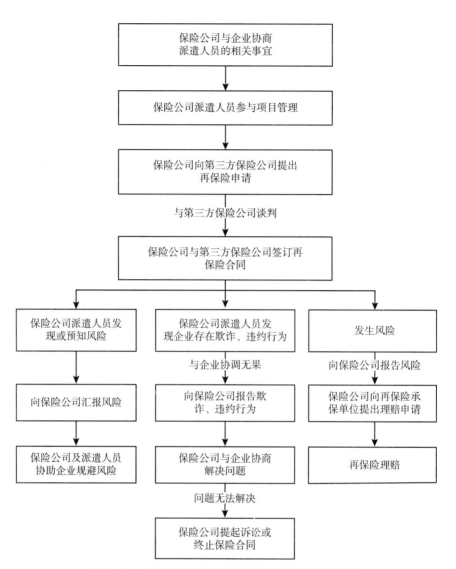

图 5-10 全参与模式下的科技保险项目风险控制流程

在项目成功并获得收益后，保险公司将按照保险合同的相关条款参与企业的收益分成。其流程与半参与模式下的收益分成完全相同，只是分成的额度应与保险公司承担的风险以及风险投资额度对等。

如果项目最终失败，并产生了损失，企业应当向保险公司报告损失，并统计损失情况，经保险公司与第三方损失评估认定后，保险公司回收剩余的风险投资资金并与企业共同承担损失，具体流程如图 5-11 所示。

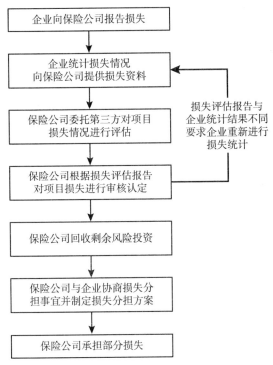

图 5-11   全参与模式下的科技保险损失分摊流程

三、初创末期至成长期的科技保险担保型

担保型是一种改进的科技保险运行模式，它的特点在于将信贷保险引入科技保险体系，即保险公司为科技成果转化提供信贷担保，科研开发者根据担保额和项目风险大小向保险公司交纳担保费，若因合同中规定的保险责任原因而造成科技开发者无力归还科技贷款，则由承担担保责任的保险公司代为归还部分贷款。

担保型科技保险主要适用于企业科技成果转化为生产的过程中，即从高新技术企业初创阶段的后期开始，这个过程由于存在种种不确定的风险因素，企业需要寻求保险公司来共同分担这些风险因素，同时企业在这个阶段需要大量资金支持，必然需要向银行贷款，而银行贷款需要其他法人单位提供担保，企业可以通过向保险公司交纳担保费，由保险公司为企业贷款提供担保服务。在这种情况下，企业、保险公司和银行三方就可以相互合作，形成一个各取所需、风险共担的保险体系，而且这种保险体系是为企业科技成果转化服务的，所以它也是一类科技保险体系，如图 5-12 所示。

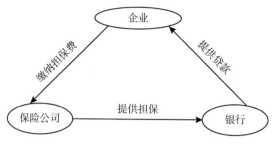

图 5 – 12　担保型科技保险体系

担保型科技保险的实施流程开始于企业的投保意向，保险公司根据其保额和项目风险大小，提出相应的担保费额，相当于保费。企业交纳担保费后，双方签订担保保险合同，之后，保险公司为企业的科技贷款提供担保，银行则向企业提供贷款。若发生合同规定的保险责任事故造成企业科技成果转化失败，而无法偿还银行贷款时，则向保险公司提交事故材料，提出理赔要求，保险公司审查责任事故，认为符合规定后按照合同协定的比例归还部分贷款，作为保险赔偿金并结案。

四、成长末期至成熟期的科技保险投保—理赔型

投保—理赔型是一种传统的科技保险实施方式，即高新技术企业以投保方身份向保险公司交纳保险金，若发生风险损失，则由保险公司负责赔偿投保方的损失。科技保险的这种运行模式与大多数保险类似，投保方与保险公司以符合承保条件的标的物为中心签订保险合同，建立保险关系。现实中，投保方一般会将企业研发创新中的重要或关键设备作为标的物进行投保，而保险公司也会依据投保方标的物的价值及其运营情况进行费率厘定，整个过程可分为投保和理赔两个流程，因此该模式较为适合高新技术企业发展到成长期的末端及成熟期。

投保流程是从企业提出科技保险投保需求开始，双方确立投保意向后，保险公司向企业介绍科技保险条款，特别是保险责任范围、责任免除部分是保险条款的重点内容。当企业认可科技保险条款后，便可提交投保资料，保险公司审查投保资料、评估投保风险，若投保资料不全，则可要求企业补齐投保资料；若投保风险不符合保险公司承保理念，则不予承保；若投保资料完全，投保风险符合保险公司承保理念，则可以制作科技保险方案并提交企业。随后，保险公司与企业就保险方案进行谈判，若存在差异，则可以在双方同意的前提下，修改保险方案，最终达成一致，保险公司出具保险单，具体的投保流程如图 5 – 13 所示。

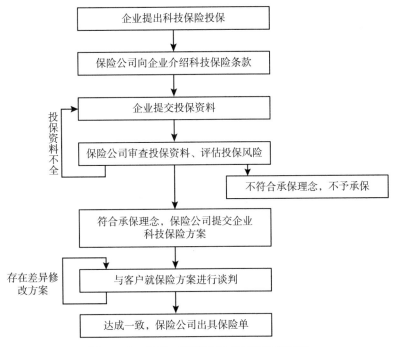

图 5 - 13   投保—理赔型模式下的投保流程

在投保流程中的核心环节是保险资料审查和评估投保风险。资料审查和评估投保风险环节一般分为四步：第一是接单初审，业务员到受理点交单，接单人员根据交单条件进行接单初审，接单初审环节作为新单进公司的第一关，主要是将不合格的投保件剔除掉。这一环节须严格把关，以减少各种因投保单填写等方面不合格而导致该单不能正常进行的情况发生。第二是新单登记，在初审后，一步重要的工作是新单登记。所谓新单登记，是对某些重要信息的第一次录入。这次录入的项目目的主要有三个：其一为了尽快产生一些必要的信息以便和财务进行沟通；其二为了打出营销速报；其三为了确保这些信息的正确性（在正式录入时有校验过程）。第三是录入复核，新单登记后开始正式录入工作（即第二次录入），录入完成后进行复核。在录入、复核环节流程贯穿了记差错的思想，即后一个环节记前一个环节的差错（录入记接单人员、复核记录入），以便为内勤、外勤进行考核提供基础数据。第四是核保，复核完成后进入核保。核保过程主要是对投保件作出风险评估，同时进行各种核保处理。核保过程主要包括四个方面的内容：

首先，投保人资格审核。对于投保人资格进行审核的核心是认定投保人对保险标的拥有保险利益，科技保险业务中主要是通过审核投保企业是否为高新技术企业、是否符合国家规定的科技保险对象范围来完成。其次，投保人或被保险人的基本情况审核。通过了解企业的性质、经营方式及状况、经济与财务状况、从事新产品研发经营的能力等，分析投保人或被保险人对项目研发的管理状况，保险公司可以及时发现其可能存在的经营风险，采取必要的措施降低和控制风险。再其次，投保人或被保险人的信誉。投保人与被保险人的信誉是核保工作的重点之一，对于投保人和被保险人的信誉调查和评估逐步成为核保工作的重要内容，评估投保人与被保险人信誉的一个重要手段是对其以往损失和赔付情况进行了解。最后，保险标的审核。对于不同的保险标的应采取不同的审核方法，例如，高管人员和关键研发人员团体健康保险应当审核被保险企业高管人员和关键研发人员的健康状况，可以通过对所有被保险人员进行严格体检的方式来审核；关键研发设备保险则应当对关键设备的合格证书、生产厂家、购买渠道、设备质量等进行严格审核。

制定和提交保险方案是建立在核保流程基础之上的。主要是确定三个方面的内容：一是确定保险金额。保险金额是指一个保险合同项下保险公司承担赔偿或给付保险金责任的最高限额，即投保人对保险标的的实际投保金额，同时又是保险公司收取保险费的计算基础。针对不同的科技保险险种，保险金额确定的方法和原则不同。例如，关键研发设备保险属于财产保险，财产保险合同中，对保险价值的估价和确定直接影响保险金额的大小。保险价值等于保险金额是足额保险；保险金额低于保险价值是保险公司按保险金额与保险价值的比例赔偿；保险金额超过保险价值是超额保险，超过保险价值的保险金额无效，恶意超额保险是欺诈行为，可能使保险合同无效。而高管人员和关键研发人员团体健康保险，则属于人身保险，在人身保险合同中，人身的价值无法衡量，保险金额是人身保险合同双方约定的，由保险人承担的最高给付的限额或实际给付的金额。二是确定保险费。投保人或被保险人应缴纳的保险费是以投保标的的保险金额为基础，按一定的保险费率计算出来的，一般为保险金额与保险费率的乘积。保险费率的确定一般与保险公司对风险的评估有关，风险越高则保险费率也越高。三是附加条款的确定。附加条款是保险公司和投保人之间协商决定的特别条款，它一般是根据保险标的的不同以及投保人的特殊要求而确定的。

理赔流程发生在科技保险事故发生后，企业及时通知保险公司事故情况，保险公司将协助企业积极组织施救，必要时将组织专家技术援助，企业对事故现场拍照并尽量保留现场，而且保留向事故责任方的追偿权力，同时企业应当协助保险公司理赔人员调查事故经过、原因及损失情况。之后，企业向保险公司提供索赔文件，与保险公司商定理赔金额，保险公司支付赔款并结案，具体的理赔流程如图 5 – 14 所示。

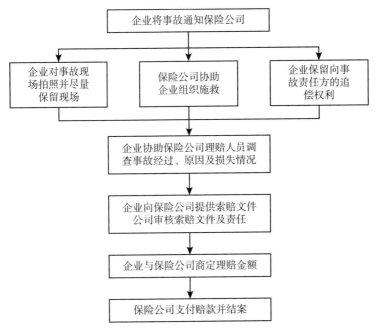

图 5 – 14　投保—理赔型模式下的理赔流程

　　事故调查和审核索赔文件及责任是科技保险中理赔的核心流程。事故调查一般分为两部分，一部分在索赔文件审核之前，另一部分在之后。第一部分是保险人在接到出险通知后，根据报案先后编号立案。然后保险公司根据事故性质、特点，派理赔员对现场进行查勘。查勘过程中，须做好现场的原始记录，并对伤害、事故的实际情况以及施救整理情况，逐项予以记录。第二部分是在审核索赔文件的基础上，对审核中发现的问题，根据案情进一步核实原因，包括赴现场实地调查和函电了解，或向专家、化验部门复证等。

　　审核理赔文件与责任是保险人通过对事实的调查和单证的审查，确定自身的赔偿责任。主要是对七个方面的内容进行确定：一是保险单是否有效，有无已经解除或失效的情况，若曾经失效的，在出险之时是否已自动复效。二是被保险人或受益人提供的索赔文件是否齐全、真实。三是审核保险责任，即核对保险事故的发生是否在保险保障责任范围内。四是审核投保人或被保险人有无违反告知义务或通知义务的行为。五是审核出险时间是否在保险有效期内，若保险合同约定了承保地区的，则还要审核出险地点是否处于所约定承保的地区之内。六是审核被保险人是否违反了保险合同约定的保证条款。七是审核赔案中是否存在加害人应当承担的赔偿责任，索赔的被保险人是否向加害人行使了索赔权或向加害人实施了索赔手续，是否从加害人处获取了赔偿。

本 章 小 结

科技保险能有效分散企业研发项目的科技风险，提高科技研发各方主体对于科技研发的积极性，同时降低科技项目因科技风险而失败的可能性，提升科技项目研发的效率，从根本上推动社会科学技术的发展。本章基于科技金融体系的霍尔三维结构模型，重点阐述科技保险所在的知识维与三维结构体系中逻辑维以及时间维的两两关系。一方面，结合科技金融体系霍尔三维结构模型的逻辑维，从政府、保险公司、中介机构及高新技术企业方面刻画了科技保险参与主体及其行为特征；另一方面，通过科技金融体系霍尔三维结构模型中时间维，系统描述了科技保险半参与型、全参与型、担保型、投保—理赔型四种模式在科技型中小企业不同发展阶段的运营特征和作用功能。

第六章　科技金融政策环境

一方面，党的十八大强调实施创新驱动发展战略的重要性，并提出科技创新是提高社会生产力和综合国力的战略支撑，必须摆在国家发展全局的核心位置。另一方面，在自主创新与创新型国家战略实施过程中，除了各级政府的大力支持外，金融资本作为支持和引导创新的另一关键要素，在技术创新过程中发挥着重大作用。在产品的研发、成果转化以至产业化的各个阶段，科技创新所需的政策环境资源也随之不断增加。诸如美国高科技企业荟萃之地"硅谷"和以色列高新技术产业的发展，无不借助于良好科技金融政策环境的支持，缺乏政策环境支持的科技创新就如"无源之水"，难以成为推动国家或地区经济增长的引擎。

第一节　科技金融政策环境建设的理论依据

一、科技金融政策环境建设的必要性

技术创新作为企业生存和发展的原动力，是企业获得和维持竞争优势的源泉，对于推动企业和产业的发展以及一国的经济增长都具有十分重要的意义。但就我国目前的状况而言，企业技术创新的水平不高、技术创新的能力不强，技术创新机制在大部分企业中尚未形成，大多数企业的产品也未形成较强国际竞争力。除此之外，金融这一现代经济的"血液"尚未能合理服务于高新技术企业的创新和生产活动，以致大量现有中小型企业面临资金缺乏的窘境，无法合理利用现有的金融市场为自身创造可用的资源条件。造成这种状况的原因，除有历史因素，如长期的计划经济与短缺经济的影响、企业的技术基础差外，缺乏有效的科技金融创新体系与机制也是一个重要原因。

众所周知，高新技术企业特别是中小企业的成长具有高风险性，因而

会导致其具有短寿命和高失败率等特征，如何克服这一问题一直是世界各国所共同面临的难题，而与此同时企业的技术创新亦是一种高风险性活动。在高风险下，如果没有良好的政策环境支持，高新技术企业要想保证技术创新资金顺畅募集和各项创新活动顺利完成，避免过早夭折，以保持自身的长久生存和发展则会困难重重。因此，科技金融体系的发展离不开政府的支持，现有研究认为科技金融体系需要政府各类政策支持的主要原因有以下几点：

第一，科技创新具有公共品特征。一项新技术的社会效益一般来说要大于私人效益，政府出台一系列金融政策支持科技的发展，能实现理想的社会产出。第二，科技创新具有不确定性和高风险性。科技产品的研发具有很高的不确定性，这就使得新技术研发获得的融资往往不足。另外，科技创新具有高风险性也需要政府制定相关政策给予财政支持和风险补助。第三，科技创新往往需要较大规模的投资。由于投资规模大和风险性高，高新技术企业尤其是中小企业可能无力承受创新所需的资金投入以及创新失败带来的损失。因此，实施政府主导的投资创新模式和政府通过财政资金或政策性银行来追加对此类项目的投入是非常必要的。

改革开放以来，随着我国科技创新繁荣发展以及科技与金融结合的不断加深，我国政府已经出台一系列涉及科技银行、科技保险和科技园区等在内的促进科技金融体系发展的相关政策。国务院于2006年发布了《国家中长期科学和技术发展规划纲要（2006-2020年)》和《国家中长期科学和技术发展规划纲要（2006-2020年）的若干配套政策》，涉及科技金融体系的政策涵盖了银行信贷、资本市场、保险、担保和创业投资等，科技金融体系进入快速发展的全新时期。之后我国又相继出台各种政策推进科技金融试点工作，为全国科技金融体系发展奠定了良好的基础。随着科技金融体系建设的不断完善，科技金融工作范围继续深入扩大，在国家及各地方的政策支持下，高新技术中小企业的存活率大大提升，科技金融体系得到了长足的发展。

二、地方政府推动科技金融体系建设的特殊性

从当前科技金融体系的发展情况来看，中央政府仍然是科技金融政策主要的制定者，重点在于政策的指引和宏观调控。而政策的推进主要依托于地方政府，地方政府是政策细化和实施的执行者。地方政府推动科技金融体系发展的特殊性，主要体现在以下几个方面：

第一，地方政府是特殊的参与主体。地方政府是集科技金融政策需求

方、供给方于一体的参与主体，这一角色相对于其他的科技金融主体来说具有特殊性；

第二，地方政府的职能特殊性。地方政府所处的地位、所承担的责任及所拥有的权力等方面与中央政府均有差异，因此其职能定位亦有所侧重。在推动科技金融发展过程中，由于市场机制不能自动调节科技资源、金融资源的有效配置，就需要一种力量来代表市场所不能代表的利益，引导市场体系的运行去实现自身所不能实现的目标。这一责任毫无疑问就落在地方政府肩上，具体包括引导、服务、补充和监管四个方面的职能，将分散、灵活的相关政策、通知、讲话等制度化、正式化，为政府相关部门、科技企业、金融机构提供具有执行效力的规范性文件，使金融支持科技发展有可供操作的制度指引。

第三，地方政府的有效性。随着我国科技创新观念的深入，科技创新体系已初步建立，科技和金融的结合也在不断深化。为营造激励自主创新的环境，推动建设创新型国家，促进科技金融体系的发展，相关部门从多方面出台了金融促进科技创新发展的一系列法律、法规及其他文件。毫无疑问，这些文件对科技企业的生产发展提供了一定的政策支撑，但这些文件基本上是以零散形式出现的，相互之间孤立存在，缺乏整体衔接性。作为科技金融市场上特殊的引导者和调控者，地方政府所具有的灵活性可以较好地调节各方面的资源。

三、国外学者对科技金融体系政策环境建设的研究

弗里曼等（Freeman et al.）为代表的学者曾经提出，包括金融政策在内的政府科学技术政策对技术创新起重要作用的观点，他们把技术创新看作是经济增长的主要动力的同时，更强调科学技术政策对技术创新的刺激作用。并为此提出了三套科学技术政策：第一套政策的目的是扶持、资助和鼓励基础技术的发明和创新，强调政府政策要以长远考虑为基础，主动研究和发展问题；第二套政策的目标是推动和促进基础技术创新的传播和应用，政策应用于基础创新产生后，在进入传播和应用阶段中实施；第三套政策的目标是改善对国外先进技术的进口，并促进其在国内广泛应用。

市场经济条件下，政府财政政策激励科技创新的原因主要有：第一，科技创新具有公共性和效益外溢性。美国学者尼尔森（Nelson，2002）研究认为，科技创新的外溢性是有积极作用的，因为一项新技术产生的社会效益往往大于私人效益。因此，政府需要在考虑社会效益的基础上对科技创新外溢性的积极作用和消极作用之间进行权衡，兼顾私人利益和社会利

益，以便实现理想的社会产出。第二，科技创新具有不确定性和风险性，研究与开发投资的收益比传统项目投资的收益更加不确定。因此，不愿意承担风险的人，对这类收益做估算时要大打折扣，甚至超过根据适当方法计算得出的投资风险数额，这就会使私人部门提供的研究和开发投资不足，严重制约科技创新。第三，战略性关键技术的创新往往需要大规模投资。由于风险大和需要投资规模大，战略性关键技术的创新往往是企业所回避的，或者是无力承受的，所以需要实行政府主导的投资创新模式，这对于发展中国家来说尤其如此。发展中国家均面临着经济赶超的战略性任务，科技创新促成的跳跃式发展有助于实现产业结构和经济整体发展水平的跃升。对发展中国家而言，这在一定程度上也可以认为是一项公共产品，需要政府特殊关注和支持。

萨波斯坦和罗奇（Saperstein & Rouach）在其著作《区域财富：世界九大高科技园区的经验》里认为，在世界上主要的高科技园区都存在这样一种现象，在一国科技金融发展初期，政府主导型科技金融模式往往占主导地位，随着科技金融环境的不断改善，如政策环境（税收优惠政策）、法律环境（如知识产权保护制度）和市场机制（如资本市场）的建立和完善，政府主导型模式会逐渐向市场主导模式逐步演进，这一演进过程在研究与发展的投入方面表现尤为明显。随着政策环境、法律环境和市场机制的逐步建立，政府研发投入总量仍然在逐年增加，但其在整个国家研究与发展总投入中的比例却逐渐下降，直至两者持平，最后表明企业已逐渐取代政府成为研发投入主体。

马克斯莫维克等（Maksimovic et al. 2007）认为，企业融资方式的选择是决定其技术创新程度的重要因素。他们在研究中以 47 个发展中国家中超过 19 000 家企业作为研究样本，用问卷调查的方式衡量了企业的技术创新水平，并分析了决定企业技术创新水平的因素。研究结果表明：首先，在发展中国家，外源融资在技术创新活动投资中所占的比例越高，对私有企业的技术创新活动就越能够起到显著的促进作用，即获取外源融资的私有企业能够比未获取外源融资的私有企业具有更强的技术创新能力；其次，无论是在促进企业核心的技术创新活动，还是建立中外合资经营企业和获取新的营业许可协议方面，与从内资银行获得融资的私有企业相比，那些从外资银行获得融资的私有企业都具有更高的技术创新水平；最后，虽然运用外源融资方式能够促进私有企业的技术创新活动，但这一作用却未能在国有企业中得以体现。国有企业获取外源融资反而并不能够促进企业的技术创新活动，在某些情况下，甚至对技术创新活动还有负面影响，而且企业的融资方式能够通过带动企业的技术创新活动促进经济增长。

四、国内学者对科技金融体系政策环境建设的研究

国内学者从不同侧面对我国政府政策支持科技创新的制定过程、政策目标和执行环境实施状况等相关问题进行了一系列研究。

马拴友（2003）分析了财政支出、税收激励与全要素生产率对税收与技术进步的影响，他发现我国科研资金使用效率低，技术成果转化率低。我国企业的技术进步可能主要来源于以引进外资、先进技术和设备为代表的国外 R&D 溢出效应，而不是财政的科学研究支出。我国用于科研支出的税收没有促进我国实际 GDP 生产中的技术进步因素，但用于教育支出和更新改进投资的税收以及出口退税等税收优惠激励措施，促进了我国的全要素生产率和经济增长。

刘友平（2005）比较了美、日、德、韩等主要市场经济国家科技资源配置模式、配置特点、机制及其政策，指出美国是以市场为主导的科技资源配置模式，主要依赖市场来进行配置，而政府的作用相对较弱；日本是以"社团市场经济"为代表的模式，在这种模式下政府利用减税、价格补贴等手段引导私人资本的投资方向，真正扮演主要角色的是以私人企业为主体的高度竞争的市场经济体系；以德国为代表的"社会市场经济"模式，一方面政府充分发挥市场的作用，积极配合相关激励政策，同时国家在一定程度上给予扶持；另一方面，政府设立了公共风险资本，充分引导私人风险资本的参与，推动企业的发展。

赵昌文（2009）认为政府主导型科技金融模式的存在主要基于以下两个方面的原因：一是市场失灵：信用体系和担保体系不完备导致的信息不对称使得科技开发活动的公共物品属性及正外部性，以及某些科技金融服务领域的风险和收益不匹配，为政府干预调控科技金融市场提供了前提和合理性；二是科技金融的正外部性：科技投入具有正外部性，对国家安全、经济社会发展和人民生活的提高都有正的溢出效应，因此政府有必要提供科技金融支持，以弥补市场空缺。

第二节　我国科技金融政策环境建设的实践探索

我国目前科技金融体系的发展采取的是一种渐进式的改革发展方式，

选择国家高新区、国家自主创新示范区、国家技术创新工程试点省（市）等科技金融资源密集的地区先行先试，经过这些年的探索，各地也形成了一些宝贵的实践经验。本节通过对北京、上海、广州、天津、深圳、武汉、南京、杭州、成都和苏州等国内科技金融体系发展较为成熟的地区进行调研，分析和梳理了这些地区近年来在科技金融政策环境建设方面的特色做法和成果经验。

一、北京市科技金融政策环境建设

北京作为我国首都，有着政治、经济、文化等多方面的优势，也成为建立创新型国家的标榜示范城市，在科技投入方面也相当大，每年在研究与试验发展（R&D）中投入大量的人力、物力、财力，巨大投入也相应得到丰厚的产出，为北京科技发展提供了产业链前端成果。产业化才是真正转化为生产力的一步，而金融成为这一步的关键促进因素，北京为科技金融发展提供了科技与金融两方面的重大支持。

2012 年国家出台了《关于中关村国家自主创新示范区建设国家科技金融创新中心的意见》，这是第一个国家级关于科技金融的指导性文件，确定了北京中关村作为国家科技金融创新中心的重要地位。因此，北京中关村毋庸置疑成为科技金融研究的首选样本，北京中关村作为国家创新型科技园区的象征、中国第一个国家级高新技术产业发展区、第一个国家自主创新示范区、第一个"国家级"人才特区、是我国体制机制创新的试验田。国家部门和单位如科技部、人民银行、银监会、国家发改委等为中关村的体制机制创新、科技平台的搭建、科技成果产业化提供了政策上的支持和指导；同时，各地进驻中关村的研究所、高校研究院等创新力量为高新技术企业的发展奠定了基础，形成了产学研相结合的创新型发展模式。

（一）政府推动

（1）出台支持政策。在国家相关政策的指导下，北京市着眼于"加强统筹引导、完善市场体系、优化创新创业环境"，制定出台了一系列支持政策。从发文单位来看，有 5 件是以市委、市政府的名义出台的，有 30 件是政府职能部门发布的；从政策内容看，既有涉及金融业整体发展的综合性政策，又有促进科技金融体系建设的专门性政策，还有中介组织发展、信用体系建设等方面的配套政策。

2008 年，北京市委、市政府发布了《关于促进首都金融业发展的意见》（京发［2008］8 号），第一次提出了全面部署首都金融业发展的各项重要任务，同时要以建设"具有国际影响力的金融中心城市"为目标。北京市在 2009 年应对国际金融危机冲击的过程中，制定并实施了《关于金融促进首都经济发展的意见》（京政发〔2009〕7 号），其中提出的 31 条意见，主要就是针对提升金融的支持力度、促进首都经济健康快速的发展。2011 年，《北京市"十二五"时期金融业发展规划》（京金融〔2011〕279 号），确定了"十二五"时期首都金融业发展的目标和重点任务。这些文件中，都把科技金融体系发展作为其中一个重要部分进行了安排和部署。

第一个以北京市政府名义发布的面向全北京市、专门针对科技金融体系发展的政策文件——《关于推进首都科技金融创新发展的意见》（京政发〔2010〕32 号），在 2010 年 10 月出台，它指明了北京市科技金融体系发展的方向。按照高新技术企业特别是中小企业不同发展阶段的融资特点，针对股权投资、信贷专营机构建立、知识产权质押贷款、企业上市、融资租赁等重点问题，先后制定出台了《关于促进股权投资基金业发展的意见》（京金融办〔2009〕5 号）、《关于促进银行业金融机构在中关村示范区核心区设立为科技企业服务的专营机构的指导意见》（中科园发〔2009〕51 号）、《关于加快中关村示范区知识产权质押贷款工作的意见》（中示区组发〔2010〕19 号）、《关于进一步推动企业上市工作的意见》（京政办发〔2010〕35 号）、《关于示范区促进融资租赁发展的意见》（中科园发〔2012〕33 号）。

中关村作为国家首个自主创新示范区，无论是鼓励创新的政策还是科技平台的搭建都是国内首例，具有体制机制创新性，政策先行先试的特点。2009 年 3 月，国务院在《关于同意支持中关村科技园区建设国家自主创新示范区的批复》中明确指出中关村的战略定位是"国家自主创新示范区"，未来发展的战略目标是成为具有全球影响力的科技创新中心，形成具有全球影响力的技术、产品、品牌和企业。国务院在批复中提出了支持中关村示范区建设的八条先行先试的政策措施：一是开展股权激励试点；二是科技金融创新试点；三是科技重大专项列支间接费用试点；四是支持新型产业组织参与国家重大科技项目；五是制定税收政策；六是编制发展规划；七是政府采购自主创新产品试点；八是建设世界一流水平新型研究机构。2011 年 1 月国务院《中关村国家自主创新示范区发展规划纲要（2011－2020 年）》和国家"十二五"规划明确提出了"把中关村建成为具有全球影响力的科技创新中心和高技术产业基地。"

（2）产学研相结合，搭建创新平台。产学研一体化，作为传统的知识聚集地，高等院校和科研机构是最为重要的原创地，打通产学研的界限，实现科研成果的商品化，以强大的科研创新载体为支撑，中关村成为全国科技资源和科技人才最丰裕的地区。一直以来，中关村都非常重视人才工作，具体表现在以下几个方面：一是大力引进海外高层次人才，实施了中关村高端领军人才聚集工程；二是积极推进股权激励改革试点；三是通过建立"开放实验室"和"中关村大学科技园联盟"，有效促进了产学研合作，为科技人员实现价值提供了平台；四是全面建设中关村人才特区，在15个部委的指导协调下落实13条特殊政策，打造世界一流的国际化人才特别集聚区。将中关村打造成创新源头、成果转化、投产运营链条式发展的科技园区，成为高新技术企业创业发展的摇篮。

（二）银行创新服务模式

积极推动商业银行开展信贷业务和产品创新，出台相关公共政策，积极推动开展信用贷款、知识产权质押贷款、信用保险及贸易融资试点、股权质押贷款、并购贷款、小额贷款试点等相关创新试点工作。

（1）国家开发银行。2009年3月，国务院批复建设中关村国家自主创新示范区后，国开行北京市分行专门成立了科技金融处，专门为中关村高新技术企业提供优质服务，形成了"贷前预审，联合推荐，快速评审，共筑信用，财政贴息"的"中关村金融合作模式"。国家开发银行在中关村发展中发挥着主力银行的作用，提出了"政府＋国开行＋风投"的联合机制为中关村提供银行债权融资与股权融资相结合的综合金融服务，同时国开行还联合其他金融机构，以组建银团等方式组织和引领社会资金。

（2）中国银行"中关村模式"。中国银行在综合吸收传统信贷模式和中小企业信贷服务新模式优势的基础上，充分考虑科技型中小企业的特点、生命周期和资金需求，在客户准入门槛、审批流程、服务模式、风险控制等方面都做了大量创新，专门推出了创新性的"中关村科技型中小企业金融服务模式"，简称"中关村模式"。该模式有以下三个特点：第一，中行在审批机制中引入中关村特别评审委员会和科技型专家评委，搭建起银行与科技型企业之间的桥梁，使银行能够深入了解科技型企业的核心竞争力，突破科技型企业融资难的瓶颈；第二，"中关村模式"最大的创新之处在于中行承认科技型中小企业的专有技术、核心技术及专利品牌；第三，中行为科技型中小企业不断创新金融服务模式及产品，目前，已经创新推出了"投保贷"和知识产权质押贷款、供应链融资、政府采购订单融资、信用贷款。在"中关村模式"中设立了单独的不良贷款控制机制，设置了适度的不良贷款容忍度，并设立了"尽职免责"的问责机制。

（三）非银行类金融机构共建科技金融体系

（1）保障体系的建设。中关村国家自主创新示范区创业投资风险补贴资金，是指对经认定的创业投资机构和科技企业孵化器（以下统称创业投资企业），根据其投资于园区初创企业的实际投资额，按一定比例给予补贴的专项资金。《中关村国家自主创新示范区创业投资风险补贴资金管理办法》明确了申请风险补贴的创业投资企业的认定条件、补贴对象和标准、受理及审核、监督管理等规定细则。

（2）建设信用体系。2003 年 7 月，中关村科技园区在全国率先成立了企业信用自律组织——北京中关村企业信用促进会，主要开展信用宣传、信用服务和信用管理三大板块工作，充分发挥信用促进会"桥梁、纽带、自律、服务、创新、发展"的园区信用工作平台作用，包括信用制度、信用服务产品、服务机构、信用信息系统、激励机制五方面。信用激励政策发挥了重要作用，有效提升了企业的信用意识和信用管理水平，以信用为基础的企业融资服务渠道不断拓展，企业信用意识和信用价值进一步提升，主要行业企业信用等级逐年提高。

（3）资本市场建设。具有完全交易功能的直接融资渠道缺乏，是一直以来困扰北京科技金融体系乃至整个金融业发展的重大问题。2006 年初，为了给非上市公司提供股份转让服务，北京市经国务院批准正式启动了中关村代办股份转让试点。以此为基础，中关村代办股份转让试点在 2012 年 9 月已获准升级成为统一监管下的全国性场外交易市场，这也标志着北京市在建设多层次资本市场方面取得了重大突破。与此同时，建立了中国技术交易所、北京金融资产交易所、北京软件和信息服务交易所等创新型要素市场，进一步优化了科技金融体系的发展环境。

二、上海市科技金融政策环境建设

根据上海统计局数据显示，2014 年上海实现生产总值（GDP）23 560.94 亿元，比上年增长 7%，国家主要城市 GDP 排名中上海列第一位，充分显示了国际大都市及金融中心的经济实力。上海金融机构本外币存贷款、外资银行机构数、保险、证券等指标在过去三年均稳步提升，充分体现了上海引进外资银行与国内金融机构互补长短，不断建设上海市国际化金融体系的良好态势。

国家着力将上海打造成国际金融中心，经过"十一五"期间以金融市场体系建设为核心，到"十二五"规划中瞄准世界一流国际金融中心，增强上海国际金融中心的全球影响力，表明我国政府坚决将上海打造成国际金融中心的决心。依托上海建成国际金融中心的大背景，上海市政府着力打造张江、松江、浦东三个高科技园区，形成高新技术产业集聚地，为科技型中小企业发展提供金融大环境。

（一）政府推动

（1）出台支持政策。上海市政府及各部门制定了许多鼓励和促进金融资源与科技企业有效结合的政策文件，为科技企业解决融资难的问题营造良好的政策及金融环境。2009年上海市政府出台了《关于上海市加大对科技型中小企业金融服务和支持实施意见的通知》，包括建设信贷业务体系、加大信贷投放力度、健全担保体系及建立专家库为科技型中小企业提供专业咨询服务等方面。2011年上海市政府出台了全面的实施意见《上海市人民政府关于推动科技金融服务创新促进科技企业发展的实施意见》，意见中政府充分发挥引导作用，鼓励和促进科技金融体系中的其他参与者（创业投资基金、风险投资基金、商业银行、担保机构等）向科技型中小企业投放金融资源，缓解融资难的问题。

之后，上海市又相继出台了一系列政策文件，充分体现了市政府在促进科技金融体系建设工作中的引导作用，发挥上海国际金融中心的优势，调动金融机构的积极性，为科技与金融对接建起一座桥梁。

（2）"三个一"工程。上海市科技创业中心创建于1988年，中心致力于"转化科技成果、孵化科技企业、培育科技企业家"，为科技企业和创造者提供全方位、全过程的综合服务，促进高新技术成果的商品化、产业化和国际化。

在国家科技部"创业导师＋专业孵化＋天使投资"服务模式的指导下，上海科技孵化器根据企业生命周期拓展孵化载体，创新性地提出"创业苗圃＋孵化器＋加速器"的服务载体链。其中创业苗圃是指从源头抓起，与高校、研究院合作，为未投产的科研项目提供免费的场地、经验咨询以及为优秀的项目计划寻找科研经费。企业加速器则是针对孵化后进入快速成长期的企业，根据其自身发展特点提供更广阔的经营场所，以及专业的投融资等服务。为更好地促进科技与金融结合，支持科技型企业发展，上海市科技创业中心大力推动科技金融服务的"三个一"工程，即一份调研报告、一个上市后备企业培育平台、一个科技企业融资服务平台。

第一，《上海市科技型中小企业上市融资调研报告》：在全市范围内，通过座谈会、访谈、发放问卷的方式对科技型企业、政府机构、金融机构、中介服务平台等进行多角度、多层次地了解上海市科技企业融资难的关键制约因素，并提出相应的政策建议。同时，这份调研报告也为政府制定、整合支持科技金融的相关政策提供了参考数据和意见。

第二，上市后备企业培育平台：建立平台的目的是将孵化服务资源聚焦到重点企业，为培育上市后备企业提供有力的支持。上海市科技创业中心将依托科技创业服务站和科技企业孵化器、加速器开展对不同阶段企业的支持。

第三，科技企业融资服务平台：融资服务平台是"三个一"工程最核心的一项。平台由二层架构、四大数据库和六大服务功能组成，其中"二层架构"即整个服务平台是由网上信息系统和网下服务工作站网络两个层面构成立体式的服务平台；"四大数据库"包括科技中小企业融资需求信息库、金融服务机构产品或服务数据库、企业成长信息及信用数据库和拟上市科技企业数据库；"六大服务功能"则是信息服务、债权融资服务、股权融资服务、信用服务、上市培育服务和决策咨询服务。

（二）银行创新服务模式

上海作为我国国际金融中心，在为科技型企业服务的过程中，一方面鼓励扶持国内金融机构不断创新产品和服务模式，另一方面引进国外成功的金融机构与国内资源结合，创新符合我国科技型企业的金融模式，发挥国际金融中心的优势。上海既有国内政府、银行等金融机构创新的地区模式，同时也有国内外优势互补的合资银行为科技型企业服务，成为我国科技金融体系发展综合实力最强的地区之一。

（1）中国银行"张江模式"。中国银行上海分行提出的"张江金融服务模式"为中小企业发展提供了更快捷、个性化的授信流程和方案。"张江模式"具有以下三个特征：第一，提供贴合科技型企业生命周期的产品系列，开辟专业高效的"张江绿色服务通道"，突破传统的多层级长时间的评审机制，在符合条件的情况下，项目审批时间可不超过5个工作日，大大地提高了审批效率；第二，特定的审批权限以及授信审批机制中引入科技专家评审，使"张江模式"能惠及更多地科技型中小企业。第三，不断创新信贷新产品。通过"差异化信贷政策""融资新品"双核驱动，在产品、机制等方面不断创新，支持实体小微企业发展。

（2）浦发银行"科技小巨人信用贷产品"。浦发银行与上海市科创中心联合推出了"科技小巨人信用贷产品"，该产品是根据市科委、市经委《上海市科技小巨人工程实施办法》，制定的真正无抵押无担保，主要考察企业自身的生产经营情况，对于信用状况达到一定标准的企业以纯信用的方式发放贷款。该产品主要有以下几个特点：第一，针对2006年上海市小巨人工程实施以来的所有科技小巨人及培育企业提供信用贷款；第二，充分发挥政府对企业的信息优势，整合政府机关与浦发银行的资源优势，为企业提供金融服务方案；第三，提供符合科技型中小企业特点的无抵押无担保的纯信用贷款。

（3）浦发硅谷银行。2012年8月15日，中国第一家服务于科技创新型企业的合资银行在上海成立，也是我国首家独立法人的科技银行，命名为浦发硅谷银行，是国内优质的金融资源与国外成功的创新型服务模式的完美结合，标志着上海国际金融中心建设又迈出了新的一步。浦发硅谷银行聚焦于服务上海的科技型中小企业，进而辐射长三角地区，最终面向全国科技型企业，其开展的创新业务模式，成为我国科技金融体系发展的新路径。

（三）非银行类金融机构共建科技金融体系

上海已成为全国创业投资基金的重要集聚地，上海市创业引导基金是上海市政府运用市场化操作的政策性基金，利用杠杆效应放大基金效用，真正实现"基金的基金"这一作用，同时引导民间资本更多地投向战略性新兴产业，扶持科技型企业项目研发及成果产业化，为科技型企业提供成长早期的资金需求。

上海科技创业投资股份有限公司是经上海市政府批准成立的国内较早的从事科技风险投资的企业。公司在信息和生物化工方面的投资取得了良好的经济和社会效益，并且在投资决策、风险控制、退出机制等方面形成了自己的一套体系。目前，公司已经成功参股并退出许多国内高新技术企业，为企业发展提供了"及时雨"，同时也成功探索到风投的退出机制。

三、广州市科技金融政策环境建设

广州作为国家中心城市和区域金融中心，经济贸易发达，区位优势明显，同时也是广东省政治、经济、科技、教育和文化的中心。2008年底，国务院批准的《珠江三角洲地区改革发展规划纲要（2008－2020年）》明确将广州定位于"国家中心城市、综合性门户城市和区域文化教育中心"，并提出支持"广州市建设区域金融中心，构建多层次的资本市场体系和多样化、比较完善的金融综合服务体系"，"允许在金融改革与创新方面先行先试，建立金融改革创新综合试验区"。以金融创新促进科技发展，为广州市高新技术企业发展提供强有力的资本支持，将研究成果产业化，转化为生产力，真正实现"金融强市"的目标。

促进金融与科技相结合，应将股权融资与债券融资"双管齐下"，共同为企业解决融资难题。活跃的资本市场为广州市科技型企业拓宽了融资渠道，广州市为鼓励企业进入"新三板"市场，出台了财政补贴政策，鼓励企业上市融资；同时创新股权交易中心的体制建设，设立独特的挂牌门槛，针对科技型企业提供"能进能退"的场外交易市场，以资本市场的资金补充银行科技信贷的方式支持企业发展。

（一）政府推动

（1）出台支持政策。市政府先后出台了《关于进一步做好企业上市的意见》和《关于利用资本市场促进我市国有企业做强做大的意见》，专门召开国有企业利用资本市场工作会议等举措，进一步表明了市委、市政府加快建设区域金融中心的坚定决心，为广州大力发展金融业、大力发展资本市场提供了重要的政策支持。专项性政策措施有《深圳市金融创新奖评选办法》（2004年）、《关于加快发展资本市场工作的意见》（2004年）、《关于加快保险业改革发展建设全国保险创新发展试验区的若干意见》（2006年）等。科技金融体系中，出台支持政策是政府推动中的重要引导方式，为金融机构支持科技型企业发展指明了方向。

（2）搭建综合服务平台。科技金融环境不断完善，广州成立了许多资源共享，面向企业和金融机构的科技综合服务平台。广州市高新技术企业服务中心成立于1991年，隶属于广州市科学技术局，是广州市政府创办的第一家科技孵化器，也是广东省首家"国家高新技术创业服务中心"。广州市科技网的主要职能就是组织推动广州市科技创新体系和科技服务体系建设，引进项目及参与对经济有重大影响的多学科综合性项目建设。广州市中小企业投融资公共服务平台是为银行、担保和企业提供融资对接、融资服务的平台。平台通过互联网技术结合行政资源，收集发布重要信息，为金融机构和担保机构提供信息；并联系和引导各类融资服务机构为中小企业提供有效服务，致力解决中小企业融资难的问题。

（3）完善信用体系建设。为建立健全社会信用体系以及部门和行业信息公开共享机制，中国人民银行广州分行、广州市金融办与广州市科技和信息化局等政府部门相互沟通协调，不断推进征信系统的建设和应用，帮助金融机构防范信用风险，根据广州市金融白皮书的数据，2010年广州市金融累计查询企业信用报告164.4万次，累计查询个人信用报告387.62万次。中小企业信用体系建设顺利，降低银企双方的交易成本，增加中小企业的融资机会，促进中小企业加强信用管理等方面发挥了重要作用。

广州作为全省开展社会信用体系建设的试点，2012年9月市委常委会审议通过《广州市社会信用体系建设工作方案》，紧抓企业法人和社会法人两大关键点，通过设立市民卡和法人卡等手段，广泛采集信用信息，随后将信息共享、联网，最后实现信用信息的社会化。

（二）银行创新服务模式

进一步推动金融创新服务，鼓励各类金融机构在产品、技术、服务、组织架构方面不断创新，并推动创投、科技小贷公司、担保公司、金融租赁、保险公司等金融机构与银行合作共同为科技型企业提供综合金融服务，充分发挥金融市场的力量，加快企业发展。科技发展银行最早是2004年由科技部提出的，可引入民间资本，突破现有银行政策，重点为科技型企业服务。2008年广东省与科技部共同提出组建广东科技发展银行，2009年3月，广东科技发展银行开始谋划设立。

2012年8月13日，广州市科信局与中国银行广东省分行在广州番禺节能产业科技园科技交流中心成立了广东省首家科技支行——中国银行广州番禺天安科技分行。依托政府扶持、创业基金引导，整合金融资源、社会资源，打造一个集筛选、推荐、债券融资、股权融资、上市服务为一体的全方位、高效率的综合信息服务模式。广东中行一直注重对中小企业的信贷支持，给予成长性高、发展潜力大、具备审批通过知识产权的优质科技型企业提供贷款支持，尤其是在成立了专营的科技支行后，制定了独立的流程机制，加大对科技型企业的扶持力度。

（三）非银行类金融机构共建科技金融体系

为促进科技型企业与金融资源的有效匹配，广州市政府于2007年搭建了广州金融创新服务区这一区域平台，被列入"广东省现代产业500强"项目。区内政府打造多层次资本市场，加快代办股份转让系统（俗称"新三板"）的试点工作，为企业提供多种投融资渠道，实现又快又好发展。据广州市金融办公布的2011年广州金融白皮书，广州金融创新服务区通过政策扶持、打造绿色通道、搭建企业上市联盟等方式大力支持企业上市融资，并出台三项措施支持"新三板"试点建设：一是对区内进入"新三板"的企业给予奖励，对区内进入代办系统的前30家企业给予100万元奖励，之后按照开发区现有上市政策给予50万元股改奖励；二是在科学城总部经济区集中安排1 000平方米场地作为"新三板"中介服务中心，供券商等中介机构进场使用，在租金上给予优惠；三是对成功辅导前30家企业挂牌的券商给予奖励，每成功辅导1家奖励20万元。

广州市政府创新科技投入方式，设立创业引导基金，撬动更多的社会资源。广州市共设立了7只创业投资引导基金，政府投入2.1亿元，引导社会资金20亿元，财政资金产生了近10倍的放大效应，投入技术先进、市场前景好的创新企业和项目，优先投入政府重点扶持的战略性新兴产业。

2012年8月9日，广州股权交易中心在广州科学城正式开业。广州股权交易中心是服务全省乃至全国的场外交易市场，借鉴国内外场外交易市场运行和管理经验，重点围绕科技型、中小微企业创新发展和战略性新兴产业培育壮大的需要，不断进行制度创新和技术创新，强化风险防范、不断提高服务质量和效率。交易中心通过政府的引导和监督，以"无门槛、有台阶、先挂牌、后收费、远利益、避风险，同呼吸、共成长"的原则设立运营，其中"无门槛"是指交易中心对只要有需求，有持续的经营能力，有完善的治理结构的企业都欢迎挂牌，这也是广州股权交易中心的一大创新之处。

四、天津市科技金融政策环境建设

天津市政府在建设经济、金融大环境方面做出了巨大的努力，为企业和金融机构搭建了良好的融资环境和融资渠道，实现两者之间无缝衔接。天津市政府在政策上大力支持科技与金融结合，出台了关于税费优惠、建立专营金融机构、创新财政投入方式等方面的指导性文件；在实践中，建立风险补偿基金及创业投资引导基金，推动以银行为主体的金融体系向科技型企业投放信贷资源，扶持企业发展。天津拥有国家纳米技术产业化基地、国家中药现代化科技产业基地、国家干细胞产业基地等8个国际级产业基地，成为天津市高新技术企业的聚集区。

（一）政府推动

天津市政府为促进科技的中长期发展、高新技术发展及重大科技成果应用研究、科技资源共享，以及科技体制改革等方面的发展搭建了天津科技网这一服务平台，包括政府支持科技与金融接轨的各类政策、文件的发布平台，以及天津科技创新体系的各类政府平台。

《支持中小企业发展若干财税财政》中针对纳税、研发新技术新产品、上市等方面发展遇到困难的中小企业给予一定的财税补贴。2012年出台了《天津市促进科技和金融结合加快实施自主创新战略的行动计划》中明确提出加快推进科技金融专营机构发展、加快建立全方位的融资体系、加快推进财政科技投入方式创新及加快出台科技金融优惠政策这四大方面。关于支持科技与金融结合方面的政策还包括：《天津市推动科技企业上市的办法》《天津市科技型中小企业发展专项资金使用实施方案》《天津股权投资企业和股权投资管理机构管理办法》《金融支持科技型中小企业发展实施细则》等。

（二）银行创新服务模式

2009年末，浦发银行天津分行开始筹建天津科技支行，着力打造集政府政策引导、股权基金投资、银行间接融资、中介机构综合服务为一体的一站式服务平台。2012年5月30日，浦发银行天津科技支行正式开业，成为在全国首家专门服务科技企业的专业金融机构。2015年，结合国家鼓励条件成熟的银行成立科技金融事业部的政策建议，以及天津分行科技金融2.0升级版工作目标，成功打造了科技金融事业部，并配套了一系列运营机制：

（1）创新产品先行先试机制。面对科技型企业不同成长阶段和多样化的融资需求，提供全方位、专业化、一站式综合金融服务方案。总、分行各类创新产品、创新业务、股权基金直投业务等，均以科技金融事业部作为优先试点基地。此外，探索根据科技型企业的需求采取组合融资方式，牵头成立"融团"，即"银行＋基金＋融资租赁（＋担保公司）"的方式共同为企业提供资金。一方面，提高融资效率，帮助企业在较短的时间内与较多的融资机构接触沟通；另一方面，增加投资的灵活性，出资主体共同为企业设计融资方案能更合理的解决企业资金问题。

（2）股权基金直投机制。为了满足科技型企业日渐增长的利用多层次资本市场、多渠道融资的需求，浦发银行天津分行计划成立30亿元规模的科技金融基金，交由科技金融事业部专门运营，其中包括10亿元的直投基金和20亿元的母基金。尽快完成银行直投业务从理论到实践的过渡，实现客户经理向投资经理的转型，促进获利方式下利差模式向投资收益模式的转变。

（3）科技金融项目专审机制。为了提高服务科技型企业的效率，该科技金融事业部实施科技金融项目专审机制，对科技企业项目做到"专人专审专批"。分行授权科技金融事业部独立完成科技金融业务的信用评级、授信审查、授信审批等作业，并保障风险管理人员到位、审查审批能力到位。

（4）专项绩效考评机制。为了实现科技金融事业部在科技金融领域的深耕细作，科技金融事业部仅可开展科技型企业的业务，非科技型企业业务不可纳入考核范畴。同时，结合科技型企业自身经营起步慢、发展快的特点，对科技金融事业部建立中长期考核机制，首期考核期为3年，第1年强化考核客户基础，第2年强化考核业务量，第3年强化考核企业的综合贡献、创新产品的拓展情况等。

（5）专业人才培养机制。通过科技金融事业部，着力培养一批"又专又精"的营销、企划、投资、审批等专业科技金融人才，深入生物医药、新材料与环保、电子信息与先进制造业、TMT等科技领域，最终形成一支有行业研判能力、有科学技术甄别能力、有资本运作能力、有专业金融能力的"四有"科技金融精英队伍，有效联结"科技产业、金融产品和资本市场"。

（6）长期收益覆盖长期风险的机制。科技金融事业部突破原有信贷业务单户单议、单笔单议的风险管理模式，在试点前三年，对科技金融事业部适度放宽不良率容忍度，且不良率独立于分行进行单独考核。三年期满后，结合事业部创新商业模式探索情况和实际经营情况，实施制定新的风险管理政策。

（三）非银行类金融机构共建科技金融体系

《天津市科技金融改革创新实施意见》中指明天津要发展创业风险投资引导基金、设立科技成果转化引导基金、发展天使投资基金。2007年12月，中国最大政府创业引导基金——天津滨海新区创业风险投资引导基金在天津成立，引导基金采取"母基金"方式运作，重点吸引国内外投资业绩突出、基金募集能力强、管理经验成熟、网络资源丰富的品牌创业投资机构进入滨海新区，成立各产业子基金，发挥杠杆作用。政策性引导基金充分发挥引导作用，利用对地区产业发展的信息优势，筛选优质企业和项目推荐给投资机构，与金融机构在科技金融扶持方面互动互惠。

天津市于2009年成立了国内第一家科技小额贷款公司，主要与天津市科技计划项目紧密结合，从事科技型中小企业小额贷款、票据贴现、贷款转让、与小额贷款有关的咨询业务等。突出高科技项目与金融资本的有机结合，建立科技评价与财务评估双审体系，重点支持承担部、市科技计划项目的企业，突出短平快的经营特色，探索科贷通、信贷通等适合科技型中小企业的贷款模式和风险控制机制。

五、深圳市科技金融政策环境建设

深圳作为我国资本市场发展最活跃的地区之一，充分发挥资本市场资源优化配置、金融体制改革创新的示范作用，鼓励公司治理结构完善、盈利能力强、发展潜力巨大、商业模式成功的企业（包括中小企业）落户深圳，并在深圳产权交易所、证券交易所开展业务。

我国创业板于2009年10月正式在深圳证券交易所启动，为中小企业拓宽了融资渠道，尤其是珠三角地区的中小企业。以2011年二季度为例，珠三角区域共有14家企业首次公开发行股票募集资金，其中6家在中小企业板，8家在创业板，所属行业均为高新技术行业，如电子元器件、信息设备、生物医药、软件等行业。从数据分析看出，14家企业中有10家是深圳地区的企业，2家广州企业。深圳不仅具备中小企业发展的良好资本市场坏境，同时拥有大量自主创新能力强的科技型企业，成为助推深圳经济发展、建设区域经济中心的强大动力。

深圳市政府一直强调金融创新服务实体经济，尤其是高科技中小企业，贯彻落实《国务院关于推进资本市场改革开放和稳定发展的若干意见》，建设以资本市场为重点的金融体系，培育一批拥有核心竞争力的高新技术企业，将深圳建设成为科技型企业的聚集地、创业投资者的首选、创投等金融机构的投资中心。通过企业上市改制筹资等过程，促进企业管理规范化、市场化运作，达到优胜劣汰的效果，通过这种方式提高资本运作效率、实现科技与金融高效结合。

（一）政府推动

（1）出台支持政策。深圳市人民政府于 2011 年 4 月公布了《关于实施引进海外高层次人才"孔雀计划"的意见》，通过引进海外高层次人才，聚焦推动支柱产业发展，培育战略性新兴产业为重点领域。为更好地贯彻落实，深圳市政府出台了《深圳新材料产业振兴发展政策》《深圳新能源产业振兴发展政策》《深圳互联网产业振兴发展政策》《深圳生物产业振兴发展政策》等战略性新兴产业的发展文件，从政策扶持、财政资助、引导机制等方面促进各产业又快又好发展。深圳市政府从人才、政策、财政优惠等方面为科技型中小企业的发展创造了良好的环境。

（2）搭建综合服务平台。深圳科技工业园是我国大陆第一个科技园区，共孵化了近六十家科技型企业。2007 年 11 月 19 日，深圳市政府建立了科技园·金融基地，又称"深圳市金融服务技术创新基地"，是深圳首家启用的金融基地。国际科技商务平台的运作模式就是由政府投资建设，提供办公场所、专业化服务、优惠政策三大要素，吸引境外非盈利的科技商务机构入驻，并依托其资源，大力开展"引进来""走出去"工作，促进对外贸易，为政府和民间组织对外友好交流牵线搭桥，推动深圳市国际化和创新性城市的建设。

（3）创建深圳科技金融服务中心。2012 年 6 月 8 日正式挂牌成立的深圳市高新技术产业园区服务中心、深圳市科技金融服务中心，深圳市科技创新委将其定位为"深圳市促进科技金融结合试点城市的重要支撑平台"，通过这一平台不断深化科技体制改革，为科技型中小企业提供创业服务、创投和知识产权等服务平台，逐步建立了"一个窗口、十大平台"为主的园区公共服务体系。

（二）银行创新服务模式

2011 年 12 月 20 日，中国银行深圳分行在高新区内设立了第一家以

"科技金融"为主题的信贷中心——中国银行科技支行正式挂牌成立，是深圳地区设立的第一家以"科技金融"为主题的特色化信贷中心，除传统的信贷业务支持外，科技支行结合多种融资渠道，率先和PE、风投、券商等联合开发了多种不同的"投联贷"产品。成立至今，深圳中行不断优化流程机制、创新产品和服务，结合深圳活跃的资本市场为科技型企业提供集银行债权融资、股权融资、上市募集为一体的综合金融服务方案。

（三）非银行类金融机构共建科技金融体系

（1）完备的资本市场提供多渠道融资。深圳的创业企业最活跃，在政府创业投资中心等机构的引导扶持下，高科技企业能快速发展，形成一个产业。正因为有如此活跃的创业氛围，使深圳创业投资成为国内最多的城市之一，占了全国的近三分之一，并为资本市场注入活力。

国务院《关于支持深圳前海深港现代服务业合作区开发开放有关政策的批复》明确提出"支持包括香港在内的外资股权投资基金在前海创新发展，积极探索外资股权投资企业在资本金结汇、投资、基金管理等方面的新模式"。深圳不断创新国外创业投资进入我国的新模式，提升创业投资的国际化水平。同时加强政策服务和引导，推动创业投资机构做大做强，充分发挥创业投资引导基金，真正将资金引导到种子期、初创期企业。

（2）创新担保模式服务科技型企业。自2009年开始，深圳就不断创新担保模式，充分利用企业对行业现状、未来发展趋势的了解，建立重点民营企业及风险补偿机制，即由深圳重点民营企业名录中的企业缴纳互保金，加上政府的贷款风险补偿金成立基金为中小企业贷款担保，降低了信息不对称的风险。另一种方式是由政府、担保公司、银行共同出资组建再担保公司，通过保证金为中小企业提供短期贷款再担保服务，通过多方参与分担风险，建设健康的担保市场。

（3）资信评估机构发挥重要作用。科技型中小企业贷款难的一个主要原因是金融机构与企业之间的信息不对称，由于企业建立初期公司经营、财务数据等方面均不规范不完善，尤其是科技型企业中的技术含量高、壁垒高，金融机构从业人员无法全面覆盖这些信息，导致对企业生产经营状况不了解，轻易不会为企业提供贷款。深圳发挥了资信评估机构的中介服务优势，为企业与金融机构之间搭建了桥梁，开发了"评信通"的服务模式。这一服务模式是由深圳市信用协会和深圳市信用评级协会组织金融机构和担保公司共同召开贷款项目的评审会，充分了解企业信息的基础上讨论分析，形成最终的服务方案，签订贷款或担保协议。而其中的亮点是签订协议后资信评估机构还会不断与企业接触，定期向金融机构或担保公司提交评估报告，以便贷款机构对企业贷款进行过程管理及风险监控。

六、苏州市科技金融政策环境建设

作为国内社会经济发展、创新创业最为活跃的城市之一，苏州也是国内科技金融的实践先行者。在科技创新大环境驱动下，苏州市较早启动了科技与金融结合工作，政府率先出台相关政策，金融机构迅速响应，在产品、业务流程、风险机制等各方面进行了针对性的设计，扶持科技型中小企业发展。

目前，苏州市科技局已经初步建立了集政策、产品、中介、信息服务于一体的科技金融服务平台，搭建起服务科技型中小企业、解决其融资难题的新桥梁，并由此设立了科技型企业数据库、风险资金池，以及若干科技金融产品，如投贷联动、集合信贷、集合信托等，为科技型中小企业提供更多的融资解决方案和综合配套服务。

苏州市科技金融最大的特色就是率先建立了较为完备的科技金融体系，以商业银行为主导，融合政府、投行、担保、保险、券商，该模式实质上是金融产业链的发展延伸。在这种模式之下，商业银行更多地担当了科技金融的资源整合商和集成商角色，将各类金融产品和资源进行有效配置，为科技型企业提供一揽子覆盖整个企业生命周期的金融服务，推动科技金融不断向纵深发展。

（一）政府推动

苏州市政府正式启动科技金融工作始于 2009 年出台文件《关于加强科技金融结合促进科技企业发展的若干意见》，在意见中对科技与金融结合的重要意义以及推进科技与金融结合工作在苏州的部署作了详细阐述。

政策的落脚点首先体现在资金支持方面，苏州市在江苏省首先设立了5 000 万元的科技型企业信贷风险准备金，即风险池。这部分资金主要用于银行业金融机构对科技型企业发放贷款进行风险补偿，以此推动银行对于科技型中小企业的信贷支持力度。苏州市工业园区于 2007 年成立科技型中小企业"统贷平台"，以委托贷款等形式为企业提供启动资金支持。通过以上政策的实施，财政资金已经实现了从直接拨款使用到杠杆操作的转变，使用效率得到了提高，这种"拨改贷"的方式从实质上放大了对科技型中小企业的资金支持力度。此外，财政对于科技金融的其他支持包括对科技贷款进行贴息、对科技保险的保费进行补贴、对科技型企业的上市融资还有相应的奖励政策。

（二）银行创新服务模式

在苏州的科技金融体系中，商业银行扮演着非常重要的角色。与国外创业风险投资为主导的模式有所不同，苏州对于科技型企业的支持有相当部分是来自银行的信贷资源，并且政府启动科技金融也是从"科贷通"这一银行信贷产品开始。目前，苏州共有三家专门的科技支行，分别为交通银行苏州科技支行（2010年11月26日），江苏银行园区科技支行（2011年5月），农业银行园区科技支行（2011年5月）；各家银行在科技金融业务上也各有侧重，形成了自身科技金融业务的特点及模式。

（三）非银行类金融机构共建科技金融体系

苏州市专门成立了苏州市科技金融服务中心，通过建立科技金融网上服务平台，搭建科技企业与金融机构的联系桥梁。服务中心开发了科技企业数据库，并有效整合了银行、创投、担保、科技保险等金融机构的业务，通过"网上科技金融超市"，为企业提供综合性的科技融资服务，缓解了科技型企业特别是科技型中小企业的融资难问题。

从时间上看，科技保险是苏州地区科技金融的"先行者"。早在2007年7月，苏州高新技术产业开发区就成为全国首批科技保险试点地区，同时也是首批唯一开展科技保险试点的国家级高新区。2010年底，全省首家科技小额贷款公司注册资本为3亿元的融达科技小贷公司在工业园区正式挂牌成立；高新区也随后成立注册资本为5亿元的聚创科技小额贷款公司。交通银行在苏州市成立了全省首家科技支行。2010年底，经国务院批准，总规模为600亿元的母基金——"国创母基金"正式成立，并落户苏州。

七、杭州市科技金融政策环境建设

杭州自1991年以来，一直是全国经济增长最快的城市之一，GDP增幅超过两位数，非公有制经济尤其是民营企业为经济发展做出较大贡献。杭州金融业包括银行类金融机构、保险、资本市场等在内的各方面发展状况良好。王黎波（2012）在研究杭州地区经济特征时，分析得出"杭州是全国金融机构种类最齐全的城市之一，也是全国金融业务增长最快、效率与效益最好的城市之一"。杭州作为长三角经济发展的中心城市，具有经济发展迅速、民营资本充裕、金融业发达，在全社会资源集聚和配置方面发挥了重要作用。

（一）政府推动

杭州是中小企业的聚集地，民间资本充足，融资渠道多元化，但科技型中小企业的融资难问题仍旧存在。杭州市政府积极促进科技金融体系建设，创新融资模式和风险分担机制，建设无形资产评估机构，解决制约科技型中小企业发展的融资难题。通过创投引导基金、科技银行、科技担保等多种方式把政府有限的投入放大，形成了科技金融的"杭州模式"。

（二）银行创新服务模式

杭州银行科技支行在科技金融实践方面有着许多首创性。面对科技型中小企业"轻资产"的特征，在金融产品方面，杭州在全国首创了"联合担保"贷款、"桥隧模式""道衢模式"等中小企业融资模式；在"政银保"联动模式中，政府设立了杭州市创业投资引导基金及利率补贴机制，按贷款基准利率的20%给予科技支行补偿，科技支行以低成本（基准利率）、单独核算审查这一高效率的服务，以及高于一般企业的风险容忍政策的模式为科技型中小企业服务。这一模式还有一个特点就是"内部评级＋特殊准入"的准入标准，即对于不符合银行授信标准的企业，经过单独审查后，仍有可能获得杭州银行的信贷支持。

杭州市科技局大力支持杭州银行科技支行的发展，提供大量科技型企业信息的同时，出资建立高科技担保公司，与科技支行共担风险，此外，政府财政还为科技银行提供额外的风险溢价补偿，实现"政银保联动"（政府、银行、担保三方联动），这一模式在国内具有创新性。

（三）非银行类金融机构共建科技金融体系

早在2008年4月，杭州市成立了创业投资引导基金，总规模10亿元，合作方式包括阶段参股和跟进投资两种，起到对社会资金的引导作用。创投引导基金吸引了大批优质创投机构和专业人才，科技经费有效地放大，取得了明显的成效。

八、武汉市科技金融政策环境建设

（一）政府推动

（1）出台支持政策。武汉市科技金融工作以"一个统一、两个目标、三个创新、四个结合、五个体系"为重点，即：坚持武汉市推进科技和金融结合试点城市建设领导小组的统一领导；围绕推进"技术转移、成果转化、高新技术产业化"，解决科技型中小企业融资难两个目标；创新政策体系，创新机制，创新金融、资本、资金使用方式；抓好"与资本特区相结合、信息共享结合、政策结合、风险分担机制结合"的四个结合；构建科技和金融结合的工作体系、完善科技和金融结合的政策体系、创新科技和金融结合运行体系、打造科技和金融结合支撑体系、完善科技和金融结合投入体系 5 个体系。

为推进科技和金融结合，成立了武汉市推进科技和金融结合试点城市建设领导小组，市政府主要领导任组长，市政府分管科技和金融工作的副市长任第一副组长，湖北银监局、湖北证监局、湖北保监局、人民银行武汉分行营管部主要负责人任副组长，全市 19 个部门和单位主要负责人任成员，从而形成科技和金融结合的工作体系。

先后出台了《关于推进东湖国家自主创新示范区综合性科技金融创新试点的实施意见》《关于推动科技金融市区联动促进科技型企业发展的实施意见》《武汉东湖新技术开发区关于充分利用资本市场促进经济发展的实施意见》《武汉市科技创业投资引导基金管理暂行办法》《武汉市专利权质押贷款操作指引》《关于加快科技金融创新推进武汉科技金融结合试点工作的指导意见》《武汉市高新技术产业化贷款贴息资金管理暂行办法》《武汉市科技型中小企业信贷风险补偿专项资金管理办法》等 30 多个政策文件，科技和金融结合创新试点的政策体系已初步形成。重点促进科技型企业上市、支持科技型中小企业融资、建立科技企业信用体系，开展科技型企业信用贷款试点，建立科技型中小企业融资补贴风险补偿机制，鼓励担保公司开展科技担保业务，鼓励创投机构发展。

（2）搭建综合服务平台。武汉市已打造各类专业性的科技和金融结合平台，先后成立了武汉中小企业服务平台、武汉金融超市、武汉科技金融公共服务平台等机构。此外还建立了科技企业信用评级体系。2012 年，市科技局联合人民银行武汉分行营管部、武汉东湖高新区等共同开展科技企业信用评级工作，完成首批 1 200 多家科技企业信用评级报告，建立了包括 3 000 多家科技企业的信用数据库，其中重点企业 300 多家。

（二）银行创新服务模式

（1）大力推动银行设立科技专营机构。各银行成立的科技支行、科技专营团队中服务科技型企业的工作人员超过 500 人。其中，汉口银行科技金融中心通过聚集政府、投资、担保、保险、中介服务等各类资源，建立起"信贷工厂"式流水线作业模式，完善了科技金融内部考核与约束机制、风险容忍度政策以及风险定价机制。

（2）推动统贷平台，支持科技型企业的发展。市科技局、东湖高新区等设立了风险准备金分担金融机构风险，与国家开发银行湖北省分行、汉口银行等合作建立了统贷统还平台，重点支持科技型中小企业，降低科技型企业融资门槛。

（3）推进市区科技联动担保贷款。集中市区科技财政资金 7 000 多万元作为共同担保基金，武汉科技担保有限公司受市区科技局委托具体运作共同担保基金，其与16家银行建立了见保即贷的合作关系。

（4）开展科技型企业知识产权质押贷款、非上市公司股权质押贷款、信用贷款等探索。市知识产权局与商业银行签订知识产权质押融资战略合作协议，授信金额突破100亿元。

（三）非银行类金融机构共建科技金融体系

（1）多层次资本市场建设。武汉市主要通过以下举措建设多层次资本市场：第一，积极支持科技企业改制上市。对上市后备企业在市级各类科技计划项目立项等方面给予重点倾斜；第二，大力支持东湖开发区"新三板"试点。武汉东湖高新区于2012年8月成功获批"新三板"试点。全市按照"一区多园"的模式，积极吸纳东湖高新区以外行政区域的企业进入"新三板"，全市共有10家科技园区参与"新三板"，首批"新三板"已挂牌企业达10家；第三，加快区域性场外市场建设。截止到"十二五"末期，武汉光谷联交所托管登记科技企业近200家，托管总股本突破120亿股，为20多家科技企业办理股权质押融资业务，融资总金额达40多亿元；第四，支持科技型企业通过票据、债券等方式融资。此外，武汉科技担保有限公司联合有关担保机构发行了近亿万元的公司私募债，支持科技型企业发展。

（2）扩大科技保险覆盖范围。武汉市科技局对购买科技保险产品的高新技术企业保费给予30%～60%的补贴，同时规定企业购买科技保险产品保费支出纳入企业技术开发费用，享受国家的税收优惠。同时，市科技局与保险公司建立了赔付互通机制，畅通科技保险绿色赔付通道，并实施中小企业出口信用全覆盖工程，扩大科技保险覆盖范围。

此外，武汉市认为在推动科技保险运行方面，急需解决的是因政府财政补贴资金有限，而引起的"僧多粥少"问题。面对该问题，武汉市结合自身特点，采用分类定率、逐批递减和总额控制的手段对企业进行合理财政补贴，力求使参与科技保险的企业达到效用最大化。分类定率即有意识的将部分科技保险险种的补贴标准提高，使之得以重点推行。例如对高新技术企业产品研发责任保险、关键研发设备保险、营业中断保险的补贴标准可略高于出口信用保险、高管人员和关键研发人员团体健康保险和意外保险的补贴标准，促进企业在科技研发过程中的技术投入。逐批递减即根据各单位申请情况，试点期间分批审批科技保险费用补贴资金，补贴比率按批次递减，各保险产品的首单，原则上给予最高比率的科技保险费补贴。总额控制即根据高新技术企业投保年份上一年的高新技术产业产值规模控制补贴资金最高限额，对于这三项机制措施的具体分析如表6-1所示。

表6-1　　　　　　　武汉市科技保险推行机制措施分析表

措施	依据	目的	优点
分类定率	险种的激励权重	必要性高的险种重点激励	促进企业优先选择购买必要性高的险种
逐批递减	企业购买科技保险的积极程度（以企业购买的先后次序体现）	提高激励效果，促使企业迅速参与	加快科技保险推广的进程，节省推广时间，使科技保险快速发挥作用
总额控制	高新技术企业的规模	按需分配，降低不必要的补贴，控制企业盲目购买，增大补助面	提高补贴资金使用的合理性及使用效率

武汉市以上科技保险推行机制中的三类政策举措，既相互独立又彼此关联，在试点阶段推动科技保险工作开展的过程中，在提升各项举措自身效能的同时，充分发挥了措施间的协同作用，整合了科技保险运行中的各类资源，发挥了强化科技保险推行的动力机制。

九、成都市科技金融政策环境建设

（一）政府推动

我国科技金融的发展状况与当地政府的扶持力度有非常大的关系。成都政府非常重视科技型中小企业的发展，制定了促进科技金融发展的政策体系，同时为政府与企业、金融机构与企业、企业与企业之间的沟通搭建了许多综合服务平台，为企业发展创造良好的政策环境。同时，成都高新区是国务院批准的全国首批国家级高新区，同时也是全国首批科技支行的实践先行者。

（二）银行创新服务模式

成都银行成立了全国第一家科技支行，作为科技金融的实践先行者，首先意识到科技型中小企业的重要性，将服务定位于中小企业。在2009年1月11日成立以来，不断地创新服务流程，改进审批程序，为科技型中小企业设立"绿色通道"提供低于普通贷款的贷款门槛以及差异化的贷款利率。同时，针对科技型中小企业的贷款需求，减少审批环节，缩短审批时间，提高效率和服务水平，积极支持高新技术企业发展，支持产业结构调整，产品升级。

（三）非银行类金融机构共建科技金融体系

（1）浓厚的科研氛围打造科技金融理论基石。成都之所以被称为"科技金融的理论基地"，主要是因为国家科技部依托四川大学设立了全国第一家专门的科技金融研究机构"中国科技金融研究中心""科技金融与数理金融实验室"，研究科技金融现状及未来发展方向，并为国家制定扶持中小企业尤其是科技型中小企业的发展提供理论支持与决策参考。而这一中心的主任赵昌文教授，是国内首个将科技与金融结合为一个独立、完整的课题进行研究，并于2009年出版了国内外科技金融发展历程，以及详细阐述科技金融体系主要组成部分的专著《科技金融》。

成都有着浓厚的理论研究氛围，为政府制定管理办法和指导意见提供了理论基础，为科技金融实践指明方向。虽然北京中关村位于我国政治、文化、经济中心，但成都有其存在的特殊性，是一个专门研究科技金融的理论基地，对金融与科技有效结合有着指导性的重要作用。

（2）构建"梯形融资模式"。成都高新区发展策划局汤继强博士出版的《中小企业梯形融资模式实务运作与案例分析》中提出了"梯形融资模式"，并概括为"内源融资＋政府扶持资金＋风险投资＋债券融资＋股权融资＋改制上市"。这是一种涵盖企业全生命周期的综合融资方案，同时充分调动了包括政府、金融机构、民间资本在内的全社会资源，最重要的是明确界定了政府在中小企业融资过程中的责任。

科技型中小企业初创期的资金来源多是来自于创业团队资金或自有资金，随着企业的发展，需要将科研成果转化为生产力，这个过程具有高技术风险却又是企业发展至关重要的一环，这时政府的资金扶持将发挥巨大的作用，调动金融资源进行跟进，具体跟进的方式可以是补贴担保费用，引导风险投资，或者直接投资等方式来解决科技型中小企业融资难的问题。

十、南京市科技金融政策环境建设

作为六朝古都的南京，具有丰富的科技创新资源，同时具有独特的金融优势和坚实的产业基础，客观上具有促进科技与金融结合的特殊良好条件。一方面，南京是中国重要的科研和教育基地，是中国第一个也是目前唯一的国家科技体制综合改革试点城市；另一方面，全市基本形成银行、保险、证券各业并举，中、外资金融机构并存，功能完备，运行稳健的多样化金融体系和全方位的金融发展格局。在此基础之上，南京市出台一系列科技金融推动政策，在科技信贷、科技保障和科技创投方面都取得了长足的发展。

（一）政府推动

为服务科技创新创业人才，孵化科技创业企业，培育战略性新兴产业和现代服务业，最大限度的整合创业资源，重构创业政策制度，打造创业创新平台，营造创业生态环境，推动科技创新创业。南京市于 2011 年 7 月 1 日制定出台了《"人才引领、科技创业、制度先行、园区先行"八项重点计划》等系列文件。其中科技创业投融资体系建设计划作为南京市加强科技资源和金融资源结合，促进金融资本要素向科技创业企业和创新创业人才集聚的核心文件，被列入八项重点计划。

该计划中明确提出，以建设国家科技体制综合改革试点城市为契机，以科技金融制度安排和政策创新为突破，建立和完善覆盖科技研发、科技创业、科技产业化等不同阶段、不同特点的多元化、多层级科技创业投融资服务体系的总体思路。南京市在科技金融体系的制度设计和政策制定上，是以科技型企业生命周期为主线，紧紧围绕处于生命周期不同阶段的科技型企业特点和融资需求，进行社会资源的配置，建立南京市科技金融体系政策环境。

（二）银行创新服务模式

2010 年，南京市就开始积极推进科技银行的发展，遴选在科技信贷领域具有发展思路、创新特色和专业优势的银行机构，设立专门服务于科技型企业的科技银行。2011 年 8 月，南京市出台了《关于鼓励和促进科技银行发展的实施办法》，南京市财政每年安排 3 000 万元科技银行专项扶持资金，用于科技创业企业贷款风险补偿，各区、国家级开发区财政按 1∶1 比例进行配套。对科技型企业抵质押不足部分或信用贷款所产生的实际损失，按 7∶3 的比例由专项资金和科技银行对本息进行分担，建立贷款利息补贴机制。此外，南京市财政每年安排 1 000 万元用于科技创业企业贷款贴息，对于科技创业企业贷款执行基准利率的科技银行，给予基准利率10％的利息补贴，鼓励和引导科技银行在利率上给予科技创业企业优惠，有效降低科技创业企业融资成本。

（三）非银行类金融机构共建科技金融体系

推进多层次资本市场发展，完善区域要素市场建设，是南京市科技金融体系建设中重要和关键环节。自 2011 年以来，南京市就积极推动科技型企业利用资本市场融资发展，并建立相应的推进机制和激励政策。

科技保险是科技金融体系的重要组成部分，它不仅具有分担风险的功能，而且可以为其他金融工具的使用提供保障。因此，发展以风险转移和分散为主要功能的科技保险是发展科技金融体系的有益补充。南京市充分认识到这一点，积极推进科技保险的发展，鼓励保险公司积极开展科技保险业务。2011年8月，南京市政府授牌人寿保险股份有限公司南京分公司、紫金财产保险股份有限公司江苏分公司两家科技保险公司，为初创期、成长期科技型企业提供专营保险服务，并在全市范围内推广面向科技型企业的高新技术企业产品研发责任保险、关键研发设备保险、营业中断保险、小额贷款保证保险等险种，通过保险来分散高新技术企业、科技型企业在研发、市场开拓等活动中的风险。

如何建立完善的科技担保体系来保障科技金融体系的快速发展，是南京市近年来不断探索的课题。目前，南京市担保机构按其出资主体可以分为两种类型：一种是政府出资，加上部分社会资金成立的担保机构，这种担保机构带有政策性担保的性质；另一种是由企业或个人出资建立的担保机构，该担保机构以盈利为目的。截止到"十二五"末，在南京市科技担保体系的有利支持下市内大量科技型企业得到了长足发展，尤其是处于初创期和扩张期的科技型企业获益最多。

本 章 小 结

科技金融政策环境建设旨在加强科技与金融的结合，继续深入探索建立新的科技金融合作模式与合作机制，以增强政策环境因素对科技金融资源的引导力。本章基于科技金融体系的霍尔三维结构模型，重点阐述科技金融环境在科技金融体系建设中的理论与现实意义。一方面，描述了科技金融政策环境建设的必要性和特殊性，系统梳理了国内外学者对科技金融政策环境建设的理论阐述；另一方面，结合我国科技金融政策环境建设的实践，归纳总结了全国十个典型城市科技金融政策环境建设的实际进展。

下篇　科技金融体系建设的效果评价

第七章 高新技术产业项目创业风险投资的效果评价

改革开放以来，我国经济的粗放式发展带来了产能过剩、人口红利消退和资源环境约束等诸多问题。要从根本上解决这些问题，就必须放缓经济增长速度、优化产业结构、提供经济发展新动力。习近平总书记指出"抓创新就是抓发展，谋创新就是谋未来"。因此，我国经济迫切需要向创新模式驱动方向转变，大力发展高新技术产业，使科技创新成为经济增长新动力，从而改变我国经济在全球价值链低端的尴尬局面。

回顾历史可以发现，创业风险投资可以为高新技术企业提供充裕的科技创新孵化资金，有效推动新技术开发、新产品设计、新市场营造和新产业发展。美国创业投资协会发布的数据表明，虽然美国创业投资的年均投资额仅占全美 GDP 的 0.2% 左右，远远低于股权投资，但其创造的产值占美国 GDP 总额的 21%。在创业风险投资资本的鼎力支持下，思科、微软、苹果这些中小科技企业最终创业成功，为美国如今的创新经济优势奠定了坚实的基础。创业风险投资在美国的成功，吸引我国大力发展创业风险投资事业，渴望凭借创业风险投资的发展带动高新技术产业的发展，为经济增长提供科技创新的新动力。

2001 年互联网泡沫后，我国的创业风险投资经历了三年的低谷期。2003 年，携程旅行网和百度在纳斯达克的上市为创业投资者赢得了丰厚的回报，创业风险投资开始在我国复苏。2004 年国务院发布若干决定进一步推进资本市场的改革开放，并于 5 月正式启动深圳"中小企业板块"，标志着我国创业风险投资进入全面复苏阶段。2009 年我国创业风险投资迎来黄金发展期，10 月 30 日我国创业板正式开通交易，弥补了我国创业风险投资退出机制的缺陷。我国政府不断对创投行业的发展释放改革红利，2013 年发布的《国务院办公厅关于金融支持经济结构调整和转型升级的指导意见》和《国务院办公厅关于金融支持小微企业发展的实施意见》等政策，明确提出加强对科技型、创新型、创业型小微企业的金融支持力度，积极引导创业投资企业投资于小微企业。同年 12 月，《国务院关于全国中小企业股份转让系统有关问题的决定》出台，标志着"新三板"扩大至全国取得实质性进展，不仅缓解了中小企业融资难题，而且增加了创业风险投资机构的投资机会，对拓宽创业风险投资资本退出渠道具有重要意义。近年来，我国创业风险投资的投资项目和投资经费由传统制造业向通信设备、新材料工业等转移，同时 IT 服务业、金融保险业和其他行业也不断获得创业风险投资的青睐，创业风险投资已经成为我国高科技产业发展的重要资金来源。

然而，我国学者关注创业风险投资和高新技术企业之间关系的研究成果还相对较少，不足以满足创业风险投资对高新技术产业项目的投资需求。理论方面的缺乏使创业风险投资很难充分发挥其应有的作用，为高新技术产业解决资金问题和提供企业增值服务。因此，本章对高新技术产业项目创业风险投资的效果进行评价将丰富创业风险投资的理论研究，有利于促进创业风险投资和高新技术产业项目的有机结合，提高科技创新效率和科技成果转化成功率。在现实方面，我国创业风险投资虽发展很快，但还未建立一个完整的创业风险投资体系，缺乏一种能够准确衡量创业风险投资对高新技术产业项目作用效果的方法。因此，选择某一具有代表性的地区，评价创业风险投资对高新技术产业项目的促进效果，可以更好地改善创业风险投资对高新技术产业的投资模式，提高创业风险投资对高新技术产业项目的促进作用。

一、创业风险投资支持高新技术产业发展的文献回顾

自从 20 世纪 40 年代以来，创业风险投资一直是国外学者的研究焦点。1973 年，美国创业投资者协会（Nation Venture Capital Association）给出了较为完整的创业风险投资的概念，认为创业风险投资是一种投入具有快速成长潜质和巨大竞争能力新兴企业的权益资本。创业风险投资是一个周期性活动，美国学者勒纳和古珀斯（Lerner & Gompers，1999）认为创业风险投资的周期首先是风险资本的筹集，然后筛选创业企业进行投资，并对企业提供监督和增值服务，最后创业资本退出企业，开始下一个投资周期。在创业风险投资对高新技术企业的影响方面，贾因和基尼（Jain & Kini，1995）对比有创业风险投资背景和无创业风险投资背景企业的销售额，发现创业风险投资对企业的销售额和现金流具有正向影响。海尔曼和普里（Hellmann & Puri，2000）调查了硅谷的 173 家高新技术企业，得到结论：创业风险投资可以提高高新技术企业"技术创新战略"产品转化的

成功率，并缩短创新产品推广上市的时间。施沃特兹和拉菲尔（Schwartz & Raphael，2007）搜集 1995～2004 年以色列初创期企业风险投资的地理分布数据，发现它们呈分散式集中分布，与高新技术企业的集中选址行为不一致。该项研究还发现创业风险投资资本更加热衷于大城市，对同样拥有高新技术企业的二线城市关注较少。

相较于美国而言，我国创业风险投资起步时间较晚，发展还不成熟，尚缺乏权威机构对创业风险投资进行跟踪调查与研究。而且一些创业投资企业因为商业保密需要，也很少公布创业风险投资的真实数据。这就导致我国学者在创业风险投资领域更倾向于理论探讨，实证研究的成果并不充分。学者王国刚等人（1998）全面认识到创业风险投资可以缓解企业科技实力落后的局面，对我国高新技术产业发展具有战略性意义，并就如何构建中国的创业风险投资体系给出了初步建议。作为我国产业结构提升的龙头产业，张小蒂（1999）认为高新技术产业的快速发展需要创业风险投资为其提供动力。龙勇和张合等（2009）认为风险投资和高新技术产业具有相互促进的作用，一方面风险资本可以支持高新技术产业的发展，另一方面高新技术产业的发展可以优化风险资本投资环境，反过来促进创业风险投资的发展。高新技术产业不同于一般的投资项目，具有高风险高收益的特点，陈德棻（2009）研究发现，不仅政府难以解决高新技术产业的投资问题，银行业也由于这种高风险性而拒绝融资，但风险资本可以很好地平衡高新技术产业的高风险和高收益问题。张利科（2012）将中国分为八个区域，调查风险投资与高新技术产业的相关数据，构建 DEA 绩效评价模型进行实证研究，结果表明我国的风险投资不仅存在地区间分布严重不均衡和风险投资高级人才缺乏的问题，而且我国高新技术产业创新能力不足，这些都严重阻碍了创业风险投资对高新技术产业发展的促进作用。

综上所述，国内外关于创业风险投资支持高新技术产业发展的文献较多，但我国关于创业风险投资的分析数据较少，鲜有学者在实证方面对创业风险投资的效率进行测算。江苏省一直以来都是我国创业风险投资发展的示范基地，其创业风险投资效果影响我国创新经济的健康发展。因此，本章结合层次分析法构造 DEA 模型，以江苏省物联网产业为例，测算创业风险投资对高新技术产业项目的支持效率，并针对超效率 DEA 模型结果提出相关建议，为促进江苏省科技与金融资源有效融合与可持续发展提供决策参考。

二、理论模型与方法

(一)层次分析法

19 世纪 70 年代初期,萨蒂(Satty)教授在完成美国国防部关于电力分配的相关课题时,将网络系统理论和多目标综合评价方法相结合,提出了层次分析法(AHP)。层次分析法的精髓在于将影响目标决策的因素分为若干个层次,形成一个包含目标层、准则层和方案层的递阶层次结构模型。准则层中的各准则对目标的重要程度由决策者主观判断,通常采用 1至 9 标示。在此基础上,构造判断矩阵求得权重向量,并结合一致性检验结果就可以最终确定决策结果。层次分析法将定量分析和定性分析相结合的特点,增强了决策结果的说服力。因此,本章采用层次分析法对高新技术产业项目创业风险投资效果的若干个投入和产出指标进行分析,结合专家打分构建判断矩阵,计算出各指标的相对权重,从而挑选出对目标决策影响重大的指标。

(二)数据包络分析法

数据包络分析法(DEA)由美国运筹学家查恩斯(A. Charnes)等人基于相对效率概念而提出的一种绩效评价方法。数据包络分析法的原理是以相同类型的决策单元(decision making unit,DMU)的输入和输出指标的权重系数为变量,借助数学规划模型,构造 DEA 生产前沿面,通过计算决策单元偏离 DEA 生产前沿面的程度,综合评价各个决策单元的相对有效性。高新技术产业项目具有多样性,使其输入和输出指标之间具有某些复杂的联系,本章选择数据包络模型进行创业风险投资的效果评价,可以有效避开输入和输出指标的交互作用。同时数据包络分析可以确定各高新技术产业项目在生产前沿面上的投影,对各产业项目明确改进方向和调整创业风险投资效度有着较大作用。

传统的数据包络模型(C^2R)在计算各个决策单元的效率值时,往往会得到多个相对效率值为 1 的有效决策单元。为了进一步比较这些有效决策单元,彼得森(Andersen Peterson)于 1993 年提出了超效率模型,弥补了传统数据包络法(C^2R)的理论不足。超效率模型的创新之处在于将被测算决策单元 DMU_{j0} 从参考集内移去,剩余的有效决策单元形成新的效率边界,衡量被测算的决策单元相对新的效率边界的距离可以得到有效决策单元之间的效率差异。由于被测算的决策单元不被效率边界所包围,超效率模型计算得到的效率值往往大于 1,在此基础上可以对有效决策单元进行排序。超效率模型的公式如(7-1)所示:

$$\min\left[\theta - \varepsilon\left(\hat{e}^T S^- + e^T S^+\right)\right]$$

$$s.t.\begin{cases} \sum\limits_{j=1, j\neq 0}^{n} \lambda_j x_j + s^- = \theta x_0, \\ \sum\limits_{j=1, j\neq 0}^{n} \lambda_j y_j - s^+ = y_0, \\ \lambda_j \geqslant 0, \quad j = 1, \cdots, n, \\ s^- \geqslant 0, \quad s^+ \geqslant 0. \end{cases} \tag{7-1}$$

三、实证分析

我国信息采集与智能计算技术的飞速发展和移动通讯与互联网的广泛应用为大规模发展物联网产业创造了条件。江苏省的物联网产业起步较早,分布相对集中,形成了一个以无锡为中心,辐射苏州和南京的物联网产业聚集区。2015 年 10 月至 2016 年 6 月期间,本研究课题组通过调研无锡、苏州和南京物联网生产加工企业,并遴选出 20 个(无锡 8 个、苏州 6 个、南京 6 个)创业风险投资参与物联网产业创新发展的企业作为研究样本。根据 20 个物联网样本企业项目的创新投入和财务指标数据,初步筛选出专利申请授权量、资产负债比、风险资本投入额、投资回收期和现金再投资比率 5 个输入指标数据,以及项目总资产利润率、净利润增长率、净资产增长率和主营业务收入 4 个输出指标。为了确保 DEA 评价模型中输入和输出指标的有效性,首先采用 AHP 层次分析法对上述 9 个指标进行打分,甄别出对高新技术产业项目创业风险投资影响较大的因素。物联网样本企业中高层管理者及相关金融机构专家对创业风险投资和科技创新的结合具有深刻理解,本研究针对这些专家发放了调查问卷,问卷有效率达到 96.3%。计算专家评价值的平均值作为指标打分的最终取值,具体输入和输出指标的判断矩阵如表 7-1 和表 7-2 所示。

表 7-1 　　　　　　　　　备选输入指标的判断矩阵

输入指标	专利申请授权量	资产负债比	风险资本投入额	投资回收期	现金再投资比率	权重
专利申请授权量	1	3	2	2	2	0.349
资产负债比	1/3	1	1/2	1	1	0.132
风险资本投入额	1/2	2	1	2	1	0.215
投资回收期	1/2	1	1/2	1	1	0.142
现金再投资比率	1/2	1	1	1	1	0.162

表 7 - 2　　　　　　　　　备选输出指标的判断矩阵

输出指标	项目总资产利润率	净利润增长率	净资产增长率	主营业务收入	权重
项目总资产利润率	1	1/3	1	1/2	0.141
净利润增长率	3	1	3	2	0.455
净资产增长率	1	1/3	1	1/2	0.141
主营业务收入	2	1/2	2	1	0.263

在判断矩阵的基础上，计算得到备选输入指标判断矩阵的 C. R. 值为 0.014，备选输出指标判断矩阵的 C. R. 值为 0.002，均小于 0.1。因此可得，备选输入指标判断矩阵和备选输出指标判断矩阵都通过了一致性检验，得到的各指标权重均可接受。

DEA 模型中物联网样本企业的数量要大于创业风险投资输入与输出指标数量之和，因此本研究最终选取 3 个输入和 2 个输出指标作为测算江苏省物联网产业项目创业风险投资效果的指标因素。结合层次分析法结果，从 5 个备选输入指标中选取权重较大的 3 个指标，即专利申请授权量、风险资本投入额和现金再投资比率作为最终的输入指标；从 4 个备选输出指标中选取净利润增长率和主营业务收入作为最终的输出指标。筛选调研数据，得到物联网样本企业 2015 年的各项输入和输出指标数据值，如表 7 - 3 所示。

表 7 - 3　　江苏省 20 个物联网企业项目创业风险投资投入产出表

单位名称		投入指标			产出指标	
		专利申请授权量（个）	风险资本投入额（万元）	现金再投资比率（%）	净利润增长率（%）	主营业务收入（千元）
无锡	W1	34	5 360	24.18	31.28	4 160.91
	W2	7	160	7.83	18.04	974.49
	W3	4	5 800	33.14	23.87	10 095.11
	W4	1	980	19.30	0.94	4 090.32
	W5	1	540	19.11	18.36	4 943.16
	W6	1	270	1.87	1.47	211.72
	W7	2	940	9.77	9.88	1 001.03
	W8	1	670	4.89	1.95	849.60

单位名称		投入指标			产出指标	
		专利申请授权量（个）	风险资本投入额（万元）	现金再投资比率（%）	净利润增长率（%）	主营业务收入（千元）
南京	W9	1	110	4.19	3.25	139.07
	W10	1	560	4.22	7.96	535.68
	W11	5	1 080	4.08	6.07	819.16
	W12	2	310	4.05	2.15	1 242.15
	W13	2	940	7.97	6.17	2 072.76
	W14	2	1 860	5.14	20.39	19 88.95
苏州	W15	4	920	6.88	4.72	2 092.32
	W16	1	170	0.51	4.49	1 420.44
	W17	10	770	5.03	6.56	208.21
	W18	1	320	2.95	0.36	267.89
	W19	1	570	6.26	1.89	1 046.31
	W20	2	630	2.97	2.06	1 214.96

结合表 7-3 的指标和数据，运用 C^2R 模型和 BC^2 模型得到江苏省 20 个物联网企业项目创业风险投资的综合效率 θ^*、纯技术效率 σ^*、纯规模效率 s^* 和规模效益，具体的 DEA 测算结果见表 7-4。

表 7-4　　江苏省物联网产业项目创业风险投资的 DEA 测算结果

	DMU	θ^*	σ^*	s^*	s_1^{*-}	s_2^{*-}	s_3^{*-}	s_1^{*+}	s_2^{*+}	规模效益
无锡	W1	0.199	1.000	0.199	0	0	0	0	0	递减
	W2	1.000	1.000	1.000	0	0	0	0	0	不变
	W3	0.910	1.000	0.910	0	0	0	0	0	递减
	W4	0.783	0.803	0.975	0	336.162	0.881	0	0	递增
	W5	1.000	1.000	1.000	0	0	0	0	0	不变
	W6	0.188	0.605	0.311	0	0	0.637	2.878	1 066.469	递增
	W7	0.470	0.510	0.922	0	0	0	0	1 153.718	递减
	W8	0.306	0.619	0.494	0	244.761	2.521	2.537	570.841	递增

	DMU	θ^*	σ^*	s^*	s_1^{*-}	s_2^{*-}	s_3^{*-}	s_1^{*+}	s_2^{*+}	规模效益
南京	W9	1.000	1.000	1.000	0	0	0	0	0	不变
	W10	0.190	0.586	0.324	0	158.422	1.966	4.410	884.764	递增
	W11	0.209	0.266	0.784	0.236	0	0	0	625.209	递减
	W12	0.466	0.521	0.893	0.529	0	1.618	2.168	0	递增
	W13	0.392	0.436	0.899	0.113	0	0	0.349	0	递减
	W14	1.000	1.000	1.000	0	0	0	0	0	不变
苏州	W15	0.269	0.500	0.537	1.034	0	0	1.722	0	递减
	W16	1.000	1.000	1.000	0	0	0	0	0	不变
	W17	0.251	0.296	0.846	1.547	0	0	0	1 182.179	递减
	W18	0.133	0.821	0.162	0	92.741	1.916	4.128	1 152.552	递增
	W19	0.305	0.506	0.602	0	118.702	2.663	2.597	374.129	递增
	W20	0.292	0.358	0.817	0	55.411	0.555	2.423	205.483	递增

表7-4中 s_1^{*-}、s_2^{*-}、s_3^{*-}、s_1^{*+} 和 s_2^{*+} 代表的是 C^2R 模型中约束条件的各松弛变量数值。综合效率 θ^* 是假定江苏省20个物联网企业规模效率不变的情况下,运用 C^2R 模型计算得到的技术效率。从模型运行结果来看,在现有软硬件条件下江苏省20个物联网样本企业中处在创业风险投资总体效率前沿面上的企业有5个,分别是无锡物联网企业 W1 和 W5,南京物联网企业 W9 和 W14,苏州物联网企业 W16,这类物联网企业既规模有效又技术有效。综合有效地5个物联网样本企业的创业风险投资不存在投入多余、产出不足的情况,物联网企业输出相对创业风险投资投入而言已达最大,并且处于规模收益不变的最优状态。国外学者诺曼和巴尼 (Noman & Bany,1991) 将综合 DEA 效率值 $\theta^* \geqslant 0.8$ 的决策单元定义为边缘非效率单位,短期内对其输入和输出变量稍作调整,就可以达到综合有效地状态。从江苏省样本企业的综合效率分布情况来看,有55%的数值分布在0.4以下,说明20个物联网企业整体有效性较低。物联网企业的产出与创业风险投资的投入密切相关,只有在合理运用创业风险投资的情况下,才能使得科技创新的投入和产出达到平衡,从而促进物联网产业的快速发展。江苏省的物联网产业较少达到边缘非效率状态,创业风险投资对物联网企业的投资效果亟待改善。

此外,15个物联网样本企业的综合效率值都小于1,说明这些企业的创业风险投资效果都是非 DEA 有效。其中无锡的 W1 和 W3 处于纯技术效率前沿面上，这两个物联网企业产出相对于创业风险投入来说已经达到最大水平，主要受到规模效益无效的影响。物联网样本企业 W1 和 W3 可能存在创业风险投资资源重复投入的情况，需要适当减少风险资本投入，避免资源浪费。剩余的 13 个物联网样本企业的纯技术效率均不为 1，说明这类物联网企业创业风险投资投入不合理，存在资源使用效率不高的情况，需要合理分配创新资源使得资源效率达到最优水平。

从表 7-4 可以看出，无锡的物联网企业 W1、W3、W7，南京的物联网企业 W11、W13 和苏州的物联网企业 W15、W17，创业风险投资效率出现规模报酬递减的现象。这类物联网企业在既定的技术水平下，科技创新产出增量百分比低于创新资源投入百分比，应当避免企业盲目扩大规模或者减少科技创新投入以达到规模有效。物联网样本企业中 W4、W6、W8、W10、W12、W18、W19 和 W20 的规模报酬递增，说明在既定技术水平下创业风险投资的投入较少，可以加大投入从而扩大产出效益。总体而言，20 个样本企业中规模递增和规模递减的企业比例相差不大，江苏省需要根据规模效率的不同来调整各个物联网企业的发展规划。

此外，DEA 分析的最大优点在于可以根据非 DEA 有效的物联网样本企业在生产前沿面上的投影，得到非 DEA 有效的物联网样本企业科技创新投入和产出的调整方向和尺度，从而使其非 DEA 有效的物联网样本企业达到 DEA 有效。根据这一理论，可以得到 20 个物联网样本企业投影后的输入和输出值，如表 7-5 所示。

表 7-5   江苏省物联网产业项目创业风险投资效率改进方向

DMU	改进方向		DMU	改进方向	
	X_0	Y_0		X_0	Y_0
W1	(34.000, 5 360.000, 24.186)	(31.288, 4 160.911)	W11	(1.000, 280.717, 1.087)	(6.070, 1 444.377)
W2	(7.000, 160.000, 7.831)	(18.048, 974.491)	W12	(1.000, 160.165, 0.496)	(4.318, 1 242.153)
W3	(4.000, 5 800.000, 33.145)	(23.876, 10 095.114)	W13	(1.000, 400.980, 3.475)	(6.522, 2 072.766)
W4	(1.000, 450.042, 14.610)	(15.003, 4 090.323)	W14	(2.000, 1 860.000, 5.141)	(20.397, 1 988.954)
W5	(1.000, 540.000, 19.115)	(18.362, 4 943.168)	W15	(1.000, 460.036, 3.443)	(6.447, 2 092.321)

DMU	改进方向		DMU	改进方向	
	X_0	Y_0		X_0	Y_0
W6	(1.000, 160.334, 0.499)	(4.353, 1 278.198)	W16	(1.000, 170.000, 0.509)	(4.490, 1 420.447)
W7	(1.000, 470.894, 4.977)	(9.883, 2 154.752)	W17	(1.000, 220.824, 1.493)	(6.569, 1 390.391)
W8	(1.000, 170.000, 0.509)	(4.490, 1 420.447)	W18	(1.000, 170.000, 0.509)	(4.490, 1 420.447)
W9	(2.000, 110.000, 0.419)	(3.255, 139.075)	W19	(1.000, 170.000, 0.509)	(4.490, 1 420.447)
W10	(1.000, 170.000, 0.509)	(4.490, 1 420.447)	W20	(1.000, 170.000, 0.509)	(4.490, 1 420.447)

  江苏省 20 个物联网样本企业中处于创业风险投资非 DEA 有效（总体）的企业为：W4、W6、W7、W8、W10、W11、W12、W13、W15、W17、W18、W19 和 W20 共 13 个企业，对比表 7 - 3 和表 7 - 5，可以据此找到提升其创业风险投资绩效的方向。以南京市物联网企业 W11 为例，在创业风险投资和科技创新结合发展中该物联网样本企业在生产前沿面上的投影点为：X_0 = (1.000, 280.717, 1.087)，表明创业风险投资对该企业创新项目的作用效果要达到 DEA 有效，需要调整其相应的输入指标，即输入值为：专利申请授权量减少为 1.000，风险资本投入额减少为 280.717，现金再投资比率减少到 1.087；Y_0 = (6.070, 1 444.377)，表明南京该物联网企业创业风险投资在维持现有投入资源的条件下要达到 DEA 有效，应调整其相应的输出指标，即输出值应为：净利润增长率维持 6.070 不变，主营业务收入需要达到 1 444.377 的水平。

  最后，为了比较物联网样本企业 W1、W5、W9、W14 和 W16 的创业风险投资效果，引入超效率 DEA 模型，根据公式（7 - 1）计算得出 5 个 DEA 有效的物联网企业创新发展的超效率及其排名，见表 7 - 6 所示。其中苏州物联网企业 W14 的超效率值最低，达到 1.039。说明 W14 物联网样本企业增加 3.9% 的投入，仍能在整个决策单元中保持有效率，但其对创业风险投资资源的利用率相比于其他四个企业最低。其中苏州 W16 物联网企业的超效率值大于 6，其对创业风险投资资源的利用效率最高。虽然无锡物联网样本企业达到综合有效的数量和苏州持平，但从超效率值来看，无锡物联网企业的创业风险投资效果远低于苏州物联网样本企业

W16。无锡和南京的物联网企业可以借鉴苏州物联网企业 W16 的经验，提高创业风险投资与科技创新的结合质量和效率，促进其产业项目的快速发展。

表 7-6　　　DEA 有效样本企业创新发展超效率 DEA 值及排名

单位名称	超效率值	超效率排名
W16	6.248	1
W1	3.127	2
W5	1.903	3
W9	1.216	4
W14	1.039	5

四、创业风险投资支持高新技术产业项目创新发展的政策建议

完善的科技金融体系可以极大地促进区域创新型经济的发展，创业风险投资作为科技金融体系的重要组成部分对江苏省高新技术产业项目的高效运行具有重要意义。本章基于层次分析法对创业风险投资支持高新技术产业项目发展的指标进行了甄别，在此基础上运用数据包络分析评价江苏省 20 个物联网样本企业，分别得到样本企业的综合效率、纯技术效率和纯规模效率。结合各非 DEA 有效地物联网企业在生产前沿面上的投影，得到各物联网样本企业的改进方向。最后，采用超效率 DEA 分析法对江苏省 DEA 有效的物联网企业进行综合评价，发现苏州市的创业风险投资相对于无锡和南京来说，投资效益较好。总体而言，江苏省物联网企业在创业风险投资投入产出的配置上、经营管理和创新项目规模方面存在低效率或无效率的状况。现阶段，江苏省应该抓住国家大力发展创新经济的机遇，积极引进科教资源、金融资源和创新人才，形成一套成熟的创业风险投资机制，改善高新技术产业项目的纯技术效率和规模效率。

为了加快江苏省高新技术产业项目发展，创业风险投资具体可以从以下几个方面支撑高新技术产业发展：首先是政策机制层面改善创业风险投资环境。借鉴苏州的发展成果，政府须培养强大的国有创业风险投资机构，引导民营资本进入创业风险投资领域。同时落实已经推出的创投企业税收优惠政策，简化审批程序，加大对高新技术产业项目的扶持力度。江苏省政府要落实创业风险投资退出制度，推动科技金融体系建设，促进科技金融资源在高新技术产业的合理利用。其次是重视创业风险投资增值服

务，提高资金投入效率。创业风险投资除了对高新技术企业提供科技创新资金以外，更重要的是提供增值服务，主要包括帮助高新技术企业建立现代企业制度、完善高新技术企业内部管理制度、参与高新技术企业的科研计划和财务顾问等。而且高新技术企业创新项目周期通常分为四个阶段，每个阶段面临的主要风险不同，创业风险投资可以根据企业需要针对不同的风险为创新项目发展提供建议。因此，重视创业风险投资增值服务可以有效改善高新技术产业项目的经营管理状况，提高江苏省高新技术产业的纯技术效率和规模效率。最后是引进创新人才，提高江苏省科技创新水平。从实证分析可以发现，江苏省高新技术产业项目的纯技术效率较低，投入没有获得最大产出，今后需要增加科研力量，研发高附加值产品，以提高创业风险投资回报率。

本 章 小 结

本章基于科技金融体系的霍尔三维结构模型，重点对高新技术产业项目创业风险投资的效果进行评价。首先运用 AHP 分析法遴选影响高新技术产业项目创业风险投资绩效的关键指标因素，其次运用数据包络模型测算江苏省无锡、南京和苏州 20 个物联网企业科技与金融资源结合，促进创新发展的总体效率、纯技术效率和纯规模效率，进而得出其达到 DEA 有效的改进方向；并基于超效率 DEA 模型，对江苏省创业风险投资支持物联网企业创新发展绩效进行整体评价，最后提出创业风险投资支持高新技术产业项目创新发展的政策建议。

第八章　科技贷款产品创新与风险分担的效果评价

当前，我国经济进入调速换挡、转型发展的新常态，经济增长速度正从高速转向中高速，发展方式正由过去粗放式的规模速度型转向集约式的质量效益型，经济结构正从增量扩能转向调配存量、优化增量并存的方向改变，经济发展动力正由传统依靠要素驱动转向依靠创新驱动。在这一新常态背景下，科学技术与现代金融体系正逐步体现出对经济社会发展强大的推动力；促进科技与金融资源的有效融合，保持金融服务对科技创新的支撑力，同时加速科技创新对金融创新的带动力，也是践行创新型国家发展战略，增进我国核心竞争力的重要举措。因此科技金融的实践与创新将对推进我国经济行稳致远、提质增效起到极为关键的作用。

一方面，从融资方科技型中小企业视角分析，该类企业在创业和发展过程中普遍存在资金、技术和人才缺口问题，然而技术可以通过资金去购得，人才也可以通过资金去引入，因此企业在这一阶段最为关键的就是"麦克米伦"缺口，再加上科技型中小企业"轻资产、高风险、高成长"的特点，使其通过间接融资方式填补自身各类缺口时往往处于弱势地位；另一方面，从投资方商业银行视角分析，在我国经济下行阶段，银行为了规避信贷风险，往往不愿将信贷资金投入科技型中小企业中。综上两方面因素，从客观上制约了我国科技信贷市场的可持续发展。显然，在中国经济转型发展的新常态阶段，研究与创新科技贷款产品，防控并化解相关信贷风险，为科技型中小企业技术创新助力，具有较强的理论与现实意义。

一、科技贷款及其发展的文献回顾

国外针对金融促进科技创新发展的研究起步较早。熊彼特（Schumpeter）早在其著作《经济发展理论》中就强调了银行对创新的重要性，并认为企业如果想成功开发并商品化、产业化新技术、新产品及新服务，需要功能齐全的银行通过识别和支持才能予以实现。阿罗和罗默（Arrow

& Romer）研究发现，R&D 经费投入会导致知识创新。

国内真正意义上提出"科技金融"这一概念始于 2009 年，而针对银行科技贷款方面的理论与实务研究也就在近五年。林乐芬、张昆等（2012）以江苏省为例，明确提出科技金融是"以政府引导、银行主导、多方参与、市场运作为导向"，因此江苏省应基于银行主导的科技金融融资模式，探索银行针对科技型企业的金融产品创新，即金融支持科技型企业发展的新课题新任务。同时，科技贷款业务实施的重要意义也逐步被广大学者所认同，朱逸文（2014）认为科技成果的转化必须依靠信贷的金融手段支持，作为商业信贷的组成部分，科技贷款不仅具备商业贷款的一般内容，而且有其特殊的内容，科技贷款不仅涉及金融、生产，而且涉及科技等相关领域，为了更好地发挥金融手段支持科技成果转化作用，确保整个信贷运作体系的良好运转，有必要在科技信贷中进一步加强调控，建立科技贷款的运作综合评估体系。

在科技贷款产品模式创新方面，国内理论与实务界的学者们试图通过信贷产品创新来填补科技型中小企业"麦克米伦"缺口。纪建悦、郅岳（2012）基于对美国硅谷银行和杭州银行科技支行运行模式的对比分析，提出为科技型中小企业技术创新提供融资支持的若干途径。韩刚（2012）以交通银行苏州科技支行为例，从缓解商业银行收益与风险的不对称性视角，分析了"政府 + 银行 + 担保 + 保险 + 创投"的业务发展模式。杨哲（2014）深入分析了科技信贷产品的运作模式，并提出了支撑科技贷款产品创新的四轮驱动机制。李雅莉（2016）以河南省的科技金融产品供给情况为基础，从科技贷款服务的顶层设计、风险投资与孵化平台、"投贷联盟"业务创新模式、风险资本退出机制、融资风险的政府分担机制等方面，探讨河南省科技金融的供需对接。

在科技贷款产品与模式创新及其风险应对方面，赵成国、金晓芳等（2015）根据科技中小企业信贷特点，设置了安全性、流动性、效益性、扶持力度以及描述类等统计评价指标，用以评价科技信贷运营风险。中国人民银行南京分行营业管理部课题组（2013）还曾按照风险和收益对称原则，尝试通过引入股权融资模式，提高融资机会成本，形成对科技企业的有效甄别机制，排除无效资金需求，为银行科技信贷风险规避提供全新思路。

综上文献分析，国内外学者对金融支持科技型中小企业创新发展都给予充分肯定，特别是近年来国内学者逐步开始关注科技贷款产品创新与风险分担机制的研究。然而，在理论层面，针对商业银行与科技型中小企业信贷之间的利益关系，以及相关风险分担的系统性分析仍不够充分；同时，实务操作层面上，在我国经济步入新常态发展阶段，面对大量尚未转化为实际生产力的科技成果和嗷嗷待哺的"弱质"科技型中小企业，科技贷款发展仍存在供给不足，风险分担机制建设依然极不完善。

二、我国科技贷款市场结构现状（S）

SCP分析范式是哈佛学派在产业组织分析中对"structure（结构）– conduct（行为）– performance（绩效）"之间关系的简称。目前，我国科技贷款市场存在着供给不足的问题，根据SCP分析范式，这一问题与科技贷款市场的主体结构有着密切关系。因此，需要从我国信贷市场结构的现实形态来考察科技贷款市场存在的问题。

（一）科技贷款市场供需失衡

近年来，我国信贷市场存在供需失衡的现象，其中科技贷款供需失衡问题更加严重。目前，企业融资仍然是以银行业信贷投放的间接融资方式为主，中小型企业融资难的问题越来越迫切的需要得到解决。信贷市场的供需失衡主要从供给和需求两个方面来考虑。信贷需求主要源于投资，在特定时期政府投资可能成为信贷需求的重要来源，这就显著影响了相关行业的信贷需求总量。现阶段，我国在房地产行业上投资较多，政府主导下的行业信贷份额较大。同时从降低风险担保的角度来考虑，行业的所有制性质影响银行对贷款供给对象的选择，当国有企业陷入财务困难时，政府常采取政策性补偿等手段进行救济，而对于中小型企业则没有这种待遇，因而同种情况下，理性的银行为了避免风险会优先向传统的国有行业提供贷款。在需求和供给的共同作用下，由所有制不同表现出的行业异质性对贷款行业配置产生了重要影响。从信贷市场的供给与需求两方面考虑，供需失衡是必然的。

（二）科技贷款风险分担机制不完善

科技金融市场具有高风险的特点，必须对风险进行有效的转移和分散。银行是依靠规模经济获利的，因而具有低风险偏好性，当资金的需求者是科技型中小企业时，信息不对称的问题更加严重，其信息成本较高，必然导致信贷风险的提升。长期以来，我国商业银行执行的是信贷经营与信贷管理二合一的制度，金融风险承担主体不明确的最终后果无非是由国家承担，因而没有真正地建立信贷经营责任制。在信贷过程中，也没有健全的客户风险识别体系。到目前为止，大多数的商业银行都还没有现代意义上独立的信贷风险管理部门。此外，我国资本市场远远落后于货币市场，企业所需全部资金长期由银行包揽，在政策出现失误的情况下，会导致银行形成大量的不良贷款。我国政府对银行的干预，加大了银行保全信贷资产的难度。

三、科技贷款市场产品创新理论模型与实践分析（C）

（一）风控体系——进化博弈模型构建与稳定态分析

1. 模型设计与假设提出

现阶段，我国信用体系建设尚不完善，政府在防范与化解信贷风险方面仍起到举足轻重的作用，特别是在科技信贷风险分担方面政府的核心地位毋庸置疑。本章在参考国内外科技贷款运营模式的基础上，通过构建商业银行与政府双主体的科技贷款产品创新与风险分担进化博弈模型，分析政府与商业银行在科技贷款产品创新过程中，选择不同风险分担决策及产品创新决策时，对彼此行为的影响。两方博弈主体以实现自身利益最大化为目标进行动态决策，并通过各自的决策相互影响、互相作用，从而构成动态博弈关系，具体的博弈策略组合如表 8－1 所示。

表 8－1　　　　科技贷款产品创新与风险分担博弈策略组合

		商业银行	
		创新科技贷款产品（q）	不创新科技贷款产品（$1-q$）
政府	分担风险（p）	（分担风险，创新产品） （$-C_2+\Delta\pi_2$，$\pi_1-C_1+\Delta\pi_1$）	（分担风险，不创新产品） （$-C_2-\pi_2$，$-L$）
	不分担风险（$1-p$）	（不分担风险，创新产品） （0，π_1-C_1）	（不分担风险，不创新产品） （$-\pi_2$，0）

结合现阶段我国科技信贷发展的实际情况，在科技贷款产品创新与风险分担过程中，需要综合考虑其社会与经济效益，为简化商业银行科技贷款产品创新与政府风险分担的决策过程，便于博弈模型分析，本章在构建进化博弈模型时，政府的决策行为主要考虑其社会效用，商业银行决策行为主要考虑其经济效用。以下对博弈主体不同决策条件下的相关效用变量做如下假设（所有假设变量的取值均为正实数）：

（1）决策行为的概率：政府选择对科技贷款创新产品的风险不采取分担策略的概率为 p，采取风险分担的概率为 $1-p$；商业银行选择创新科技贷款产品的概率为 q，不创新产品的概率为 $1-q$，其中，$0<p<1$，$0<q<1$。

（2）商业银行或政府选择采取行动：一方面，商业银行创新科技贷款产品需要投入的成本为 C_1，产品创新所带来收益为 π_1，同时政府采取风险分担机制对商业银行创新产品所带来正效用，表现出的利润增值为 $\Delta\pi_1$。另一方面，政府选择分担科技贷款产品创新风险策略时，需投入的相关成本为 C_2，同时其建立科技贷款风险分担机制为社会科技贷款产品创新所带来的效用增值为 $\Delta\pi_2$。

（3）商业银行或政府不采取行动时：考虑市场竞争因素，当商业银行没有创新科技贷款产品，导致新产品无法进入市场所引起的社会经济损失为 π_2；如果政府在市场上采取了统一的风险分担机制，使得竞争者因创新产品而获得更多的市场份额，从而导致商业银行自身因市场份额被挤占所面临的损失为 L。

结合表 8-1 及科技贷款产品创新与风险分担博弈假设，可以将政府与商业银行的混合策略期望效用分别表示为：

$$\overline{\mu_g} = p\mu_{g1} + (1-p)\mu_{g2} = pq\Delta\pi_2 + q\pi_2 + p\pi_2 - C_2 - 2\pi_2 \qquad (8-1)$$

$$\overline{\mu_b} = q\mu_{b1} + (1-q)\mu_{b2} = pq\Delta\pi_1 + q\pi_1 - qC_1 + pqL - pL \qquad (8-2)$$

2. 策略的进化稳定态分析

为了进一步分析科技贷款双方主体的进化博弈过程，根据进化博弈理论模型，结合式（8-1）、式（8-2）分别构建政府及商业银行动态复制方程，得：

$$\frac{d_p}{d_t} = p(\mu_{g1} - \overline{\mu_g}) = p(p-1)(C_2 - q\Delta\pi_2) \qquad (8-3)$$

$$\frac{d_q}{d_t} = q(\mu_{b1} - \overline{\mu_b}) = q(q-1)(C_1 - \pi_1 - p\Delta\pi_1 - pL) \qquad (8-4)$$

基于式（8-3）分析政府策略选择的进化稳定态，令 $F(p) = \dfrac{d_p}{d_t}$，根据进化稳定理论，只有当 $\dfrac{d_{F(p)}}{d_p} = (2p-1)(C_2 - q\Delta\pi_2) < 0$ 时，p 才为进化稳定策略。

一方面，当 $C_2 > \Delta\pi_2$ 时，$q < \dfrac{C_2}{\Delta\pi_2}$ 恒成立，$p=0$ 为进化稳定点。该进化博弈的结果可表示为：政府为促进科技信贷发展建立相应风险分担机制的投入成本，若高于其促进科技贷款产品创新所获得的社会效用增值时，则无论商业银行是否选择创新科技贷款产品，政府最终都会选择不采取风险分担举措。

另一方面，当 $C_2 < \Delta\pi_2$ 时，则会出现两种情况：若 $\dfrac{C_2}{\Delta\pi_2} < q < 1$ 时，$p = 1$ 为进化稳定点；若 $0 < \dfrac{C_2}{\Delta\pi_2} < 1$ 时，$p = 0$ 为进化稳定点。进化博弈结果可表述为：政府选择采取科技贷款风险分担机制与否，还受到商业银行创新科技贷款产品意愿的影响，当商业银行创新产品的概率大于某一定值的时候，政府最终会选择风险分担策略，反之，则选择不采取风险分担策略。

同理，基于式（8-4）可分析商业银行策略选择的进化稳定态，进而绘制科技贷款产品创新与风险分担博弈策略动态进化图，如图8-1所示。

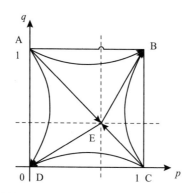

图 8-1　科技贷款产品创新与风险分担博弈策略动态进化图

根据图8-1，并结合博弈双方主体的进化稳定态分析可知，在该博弈模型中有五个平衡点（A、B、C、D和E），其中A、C两点为不稳定的源出发点，B、D两点为进化稳定态，E为鞍点。该结果说明只要政府科技贷款风险分担机制的建设达到一定程度，商业银行最终将一定会选择创新科技贷款产品策略；同时，当商业银行坚持创新科技贷款产品，政府也一定会乐于为其提供相应的风险分担机制，以提升科技贷款产品运行效率，促使银行获得更大收益。

另外，由于该进化博弈最终收敛于（0，0）与（1，1）两点，说明如果博弈主体双方均没有积极且持续选择创新科技贷款产品或分担风险，则博弈结果会最终收敛于（0，0），即科技贷款的发展将被搁置；而（1，1）这点说明，一旦有一方主体选择创新科技贷款产品或分担其风险策略，则另一方也会逐步向积极的方向转化。由此可见，现阶段我国科技金融的发展离不开政府积极的参与及推动，政府无论在科技金融政策制定，运行平台搭建，还是产品创新方面都起着不可或缺的关键作用。

实际上，为破解科技型中小企业的"创新难"和"融资贵"问题，科技部联合"一行三会"于2011年就确定了中关村国家自主创新示范区、天津市、上海市、江苏省等16个地区为"首批促进科技和金融结合试点地区"，以发挥政府的服务功能，加快试点区域科技金融的快速发展。具体到科技贷款产品创新与风险分担而言，如果没有政府建立和完善相应的科技贷款风险分担机制，推进科技贷款产品的研发与创新，则很可能因为商业银行无法承担产品创新及运行中的巨大风险，致使我国科技贷款的发展停滞不前。

（二）产品体系——科技贷款产品创新模式分析

基于以上科技贷款产品创新与风险分担的博弈理论模型分析，本章结合苏南地区科技支行的科技贷款产品创新实践，及其构建的政府引导下科技信贷风险分担机制进行实证阐述。

科技贷款产品的创新应该打破传统信贷业务模式，从科技型中小企业创新与发展的实际需要出发，结合商业银行自身优势合理制定贷款价格。现阶段苏南地区科技支行科技贷款产品开发与创新模式多为横向维度的拓展，即银行与其他非银行类金融机构进行相关业务的合作，一方面可以转移自身的科技信贷风险，另一方面能拓宽科技型中小企业的融资渠道。以下将系统梳理苏南地区科技支行科技贷款横向创新的四种典型模式，及相应的代表性产品：

（1）"银政合作"模式——基金宝。苏南地区科技支行在创新科技贷款产品时，适时地利用政府的有效介入，在一定程度上缓解了现阶段由于信用体系和担保体系不健全而产生的银企信息不对称现象，同时政府资金的投入还具有杠杆效应，能带动相应社会资本的投入。"银政合作"模式下的基金宝产品，主要是通过搭建银政合作平台，向银行和政府共同审核同意的企业发放贷款，在政府风险分担资金的支持下，真正批量化培育大量优质科技型企业。

（2）"银保合作"模式——雏鹰贷。经由保监会审核同意，设立"保险与科技结合"的综合创新示范区，在区域内科技支行和保险公司合作，创新推出贷款履约保险业务。"银保合作"模式下的雏鹰贷产品，是科技型中小企业在无法提供银行认可的其他有效担保的情况下，可通过投保科技型中小企业信用履约保证保险，进而在信用保险的保障下，向商业银行申请银行信用贷款，贷款资金用于科技企业日常经营，促进企业快速发展。

（3）"银担合作"模式——三板通。很多生产经营良好，效益显著，发展潜力巨大的科技型中小企业，由于自身没有充足的抵押资产或资产权属证明不完善等原因，从而无法满足商业银行有关的融资条件，科技支行通过引入担保公司，能使部分科技型中小企业的贷款风险通过类似于担保基金的方式进行分散，从而保证各类客户的融资风险位于可控的范围内。这一模式下的三板通产品，是通过担保公司的介入，从而提升企业的信用，而银行的信贷风险则实现了有效的转嫁。

（4）"银投合作"模式——入股选择权。对于科技型中小企业而言，商业银行的信贷供给与企业的融资需求之间存在着期限错配，而"银投合作"模式是科技支行通过与 VC、PE 等投资机构合作，投资机构在对相关企业进行综合评估的基础上，先进行股权投资，随后银行跟进贷款。该科技贷款模式下的入股选择权产品，是将信贷投入的时间节点前移，更多关注科技型中小企业的成长性，不仅为初创期和成长期的科技型中小企业提供资金支持，还能给企业带来先进的管理理念，促进其快速成长。

虽然，苏南地区科技支行在科技贷款横向创新模式方面处于国内领先地位，取得了较好的经济和社会效益。然而，近年来随着互联网金融的迅猛发展，依托于电子商务技术建立的各类 P2P 网络借贷平台也逐步兴起。各类商业银行虽然资金充足，但受到成本因素限制，仍无法触及包括海量用户需求的长尾市场，而电子商务平台能够凭借技术优势形成大数据的积累，从而能在线上批量化地向具有真实交易信息的企业提供信贷服务。未来以商业银行与网络借贷平台联动的科技贷款产品纵向创新模式必将成为该领域创新发展的趋势，苏南地区科技支行近期已开始关注科技贷款"银网联动"模式的创新。科技贷款"银网联动"模式能扩大金融覆盖面，为更多的科技型中小企业提供金融支持，该模式的运行流程如图 8-2 所示。

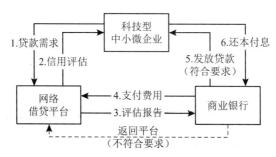

图 8-2 科技贷款"银网联动"产品创新模式运行流程

通过图 8-2 可以发现，科技贷款"银网联动"创新模式的主要运行流程表现为：首先，资金需求方的科技型中小企业向网贷平台提出资金需求申请，网贷平台利用其具备的专业优势，即收集的大数据资源，通过相关数据挖掘技术获得资金需求方具有逻辑与规律性的重要信息。其次，网贷平台采用云计算及各类数据算法等先进技术手段，测算各类科技型中小企业动态违约概率，并对其风险进行定价，进而以信用评估报告的形式提供给资金供给方的商业银行；商业银行采用此类信息需支付给网贷平台一定的信息使用费，从而筛选符合贷款标准的企业。显然，经过以上步骤，使不符合商业银行要求的科技型中小企业剔除在可获信贷资金的范围外。最后，通过"银网联动"模式，资金流、信息流的交互，商业银行与科技型中小企业双方投融资意向达成一致，便可签订相关的贷款协议进而发放贷款，同时也使商业银行的损失和风险得以下降。

四、基于风险分担机制的科技贷款市场绩效提升策略（P）

在SCP范式下，市场结构与市场绩效通过市场行为互相影响。目前，我国银行业仍处于较高的垄断阶段，几家大型银行占据较大的市场份额，科技贷款市场缺乏有效的市场竞争，资金配置效率较低，使得银行业绩效较低。面对科技创新的挑战、经济转型的需要，必须探索出可持续的金融产品模式来支持更大范围的科技企业融资，培养出适应市场经济发展的新型信贷文化，全面提升银行业的市场竞争能力。

（一）加快业务模式创新

现阶段，科技型中小企业融资难、融资贵的一个主要原因在于商业银行承担的风险与收益不匹配，从而发生"惜贷"现象。鉴于商业银行给科技型中小企业放贷是一项高风险，低收益的行为，因此必须对银行的信贷风险进行有效分担。本章通过对苏南地区科技支行科技信贷运行状况的实际调研，系统梳理了其科技贷款的代表性产品，并针对性的设计了相应的风险分担方式，具体如表8－2所示。

表8－2　　　苏南地区科技支行科技贷款创新产品及风险分担方式

创新模式	产品特征	风险分担方式	操作方式
银＋政	针对科技型中小企业在已获得但尚未到位的县级市以上科技成果转化专项资金或各项科技补助资金情况下，由商业银行发放的以此作为贷款主要还款来源的授信品种。	风险弱化	通过各参与主体的多方协同，从而有效减弱商业银行所承担的科技信贷风险。

创新模式	产品特征	风险分担方式	操作方式
银+保	银行与保险公司合作，以政府出资设立专项风险基金和保险公司保险相结合的方式。	风险转移	通过将保险的风险转移功能植入科技信贷风险分担机制设计中，能够保障商业银行获得收益的同时，将以前由银行单方面承担的信贷风险，及其可能造成的损失有效的通过保险公司或其相关保险产品进行转移。
银+担	通过政府和再担保公司共同出资的形式，设立"新三板"担保补偿资金池。	风险分拆	通过风险分拆能使银行有效规避科技信贷风险，将较大的风险敞口留给融资性担保公司以及政府风险补偿基金，自身承担较小比例的风险敞口。
银+投	商业银行与企业签订《入股选择权合同》，约定在未来一定期限内，投资机构代表银行有权选择以协议约定的价格入股该公司，分享企业成长。	风险捆绑	充分实现"股权+债权"的科技信贷创新业务模式，部分商业银行的债权还可以直接转化为股权，从而使商业银行、投资公司、证券公司等机构就科技信贷风险进行系统的合约安排。

　　科技信贷风险分担机制设计的原则是通过将信贷风险进行弱化、转移、分拆和捆绑，在不同的经济主体之间进行优化配置，以使有能力且愿意承担相关风险的主体能够承担较多的风险，不愿意承担风险的主体可以有效地规避相应的风险。由表8-2可以看到，结合苏南地区科技支行科技贷款典型创新产品，主要从科技信贷风险转移、分拆和捆绑，以及融贷双方协同以弱化相关风险等方式，设计科技信贷风险分担机制。

　　（1）风险弱化。风险弱化的主要运作方法是通过资金融贷双方共同努力，以降低信贷风险。针对"基金宝"这类"银政合作"的科技贷款产品，一方面，是利用政府财政平台，使政府科技成果转化资金计划得以提前实现；另一方面，科技型中小企业通过灵活运用知识产权、订单、应收账款和政府补偿资金等动产进行质押；此外，商业银行积极落实人民银行和银监会的相关政策文件要求，加强科技型中小企业专营管理建设，从而完善科技贷款差异化的考核方式。由此，通过各参与主体的多方协同，从而有效减弱商业银行所承担的科技信贷风险。

　　（2）风险转移。"雏鹰贷"是苏南地区"银保合作"模式下较为典型的科技贷款产品，该产品以政府出资设立专项风险基金和保险公司保险相结合的方式，向政府科技部门、保险公司和商业银行共同审核同意的科技型中小企业发放一定数额的信用贷款。保险公司的介入很大程度上降低了商业银行的信贷违约风险，通过将保险的风险转移功能植入科技信贷风险分担机制设计中，能够保障商业银行获得收益的同时，将以前由银行单方面承担的信贷风险，及其可能造成的损失有效地通过保险公司或其相关保险产品进行转移。

（3）风险分拆。"新三板"是一类较为典型的"银担合作"科技贷款产品，主要扶持"新三板"（包括拟挂牌）科技型中小企业发展，向市政府、市再担保公司、银行共同审核同意的科技型中小企业发放信用贷款。风险分拆主要是将风险分摊到各个参与者之间，将风险敞口在融资性担保公司、政府风险补偿基金、商业银行等机构之间进行分拆。通过风险分拆能使银行有效规避科技信贷风险，将较大的风险敞口留给融资性担保公司以及政府风险补偿基金，自身承担较小比例的风险敞口。

（4）风险捆绑。主要是针对"银投合作"模式及其相应的科技贷款产品（例如，入股选择权），其风险处置的机理表现为，商业银行利用已有的资源，与风险投资机构紧密合作，开展投贷联动业务。一方面，风险投资机构首先进行股权投资，商业银行跟随进行贷款；另一方面，为充分实现"股权＋债权"的科技贷款创新业务模式，部分商业银行的债权还可以直接转化为股权，从而使商业银行、投资公司、证券公司等机构就科技信贷风险进行系统的合约安排。

综合比较上述四种科技信贷风险分担方式，一方面，从银行承担风险程度大小由高到低排序为：风险弱化、风险分拆、风险捆绑及风险转移；另一方面，结合目前科技贷款产品的特征，可以发现政府及其相关部门的参与程度从高到低排序为：风险分拆、风险弱化、风险转移与风险捆绑。参考现阶段我国科技金融发展的实际情况，并展望"互联网＋"时代科技贷款"银网合作"的发展趋势，可以发现，政府在科技信贷中的作用举足轻重，"政府引导，商业运作"仍是未来一段时间科技贷款产品创新和发展的一种常态。在政府引导下设计科技信贷风险分担机制时，应综合考虑商业银行的风险偏好，融资手段的可操作性，政府资金杠杆效应的发挥，以及科技型中小企业信贷需求的规模等因素，因此并不能简单孤立的使用某一种风险应对方式，必须整合各类方法以有效应对科技贷款创新产品的相关风险。

（二）打通信贷市场与资本市场连接渠道

银行信贷市场是金融市场结构中的重要组成部分，信贷市场与资本市场的联通不畅将导致金融市场的效率低下，影响金融机构的竞争能力。

随着证券公司进入银行间同业拆借市场，货币市场和资本市场逐步走向连接，尽管目前流向资本市场的资金渠道还不通畅，但是这种趋势已经不可避免。我国的信贷市场与资本市场具有自己的特质，只能在吸收国外模式先进理念的基础上结合中国金融业的特点，研究适合自己的联通模式。

我国的资本市场起步较晚，兼具货币市场工具和资本市场工具的衍生金融产品还不成熟，使得信贷市场与资本市场的联通缺乏交易手段，所以要加大创新金融工具的力度，同时有必要进一步提高资金实力，提高抵御风险的能力，才可以突破市场分割的界限，完善资金配置功能。

综上分析，我国经济发展新常态下，科技金融面临着创新与改革发展的机遇期。本章基于SCP分析范式首先对科技贷款市场现状进行描述，认为信贷市场结构的不合理是导致中小企业融资难、融资贵的重要原因，并且采用以有限理性假设为前提的进化博弈理论作为分析工具，构建了科技贷款产品创新与风险分担进化博弈模型，进而对双方参与主体策略的进化稳定态进行了分析。研究结果发现，商业银行选择创新科技贷款产品策略的基础是新产品所带来的高额收益；政府分担科技信贷风险的基础是科技信贷市场具有一定的活力，且干预行为具有良好的社会效应；在动态博弈过程中，只要有一方参与主体主动选择积极策略，则另一方也会逐步向积极的方向发展。

其次，本章从横向维度系统梳理了我国苏南地区科技贷款产品创新的四种模式，即"银政合作""银保合作""银担合作"和"银投合作"，并结合区域内科技支行的科技贷款创新产品：基金宝、雏鹰贷、三板通和入股选择权，全面阐释了各产品的设计与运行机理。此外，基于"互联网＋"的时代背景，从纵向维度阐明了"银网联动"的科技贷款模式创新与运行流程，并解析了该模式相较于科技贷款横向创新模式的技术优势。

最后，本章结合苏南地区科技支行科技贷款典型产品，综合运用风险弱化、风险转移、风险分拆和风险捆绑，设计了与其创新产品内核相匹配的科技信贷风险分担机制，以提升科技信贷市场的运行效率。实证结果表明，当前政府在科技贷款运行与发展过程中起着关键性的作用，无论上述哪种风险分担方式都离不开政府的参与，且实践结论与进化博弈理论模型推演的结果相一致，即商业银行在科技贷款产品创新过程中得到政府风险分担机制的有效支撑，将促进科技贷款在我国的可持续发展。

本 章 小 结

本章基于科技金融体系的霍尔三维结构模型，重点对科技贷款产品创新与风险分担的效果进行评价。运用 SCP 范式对科技贷款市场进行分析，认为信贷市场结构的不合理是导致中小企业融资难、融资贵的重要原因，解决这一问题的重点是提高资金的可获性和配置效率。进而通过对苏南地区科技支行的实地调研，从横向与纵向两个维度系统梳理科技贷款创新模式及相应产品，并针对其代表性产品分别运用风险弱化、转移、分拆、捆绑的方式，设计基于风险分担机制的科技贷款市场绩效提升策略。

第九章　科技资本市场支持高新技术
产业化发展的效果评价

中国经济在新常态下增速放缓，产业结构性问题突出，中央财经领导小组提出要推进"供给侧结构性改革"，为高新技术企业腾出宝贵的实物资源、信贷资源以及市场空间，高新技术企业的战略地位空前，因此与高新技术企业发展休戚相关的融资方式也引起学者的广泛关注。传统融资方式对于银行的依赖程度过高，而高新技术企业的高风险特性又增大了银行融资难度，所以未来高新技术企业必然会以直接融资为主，向资本市场领域靠近，并倾向于股权融资。

然而，我国科技资本市场作为高新技术企业的重要融资领域，目前其发展存在着以下一些问题。首先，科技资本市场支持高新技术企业的发展更多的是由政府主导，科技资本市场的市场化程度较弱，没有充分发挥市场在资源配置领域的功能。其次，科技型企业的市场战略地位与其在融资领域的弱势状态不相符，没有形成以企业为主体、市场为导向、产学研相结合的科技资本市场支持高新技术产业发展的完整体系。最后，创业板和中小板的高准入门槛使得大部分高新技术企业无法在这两个市场获得帮助，各层次资本市场之间并没有形成相对有效的互补关系，创业板和中小板没有起到主板"孵化器"的作用。

一、科技资本市场支持高新技术产业化发展的文献回顾

国外学者通过研究高新技术企业与资本市场的关系发现：当资金问题成为遏制企业发展的阻力时，通过股权融资是较好的解决办法。卡朋特和彼得森（Carpenter & Petersen，2002）研究结果表明，资本市场上市给高新技术企业带来的大量资金，对促进高新技术企业快速发展至关重要。布朗（Brown）、法扎里（Fazzari）和彼得森（Petersen）等人（2009）运用实证分析法对美国涉及 7 个高科技产业多达 1 300 多家公司进行研究，结果发现美国绝大多数高科技企业从研发阶段到市场化阶段的资金来源都是

股权融资。马丁逊（Martinsson，2010）以欧洲700多家高科技企业为研究对象，重复了布朗等人的实验，得出了相同的结论，这也证明了资本市场对于促进高新技术产业繁荣的作用。早期的高新技术企业主要将资金用于产品或技术研发，资金来源多为内源融资，较少涉及资本市场；初创期的企业内源融资已无法满足其发展需要，可以接受风投或者进入资本市场进行融资，融资场所主要包括产权交易市场和三板市场；成长期的高新技术企业规模迅速扩张，对于资金的需求量也呈指数化增长，此时可以考虑进入更高层次的资本市场进行融资，例如创业板；发展成熟的企业已具有一定生产规模和稳定的盈利能力，可以进入主板市场通过发行股票来融通资金（Allen & Santomero，1998）。

半个多世纪以来，国内学者也对高新技术产业的发展进行了大量研究。王新红（2007）对银行贷款总量和科技贷款总量进行定量研究，发现在银行贷款总量上升的同时，科技贷款总量上升幅度却不能让人满意，这也说明银行贷款不是支撑高新技术产业发展的核心力量。周峰（2008）从企业生命周期角度出发，研究了高新技术企业的融资需求和路径选择，并对我国高新技术企业融资策略给出了对策建议。闻岳春（2013）通过对英美多层次资本市场的研究，指出我国传统融资方式的不足，探索构建我国多层次资本市场的可行之道。麦均洪（2014）从制度安排基础、制度重构和重构对策三个方面切实论证了我国多层次资本市场重构的可能性和可行性。阙澄宇、金珊珊（2013）分析了浙江、山东、四川等省市的科技资本市场对于高新技术产业化的支撑效果，试图得出其中的差异以及产生差异化的因素。

借助以上学者的研究成果，本章将科技资本市场支持高新技术产业化发展的因素进行细分，将科技资本市场的发展规模、股票市场和债券市场等影响因素植入高科技项目产业化发展的过程中，并针对上述三个因素构建科技资本市场支持高新技术产业化发展的效果评价指标体系，深入探究科技资本市场对于高新技术产业化发展的影响机制。同时，本章以南京的生物医药项目、无锡的物联网项目和苏州的新材料项目为例，将网络层次分析法与模糊综合评价法相结合进行实证分析，论证科技资本市场对于高新技术产业化发展的积极作用。最后提出科技资本市场支撑高新技术产业化发展的政策措施。

二、指标体系与集成评价模型构建

（一）指标体系

由高新技术产业发展的协同原理，本研究从多层次科技资本市场的属性，综合考虑发展规模，股票市场和债券市场三个维度对其产业化发展的影响，从而构建科技资本市场支持高新技术产业化发展的效果评价指标体系，如表9-1所示。

表9-1　科技资本市场支持高新技术产业化发展的效果评价指标体系

目标层	准则层	权重	网络层	权重
科技资本市场支持高新技术产业化发展效果评价 A	发展规模　B1	0.540	证券市场交易额（亿元）C1	0.186
			证券托管总市值（亿元）C2	0.107
			客户资产总额（亿元）C3	0.153
			客户交易结算资金（亿元）C4	0.093
	股票市场　B2	0.297	股票发行总股本（亿股）C5	0.105
			上市公司融资总额（亿元）C6	0.072
			上市公司总市值（亿元）C7	0.062
			上市公司净资产收益率（%）C8	0.059
	债券市场　B3	0.163	政府债券发行额（亿元）C9	0.065
			企业债券发行额（亿元）C10	0.043
			金融债券发行额（亿元）C11	0.055

股票市场、证券市场都是资本市场的重要组成部分，因而科技资本市场指标体系准则层包括发展规模、股票市场、债券市场三个部分，网络层由11个变量反映，其发展规模由证券市场交易额、客户资产总额、客户交易结算金额等构成；股票市场的发展通过股票发行总股本、上市公司融资总额、上市公司净资产收益率等指标进行反映，净资产收益率用于衡量股东资金的使用效率，也可以反映出资本市场的有效性；债券市场由政府债券发行额、企业债券发行额、金融债券发行额组成，这三个变量全面反映出债券市场的发展程度。

（二）集成评价方法

本章将网络层次分析法与模糊综合评价法集成，对科技资本市场支持高新技术产业化发展效果进行集成评价，其步骤为：

首先，设立一个由评价指标组成的指标集：$U = \{u_1, u_2, \cdots, u_n\}$；建立效果集，即一个表示评价目标优劣程度的集合：$C = \{c_1, c_2, \cdots, c_m\}$。

其次，考虑评价指标体系各因素间的相互关系，运用网络层次分析法（ANP）确定指标的权向量：$W = (w_1, w_2, \cdots, w_m)$。其中，$w_i$ 为相应指标的权重值。一般情况下，判断矩阵的完全一致性条件很难满足，为了衡量判断矩阵的一致性，Satty 定义了一致性指标 $C.R.$ 用来衡量判断矩阵的一致性条件，当 $C.R. < 0.1$ 时，即认为该判断矩阵可以达到满意一致性。进而求出单个矩阵的特征向量，由特征向量组成超矩阵，将超矩阵的幂次提高至收敛，就可以得出指标的权重值。

最后，构造单因素模糊关系矩阵 $R = \begin{bmatrix} r_{11} & r_{12} & \cdots & r_{1n} \\ r_{21} & r_{22} & \cdots & r_{2n} \\ \cdots & \cdots & \cdots & \cdots \\ r_{m1} & r_{m2} & \cdots & r_{mn} \end{bmatrix}$，其中

$R_i = [r_{i1}, r_{i2}, \cdots, r_{in}]$ 是对第 i 个因素评价的模糊关系矩阵；为了吸收各因素的信息，构建加权平均型模糊综合评判模型：$M(\cdot, \oplus) = \sum_{i=1}^{n}(W_i \cdot r_{mn})$，计算综合评判矩阵 A。

$$A = W \cdot R = [w_1, w_2, \cdots, w_m] \cdot \begin{bmatrix} r_{11} & r_{12} & \cdots & r_{1n} \\ r_{21} & r_{22} & \cdots & r_{2n} \\ \cdots & \cdots & \cdots & \cdots \\ r_{m1} & r_{m2} & \cdots & r_{mn} \end{bmatrix}。$$

本章构建科技资本市场支持高新技术产业化发展的效果评价指标体系，选用模糊数学的加权平均模型，并利用基于网络层次分析法计算权重的模糊综合评价法对科技资本市场支持高新技术产业化发展的效果进行评价，因素模糊矩阵提供的信息能得到充分利用，而且可以将多级评断化为一级评判，从而使评判过程得以简化。

三、实证分析

依据表 9 - 1 评价指标体系，在确定相关指标权重时采用了 ANP 方法，将各因素两两比较其重要性，并引入 1 至 9 标示的评分标准。在实地调研中，将结构化问卷与半结构访谈两种形式混合使用，以提高调研效率。从 2016 年 12 月至 2017 年 2 月，主要对江苏省生物医药、物联网和新材料三大高新技术产业的企业基层管理者及相关领域的专家发放问卷，进行问卷调查。为保证调查人员对高新技术产业化的了解程度，调查对象均为具有两年以上相关工作经验的人员，以保证调查结果的有效性。此外，课题组成员全程参与现场访谈、电话或 E - mail 等形式的调查，从而提高了此次调研的质量。此次调研共发放问卷 200 份，回收 183 份，有效率高

达 98.36%。经过多轮调研，人员应答反馈结果的概率分布接近正态分布，因而回复结果较为满意。最后将调查结果分类汇总，将估计值的平均值作为指标比较值的最终取值。

采用层次分析法（AHP）以确定指标值的权重。由于指标间是独立关系，只要比较各子准则元素之间的相对重要性即可。例如，目标层中包含三个准则：发展规模 B1、股票市场 B2 和债券市场 B3，只要计算相对于其控制层科技资本市场支持高新技术产业化发展效果评价的权重即可，所得到的判断矩阵如表 9 - 2 所示。

表 9 - 2　　科技资本市场支持高新技术产业化发展评价准则层判断矩阵

影响因素	B1	B2	B3	权重
B1	1	2	3	0.540
B2	1/2	1	2	0.297
B3	1/3	1/2	1	0.163

C. R. = 0.0083 < 0.1 判断矩阵具有满意的一致性

为了充分体现内部元素之间存在的相互依存关系，不仅需要纵向比较分析判断矩阵相对于上层元素的重要性，还需要对不同准则元素横向比较其重要性。例如，在科技资本市场发展规模的准则层下有四个衡量指标：证券市场交易额 C1、证券托管总市值 C2、客户资产总额 C3 和客户交易结算资金 C4，四个指标之间存在相互依存关系，因此不仅要比较四者对项目产业化投入的重要性，还需比较它们相互之间的重要性。如在证券市场交易额准则下还要比较证券托管总市值，客户资产总额和客户交易结算资金的重要度，各指标的相互影响程度具体如表 9 - 3 所示。

表 9 - 3　　　　市场发展规模中证券市场交易额下的判断矩阵

C1	C2	C3	C4	权重
C2	1	2	1	0.412
C3	1/2	1	1	0.261
C4	1	1	1	0.327

C. R. = 0.0316 < 0.1 判断矩阵具有满意的一致性

把科技资本市场支持高新技术产业化发展评估指标体系中指标间相互关

系的影响权重值组成矩阵，就可以得到 ANP 超矩阵，进而由 Super Decision 软件包计算出该指标体系的加权超矩阵和极限超矩阵，整理数据得到指标的混合权重值，具体结果如表 9 - 1 所示。

由表 9 - 1 的科技资本市场对高新技术产业化发展的评价指标权重可以看出，在发展规模中，证券市场交易额（C1）所占权重为 0. 186，数值最大，因而其对发展规模的影响也是最大的。同样，股票发行总股本（C5）对股票市场影响较大，政府债券发行额（C9）对债券市场影响较大，所以，证券市场交易额（C1）、股票发行总股本（C5）、政府债券发行额（C9）构成科技资本市场影响高新技术产业化发展的关键指标，其余变量构成普通指标。关键指标由于指标值所占比重较大，因而优化提高该指标对高新技术产业化发展有重大影响，在研究中也应重点关注关键指标的变动情况。

进一步评估江苏省科技资本市场支持下的生物医药、物联网和新材料三种类型高新技术产业化发展效果。首先设立评价集并赋值：C = [很好，好，较好，一般，差]，进而对江苏省三类高新技术产业化发展效果评价分析，得出的单因素评价矩阵结果进行整理，具体如表 9 - 4 所示。

表 9 - 4　科技资本市场支持高新技术产业化发展效果单因素评价矩阵值

因素/评价	很好	好	较好	一般	差
生物医药 （B1，B2，B3）	(0. 3, 0. 25, 0. 35)	(0. 2, 0. 2, 0. 3)	(0. 2, 0. 2, 0. 2)	(0. 15, 0. 2, 0. 15)	(0. 15, 0. 15, 0)
物联网 （B1，B2，B3）	(0. 2, 0. 5, 0. 2)	(0. 4, 0. 3, 0. 3)	(0. 3, 0. 1, 0. 4)	(0. 1, 0. 1, 0. 1)	(0, 0, 0)
新材料 （B1，B2，B3）	(0. 1, 0. 3, 0. 35)	(0. 3, 0. 3, 0. 35)	(0. 4, 0. 2, 0. 2)	(0. 1, 0. 2, 0. 1)	(0. 1, 0, 0)

将加权平均型综合评价模型运用于模糊矩阵所得评价结果为：A1 = [0. 286，0. 190，0. 190，0. 190，0. 143]，A2 = [0. 271，0. 365，0. 273，0. 091，0]，A3 = [0. 223，0. 231，0. 308，0. 154，0. 077]。由最大隶属度原则可知，江苏省科技资本市场支持下的生物医药产业化发展效果为"很好"，物联网产业化发展效果为"好"，新材料产业化发展效果为"较好"。

由以上所得模糊综合评价结果可以看出，在现有科技资本市场的支撑下，江苏省生物医药产业化发展效果最好。例如，在对南京市生物医药谷的建设与发展中，科技资本市场在权益与债务资本的投入方面都给予了最大限度地支持，同时也可以看出江苏省很重视对高新技术企业发展的扶持。随着网络革命创新时代的到来，物联网逐渐走入大众的视野，目前江苏省无锡市高新区高度重视物联网产业的发展，并对其发展制定更加明晰的商业模式，政府也出台多个加速其发展的政策，使物联网产业化发展进入强势跨越期，但由于该产业具有较强的创新性、物联网产业化的技术路线还不清晰等因素，使得物联网产业化的发展并不顺畅。由于江苏省苏州高新区的传统材料产业正在经历着转型与淘汰，因此在其项目产业化发展中存在较多的问题，从而影响了该产业的发展效果。

从整体上分析，江苏省科技资本市场推动高新技术产业化发展效果总体评价令人满意。此外，在资金、人员与技术等方面的投入，以及政府对高新技术产业发展的重视程度对江苏省高新技术产业化发展具有很大的提升作用，使其在实现可持续发展的同时，综合竞争力的发展也遥遥领先。

四、科技资本市场支持高新技术产业化发展的政策措施

本章创建了科技资本市场支持高新技术产业化发展的效果评价指标体系，并建立 ANP－FCE 集成评价模型，对科技资本市场支持高新技术产业化发展的效果进行综合评价，并且对江苏省内的高新技术产业进行实地调研，运用网络层次分析法对科技资本市场支持高新技术产业化发展的效果评价指标体系中的因素进行比较，筛选出重点因素，同时运用模糊综合评价法对江苏省三类代表性高新技术产业化发展进行实证分析，结果显示科技资本市场对于江苏省生物医药产业化的推动作用最好，物联网产业化发展效果稍落下风，新材料产业化发展相对落后。但总体而言，科技资本市场对江苏省内高新技术产业化发展的推动效果较好。

我国经济进入"新常态"后，产业结构性改革使得高新技术企业在整个经济体系中的战略地位提升，未来经济对于高新技术产业的倚重程度会越来越高。本章从科技资本市场出发，就如何提升科技资本市场支持高新技术产业化发展的效果，给出以下建议：

第一，从政策层面对高新技术企业进行支持，加强政府在科技资本市场的宏观调控作用，建立健全相关领域的法律法规，提供有利于高新技术产业发展的政策环境。现阶段科技资本市场支持高新技术产业发展更多的是由政府主导，这种做法从短期来看提升了相关行业的帮扶效率，但从长期来看，无疑弱化了市场本身的资源配置功能，因而政府的功能定位应该是宏观调控而不是市场干预。在法律层面，政府应完善现有法律法规，为高新技术产业融资提供法律支持。此外，对于高新技术企业来说，一定程

度的税收优惠和资金补贴政策，可以帮助其更好地成长。

第二，建立完善科技资本市场的金融服务机构，促进金融创新，探索科技资本市场与高新技术产业更好地对接模式，让科技金融更好地服务于实体经济。发展专营性的金融服务机构可以提升科技资本市场服务高新技术行业的效率，例如在贷款、担保、保险等领域设立面向高新技术产业的专属服务机构，不仅可以加速高新技术产业的发展，同时还可以促进科技金融体系的构建。此外，通过金融创新开发出与高新技术产业风险系数相匹配的金融产品，可以让社会资本向高新技术行业倾斜，分担科技资本市场的压力。同时，各层次科技资本市场之间的协同配合可以发挥出一加一大于二的效果。

第三，完善高新技术企业的内部架构，重视人才的培养与引进，加强与同业之间的交流与合作。高新技术企业在科技资本市场融资难，很大一部分原因是因为自身组织架构不合理，信息披露制度不完善等造成的信息不对称问题，高新技术企业想要发展壮大，科学的公司管理经营体系必不可少。高新技术企业之所以成为经济发展的重心，归根结底在于其创新能力，因此高科技企业既要开展企业内部的人才培养计划，也要注意人才的引进，同时应加强与同业之间的交流，发挥各自的优势，并形成互补。

本 章 小 结

本章基于科技金融体系的霍尔三维结构模型，重点对科技资本市场支持高新技术产业化发展的效果进行评价。首先构建科技资本市场支持高新技术产业化发展的效果评价指标体系，将网络层次分析法与模糊综合评价法相结合，其次实证评价了江苏省科技资本市场支持生物医药、物联网和新材料产业化发展的效果。最后，从政策层面、金融服务机构层面和企业组织架构层面提出科技资本市场支持高新技术产业化发展的政策建议。

第十章 科技保险运行效果及其影响因素评价

2006年底，在加快推进区域自主创新能力的宏观背景下，中国保监会和国家科技部联合正式启动了科技保险工作，以期提出应对高新技术企业创新风险的新方法。在贯彻"先试点，后推广"的原则下，认定了北京、天津、武汉、深圳、重庆和苏州高新区"五市一区"作为全国第一批科技保险试点城市（区）。作为科技和金融相结合的创新业务，科技保险可以有效降低和转嫁企业在自主创新过程中的各类风险，解决企业在经营和创新过程中的后顾之忧，激发企业的创新意识。由于高新技术的研发，往往有投入大而收益不确定的特点，而保险公司的介入在一定程度上打消了投资者的顾虑，对畅通融资渠道起到一定作用。此外，科技保险政策的实施，不仅能激发中小高新技术企业参与保险的热情，也凸显出政府为高新技术产业平稳健康发展的服务意识，因此其理论方面的研究在现阶段具有较强的应用价值。

一、科技保险相关文献回顾

（一）科技保险的概念

国外并无"科技保险"这一明确概念，而国内有部分学者对科技保险的概念进行了界定。谢科范（1996）从保险标的角度认为，科技保险是以科技活动作为保险标的的险种。刘燕华（2007）指出企业就某一科技活动向保险人投保，支付一定的保险金，一旦科技开发活动失败，则保险人向被保险人（企业）支付一定数量的赔偿金。张缨（2002）从经济制度角度认为，科技保险是一大类防范技术创新（科技活动）风险的经济制度，它是为了科技活动能够顺利、安定进行，运用社会多数单位集体的力量，按大数定理作合理计算筹建风险基金，对科技活动中发生的风险予以补偿或给付，使其可以继续从事创新的经济活动。陈雨露（2007）、刘如海等人（2007）将科技保险的概念定义为：科技保险是指为了规避科研开发过程中由于诸多不确定的外部影响而导致科研开发项目失败、中止、达不到预期的风险而设置的保险。辜毅（2007）认为科技保险是对在高新技术创新过程中遭遇风险所造成的损失承担赔偿责任的新型保险品种，它对促进企业高新技术创新，掌握核心技术，提高核心竞争力有着不可估量的作用。邵学清（2007）从时序角度将科技保险定义为：为了规避在研究开发、科技成果转化、科技产品推广等过程中，由于内部能力的局限和诸多不确定外部因素的影响，而导致科技活动失败、中止、达不到预期目标的风险而设置的保险。吕文栋、赵杨、彭彬（2008）从险种集成性角度将科技保险区别于一般人身财产保险，定性为一种具有集成性、弱可保性、正外部性以及严重的信息不对称性的保险。同时，按照时序将科技风险划分为科技研发风险、成果转化风险和市场风险。

（二）科技保险的模式与体系构建

美国普遍采用两种方式以通过商业保险手段帮助企业转移技术创新活动风险，一种方式是提供单独险种规避技术创新活动中特定的风险，如知识产权保险（或专利保险）可以转移侵权风险，过失与疏忽保险可以转移责任风险，网络保险可以转移与电子信息安全有关的风险等。另一种方式是向某一类从事特殊技术创新活动的行业提供组合式的保险服务，如向电子信息行业、生命科学行业等提供定制的保险解决方案。

国内针对科技保险实施的多样性与复杂性，一方面从保险公司开展科技保险的角度，谢科范、倪曙光（1996）提出科技保险的四种模式：投保—理赔型、担保型、半参与型以及全参与型模式，并建设性地阐述了科技保险"三步走"的战略措施。刘骅、谢科范（2009）指出担保型、半参与型和全参与型模式将是未来科技保险运行的发展方向。孙珊（2008）则将科技保险划分为常规保险型、担保保险型和保险投资型三种模式。辜毅（2007）、刘燕华（2007）认为应当注重核保理赔环节，构建新型的保险理赔模式。王剑锐、陈培忠（2007）则认为由于科技活动和与之相关风险的特殊性，科技保险推动工作应采取"政府引导、商业运作"的模式。任伟、胡安周（1997）提出，我国科技保险的发展应分成三个阶段。第一阶段先针对一些稳定性强、风险不大的领域开设保险业务，如技术转让保险、新产品质量信誉保险、新产品中试保险、新产品投产阶段保险、农业技术推广保险以及专利费代交等；第二阶段将保险业务进行扩展，对风险大的领域与活动进行保险，如企业技术改造综合保险、企业技术引进保险、技术开发项目全过程或阶段保险、科技贷款保险、科技人员保险、风险企业与高新技术企业总体保险、农业科技集团承包保险以及企业技术开发承包保险等；第三阶段逐步过渡到以风险投资为主，其他方式并存的科技保险体系。

另一方面是从政府参与科技保险运行的角度。邵学清（2007）认为政府介入科技保险市场的方式有以下三种：第一是政府主办、政府经营模式，在该模式下，政府成立科技保险公司，并提供所有科技保险经营费用、超额赔付等；第二是政府主办、商业保险公司代理经营模式，该模式要求政府提供保单和代办费用，委托有经营经验和能力的保险公司代办科技保险业务，统筹收取保费和给予赔付，并将积余存入准备金或交付政府。在这种模式下，政府承担所有风险，代办保险公司只收取代办费用并不享受其他任何利益；第三是政府主导下的商业运作模式，即保险公司按市场经济原则来自主经营，以利润最大化为经营目标，自负盈亏、自我约束、自我平衡的运作模式，这种模式政府不承担风险，但提供保险制度设计、保险险种设计、税收优惠或财政补贴等支持，他还指出第三种模式是比较适合我国国情的模式。蔡永清（2011）则认为前两种模式属于政府主持模式，第三种模式是政府主导模式。刘骅、谢科范（2009）指出在"政府引导，商业化运作"的机制下，应鼓励科技保险中介机构的建立和发展。

在科技保险运行原则研究方面，刘燕华（2007）认为科技保险应该充分考虑以下原则：坚持政府引导与市场推动相结合的原则；坚持以服务科技创新为主，兼顾相关风险分担的原则；坚持先试点、后推广的原则。邵学清、刘志春（2007）认为科技保险属于政策性保险，它不是以营利为目的，因此在科技保险的起步阶段必须坚持以下三条原则：第一，坚持保费低、保障低、险种简易、操作简单的原则；第二，坚持以服务科技创新为主，兼顾相关风险分担的原则。政策性保险主要服务于特殊科技保险需求，而不是一般科技保险需求；第三，政府主导，广泛吸收多方主体参与的原则，政府的财力和管理精力有限，更多地吸引其他银行、风险投资、基金等机构来参与科技风险的分担是必要的，也是有效的。

就科技保险体系的构建而言，大多数学者都认为应当丰富科技保险产品体系，如张缨（2002）、王和（2008）及李树利（2009）在对可保技术创新风险类型进行分析的基础之上，提出科技保险体系是一大类防范技术创新（科技活动）风险的经济制度，具体包括科学技术开发保险、技术成果交易保险、科技成果推广保险、新产品质量保险和责任保险、专利费代交等。

二、首批试点城市（区）科技保险实施绩效评价指标体系的建立

根据灰色系统理论，基于灰色关联的绩效评价方法：第一，建立评价指标体系 $w_i(k)$。鉴于灰色系统信息不完全的实际，这些指标可以是定量的，也可以是定性的，但定性指标必须经过映射方法转换为定量指标，例如"试点城市（区）科技保险分摊风险的及时效度"是定性指标，需要用诸如"单位时间内试点城市（区）科技保险出险理赔数"这样的定量指标来映射。这些指标是具有极性的，在指标极性中，max 为极大值目标，即指标值越大越好；min 为极小值目标，即指标值越小越好；mem 为适中值目标，即指标值不能太小或太大。例如，"科技保险试点城市（区）投保企业数"越大，说明第一批科技保险试点城市（区）中企业参与的积极性越高，该指标从极性上讲就是极大值目标；而"科技保险试点城市（区）险种财政最高补贴比例"并不一定是越大越好，但也不能太小，因为该指标值过小说明目前地区政府在推动科技保险实施过程中的力度不够，该指标值太大说明政府可能给予的支持力度过大，将会影响企业参与科技保险的后续积极性，所以，该指标从极性上讲就是适中值目标。第二，根据评价指标体系，测量相关指标值，并利用这一系列指标值建立标准参考值序列（又称为"靶心序列"）w_0，各评价对象的指标值分别与这个标准参考值序列中相应的各值进行比较，也就是计算靶心系数 Δ_{0i}，每个评价对象中各个指标值与标准参考值序列之间的距离就是靶心度 $\gamma(x_0, x_i)$。第三，根据各个评价对象的靶心度 γ 的数值，对各个对象相对靶心的距离进行分级排序。如果按照极大值的极性目标比较，则相对靶心距离越远的评价对象其排序越靠前；反之，则相对靶心距离越近的评价对象其排序越靠前；如果按照适中值目标比较，则相对靶心距离居中的评价对象其排序越靠前。第四，根据各个评价对象的靶心度 γ 的排序结果以及分级区间，判断各个评价对象的绩效，排序越靠前，绩效则越好。

对于绩效评价指标的选择，需要从结果和行为（过程）两个方面来考虑。具体到试点城市（区）科技保险工作而言，实施的结果主要体现为首批试点城市（区）科技保险投保企业数、科技保险投保金额、企业参与科技保险缴纳保费总额；实施的行为（过程）主要表现为首批试点城市（区）政府财政补贴科技保险总额、政府针对某一险种规定的财政补贴最高比例、科技保险出险理赔数以及出险后赔付金总额。关于绩效指标的测量方法，采用结果评定和行为评定。由于试点城市（区）科技保险实施是一个复杂的过程，能够收集的数据信息非常有限，在此情况下，采用灰色

关联评价方法就具有天然的优势。

本章选择首批试点城市（区）科技保险实施的绩效评价指标体系如表10-1所示。表10-1同时说明了各指标对试点城市（区）科技保险实施绩效的影响程度，给出指标的定义、计算方法以及极性。对部分定性指标本章采用灰色理论常用的映射方法，将其转换为定量指标，以保证评价的客观性。

表10-1 　　　　　　　基于灰色关联的科技保险实施绩效评价指标体系

序号	指标名称	指标说明	指标定义（计算方法）	指标极性
1	投保企业数（家）	反映地方企业参与科技保险的积极性	单位时间内试点城市（区）投保科技保险的企业数量	极大
2	投保金额（亿元）	反映地方企业参与科技保险可转移的风险度	单位时间内试点城市（区）投保科技保险的投保总额	极大
3	缴纳保费（万元）	反映地方企业参与科技保险的规模量	单位时间内试点城市（区）投保科技保险企业缴纳的保险费用总额	极大
4	财政补贴额（万元）	反映地方政府对科技保险扶持的规模量	单位时间内试点城市（区）政府财政补贴科技保险实施的补贴金总额	适中
5	财政最高补贴比例（%）	反映地方政府对科技保险扶持的力度	单位时间内试点城市（区）政府针对某一险种规定的财政补贴最高比例	适中
6	分摊风险的及时效度	反映地方科技保险实施中的出险-理赔状况	单位时间内试点城市（区）科技保险出险理赔数	适中
7	出险赔付金额（万元）	反映地方科技保险实施过程中的反馈效果	单位时间内试点城市（区）科技保险出险后赔付金总额	适中

三、基于灰色关联的首批试点城市（区）科技保险实施绩效评价

（一）确定试点城市（区）科技保险实施绩效评价指标基本值

本章选择2006年起我国第一批试行科技保险的5市1区作为研究对象，在收集了上述6城市（区）2006～2008年科技保险推进工作统计数据的基础上，对表10-1所确定的评价指标进行整理，得出测算首批试点城市（区）科技保险实施绩效指标的基本值，如表10-2所示。

表 10 - 2   首批试点城市（区）科技保险实施绩效评价指标基本值

指标	北京	天津	武汉	深圳	重庆	苏州（高新区）	指标极性
1	27	6	21	31	8	9	max（极大）
2	14.92	1.53	6.36	82.62	2.44	5.00	max（极大）
3	3 125.57	200.10	335.38	8 123.08	52.28	219.70	max（极大）
4	0	20.26	134	189.80	31.36	31.24	mem（适中）
5	0	50	100	50	60	50	mem（适中）
6	0	0	0	0	2	1	mem（适中）
7	0	0	0	0	5.98	0.38	mem（适中）

注：研究整理，其中美元按 1 美元 = 7.5 元人民币换算。

（二）进行灰色关联评价

7 个指标记为 $w_i(k)$，（$i = 1，2，3，4，5，6$；$k = 1，2，3，4，5，6，7$）表示第 i 个城市（区）的第 k 个指标。

（1）计算靶心序列。计算靶心序列的目的是确定绩效比较指标的标准参考值序列，通过表 10 - 2 确定的靶心序列为：

$$w_0 = (w_0(1)，w_0(2)，w_0(3)，w_0(4)，w_0(5)，w_0(6)，w_0(7)) =$$
$$(31，82.62，8123.08，67.78，52，0.5，1.06)。$$

（2）进行灰靶变换。进行灰靶变换是以靶心序列为标准将各个城市（区）的绩效比较指标值转化为可以相互比较的相对值，以便于靶心系数的计算。以下均采用极大值比较法，极小值序列和适中值序列通过极性变换，转换为极大值序列，以便应用下述计算原理：若 $Tw_i(k) = x_i = \dfrac{\min\{w_i(k)，w_0(k)\}}{\max\{w_i(k)，w_0(k)\}}$，（$i = 1，2，3，4，5，6$；$k = 1，2，3，4，5，6，7$），则 T 为灰靶变换。在此确定标准靶心为：$Tw_0 = x_0 = (1.0000，1.0000，1.0000，1.0000，1.0000，1.0000，1.0000)$，从而计算灰靶可得 $Tw_i(k) = x_i$ 的值。

（3）计算靶心系数、靶心度。首先，确定首批试点城市（区）科技保险实施绩效各个指标相对值与标准参考相对值序列的距离，得到靶心系数 $\Delta_{0i}(k)$，具体值如表 10 - 3 所示；然后，在该靶心系数的基础上计算靶心度。由靶心系数的计算过程可知：$\min\limits_{i}\min\limits_{k}|x_0(k) - x_i(k)| = 0$，$\max\limits_{i}\max\limits_{k}|x_0(k) - x_i(k)| = 1$。单个指标靶心度的计算公式为：

$$\gamma(x_0(k),\ x_i(k)) = \frac{\min_i\min_k|x_0(k)-x_i(k)| + 0.5\max_i\max_k|x_0(k)-x_i(k)|}{|x_0(k)-x_i(k)| + 0.5\max_i\max_k|x_0(k)-x_i(k)|}$$

$$= \frac{0 + 0.5 \times 1}{\Delta_{0i}(k) + 0.5 \times 1} \tag{10-1}$$

式（10 - 1）中，$\Delta_{0i}(k)$ 为靶心系数，0.5 为分辨系数，分别代入 i、k 后得到各靶心度的值。此处列出模型灰靶变换，靶心系数以及靶心度的具体值，如表 10 - 3 所示。

表 10 - 3   模型变换中各参数值

	灰靶变换值 ($Tw_i(k)=x_i$)	靶心系数 ($\Delta_{0i}=\|x_0(k)-x_i(k)\|$)	靶心度 ($\gamma(x_0,\ x_i)$)
1	(0.8710, 0.1806, 0.3848, 0, 0, 0, 0)	(0.1290, 0.8194, 0.6152, 1.0000, 1.0000, 1.0000, 1.0000)	0.4222
2	(0.1936, 0.0185, 0.0246, 0.2989, 0.9615, 0, 0)	(0.8065, 0.9815, 0.9754, 0.7011, 0.0385, 1.0000, 1.0000)	0.4387
3	(0.6774, 0.0770, 0.0413, 0.5058, 0.5200, 0, 0)	(0.3226, 0.9230, 0.9587, 0.4942, 0.4800, 1.0000, 1.0000)	0.4260
4	(1.0000, 1.0000, 1.0000, 0.3571, 0.9615, 0, 0)	(0, 0, 0, 0.6429, 0.0385, 1.0000, 1.0000)	0.7190
5	(0.2581, 0.0295, 0.0064, 0.4627, 0.8667, 0.2500, 0.1773)	(0.7419, 0.9705, 0.9936, 0.5373, 0.1333, 0.7500, 0.8227)	0.4467
6	(0.2903, 0.0605, 0.0271, 0.4609, 0.9615, 0.5000, 0.3585)	(0.7097, 0.9395, 0.9730, 0.5391, 0.0385, 0.5000, 0.6415)	0.4926

由表 10 - 3 可知，$\gamma(x_0,\ x_4) > \gamma(x_0,\ x_6) > \gamma(x_0,\ x_5) > \gamma(x_0,\ x_2) > \gamma(x_0,\ x_3) > \gamma(x_0,\ x_1)$，所以，上述首批试点城市（区）科技保险实施绩效的靶心度排序为：$\gamma_4 > \gamma_6 > \gamma_5 > \gamma_2 > \gamma_3 > \gamma_1$。

（4）根据靶心度分级确定首批试点城市（区）科技保险实施绩效排序情况。根据最小信息原理，并且分辨系数为 0.5 时，靶心度可以做如下分级：[0.9, 1] 为第 1 级；[0.8, 0.9] 为第 2 级；[0.7, 0.8] 为第 3 级；[0.6, 0.7] 为第 4 级；[0.5, 0.6] 为第 5 级；[0.4, 0.5] 为第 6 级；[0.3333, 0.4] 为第 7 级。这样，北京、天津、武汉、重庆和苏州高新区靶心度均属第 6 级；深圳市靶心度 γ_4 为 0.7190，属第 3 级。

通过上述灰色关联分析，可以判断：深圳市科技保险实施绩效相较而言最好。一方面，深圳市科技保险工作起步早，各项准备工作充分。早在

2007 年初，深圳市科技局在联合深圳保监局向国家科技部、中国保监会申请深圳开展科技保险创新试点工作的同时，就已与华泰保险深圳分公司、中国出口信用保险公司深圳分公司建立了紧密的工作关系。另一方面，政策保障措施得力。深圳市各有关单位通过加强协作，在科技部和中国保监会的指导和支持下，加强宣传和推介的力度，结合高新技术产业的特点，探索发现科技保险工作的新规律，完善相关政策措施，使科技保险切实起到了为高新技术企业自主创新保驾护航的作用。苏州高新区、重庆、天津、武汉及北京市的科技保险实施绩效处于同一水平，排在最后的北京市科技保险开展工作目前存在问题相对较多，需要引起主管部门的重视。虽然北京地区企业深入了解科技保险的热情很高，但政府对科技保险的推动力仍显不足，特别是北京地区科技保险的配套政策《科技保险专项资金管理办法》在 2008 年上半年时仍未出台，导致很多企业对科技保险产品仍持观望态度。有保险需求的大型科技企业已投保了相应的常规保险，在没有政策支持的情况下，不愿意重新办理科技保险；成本控制严格的中小型科技企业，保险意识淡薄，在没有政策支持的情况下，不愿意办理科技保险。因此，在科技保险这一新鲜事物试点推行阶段，作为一种政策与商业结合性保险，政策扶持力度的大小将在相当程度上影响地区科技保险工作实施的效度。

四、影响首批试点城市（区）科技保险实施绩效的因素分析

为了分析各指标对绩效的影响程度，本章根据灰色关联评价方法展开进一步分析。主要步骤是：第一，建立绩效命题 $\phi(\theta)$，实质是定义改进绩效的指标体系。第二，建立指标序列集 v，即由各个现实的指标值 $\omega(k)$ 组成的序列。第三，定义贡献因子集@$_{GRF}$，即建立各个指标对绩效贡献比较的标准目标序列 $\omega(0)$，对各个指标的极性进行转换，建立便于横向比较的 $\xi(k)$ 指标相对值序列（或称贡献因子序列）。第四，计算各个指标序列与标准目标序列之间的差异，形成差异信息空间 $\Delta(0, k)$，即各个指标与标准目标序列的相对距离集合。第五，根据差异信息空间 $\Delta(0, k)$，计算各个指标值与标准目标指标值之间的距离，即靶心度，或称指标的贡献程度，亦即 $\gamma(x_i(0), x_i(k))$。第六，根据靶心度的大小，将各个指标（也就是贡献因子）根据贡献程度进行排序比较，如果按照极性最大值目标考虑，贡献度越大，说明该指标对于绩效的影响越大，也就是该指标越重要，经此判断影响绩效的主要因素和次要因素。这里仍采用影响首批试点城市（区）科技保险实施绩效的 7 个指标及整理过的 5 市 1 区的相关数

据进行分析。

（一）影响首批试点城市（区）科技保险实施绩效的因素重要性排序计算

（1）建立绩效命题。具体首批试点城市（区）科技保险实施绩效命题（$\phi(\theta)$）如表 10 - 4 所示。

表 10 - 4　　首批试点城市（区）科技保险实施绩效命题（$\phi(\theta)$）

指标代码	指标定义	指标极性
$\phi_1(\theta)$	投保企业数（家）	$\phi_1(\theta) \in POL(\max)$
$\phi_2(\theta)$	投保金额（亿元）	$\phi_2(\theta) \in POL(\max)$
$\phi_3(\theta)$	缴纳保费（万元）	$\phi_3(\theta) \in POL(\max)$
$\phi_4(\theta)$	财政补贴额（万元）	$\phi_4(\theta) \in POL(mem)$
$\phi_5(\theta)$	财政最高补贴比例（%）	$\phi_5(\theta) \in POL(mem)$
$\phi_6(\theta)$	分摊风险的及时效度	$\phi_6(\theta) \in POL(mem)$
$\phi_7(\theta)$	出险赔付金额（万元）	$\phi_7(\theta) \in POL(mem)$

（2）建立指标序列集 v。指标序列集可以表示为：$v = \{\omega(k) \mid K, K = \{1, 2, 3, 4, 5, 6, 7\}\}$，即把表 10 - 2 中首批试点城市（区）科技保险实施绩效评价指标基本值按照指标名称重新排列：$\omega(1) = (27, 6, 21, 31, 8, 9)$，$\omega(2) = (14.92, 1.53, 6.36, 82.62, 2.44, 5.00)$，$\omega(3) = (3\ 125.57, 200.10, 335.38, 8\ 123.08, 52.28, 219.70)$，$\omega(4) = (0, 20.26, 134, 189.80, 31.36, 31.24)$，$\omega(5) = (0, 50, 100, 50, 60, 50)$，$\omega(6) = (0, 0, 0, 0, 2, 1)$，$\omega(7) = (0, 0, 0, 0, 5.98, 0.38)$。

（3）定义贡献因子集 $@_{GRF}$。首先，列出影响首批试点城市（区）科技保险实施绩效的主要因素：$@_{GRF} = \{\xi(k) \mid k \in K \cup \{0\}, K = \{1, 2, 3, 4, 5, 6, 7\}\}$，并进行极性转换。其次，根据灰靶贡献度相关定理，定义标准目标序列 $\omega(0)$。令 $\omega(0)$ 为单极性序列：

$$\omega(0) = (\omega_1(0), \omega_2(0), \cdots, \omega_m(0)), i \in I = \{1, 2, \cdots, m\},$$

$$\forall \omega_i(0) \in \omega(0) \Rightarrow i \in I = \{1, 2, \cdots, m\}, \text{当 } \omega_i(0) = i, i \in I, POL\omega(0) \in POL(\min)。$$

于是，本章中有：$\omega(0) = (\omega_1(0), \omega_2(0), \omega_3(0), \omega_4(0), \omega_5(0), \omega_6(0)) = (1, 2, 3, 4, 5, 6)$。最后，进行极性转换（均转换为极大值序列），建立标准目标相对值序列和各个指标相对值序列：

$$x(0) = T_l\omega(0) = (T_l\omega_1(0), T_l\omega_2(0), T_l\omega_3(0), T_l\omega_4(0), T_l\omega_5(0), T_l\omega_6(0))$$

$$= \left[\frac{\min\limits_i\omega_i(0)}{\omega_1(0)}, \frac{\min\limits_i\omega_i(0)}{\omega_2(0)}, \cdots, \frac{\min\limits_i\omega_i(0)}{\omega_6(0)}\right] = \left[\frac{1}{1}, \frac{1}{2}, \frac{1}{3}, \frac{1}{4}, \frac{1}{5}, \frac{1}{6}\right]$$

$$= (1.0000, 0.5000, 0.3333, 0.2500, 0.2000, 0.1667)。$$

同理，可得各指标相对值序列：$x(1) = (0.2222, 1.0000, 0.2857, 0.1936,$ $0.7500, 0.6667)$，$x(2) = (0.1026, 1.0000, 0.2406, 0.0185, 0.6271,$ $0.3060)$，$x(3) = (0.0167, 0.2613, 0.1559, 0.0064, 1.0000, 0.2380)$，$x(4) = x(5) = x(6) = x(7) = (0, 0, 0, 0, 0, 0)$。

（4）求取灰色关联差异信息空间。即计算各个指标序列与标准目标序列的相对距离集合，为计算各影响因素的贡献度提供依据，得：$\Delta(0, 1) = (0.7778, 0.5000, 0.0476, 0.0565, 0.5500, 0.5000)$，$\Delta(0, 2) = (0.8975, 0.5000, 0.0928, 0.2315, 0.4271, 0.1393)$，$\Delta(0, 3) = (0.9833, 0.2387, 0.1775, 0.2436, 0.8000, 0.0713)$，$\Delta(0, 4) = \Delta(0, 5) = \Delta(0, 6) = \Delta(0, 7) = (1.0000, 0.5000, 0.3333, 0.2500, 0.2000, 0.1667)$。

（5）计算各指标对于首批试点城市（区）科技保险实施绩效的贡献程度。由式（10-1），计算各指标的贡献程度即靶心度，得：

$$\gamma(x(0), x(1)) = \frac{1}{6}\sum_{i=1}^{6}\gamma(x_i(0), x_i(1)) = 0.6132。$$ 通过相关计算后，同理可得：

$\gamma(x(0), x(2)) = 0.6177$，

$\gamma(x(0), x(3)) = 0.6140$，

$\gamma(x(0), x(4)) = \gamma(x(0), x(5)) = \gamma(x(0), x(6)) = \gamma(x(0), x(7)) = 0.5941$。

（6）对靶心度进行分级，以确定各个影响因素对于首批试点城市（区）科技保险实施绩效的贡献程度。根据最小信息原理，并且分辨系数为0.5时，靶心度依次可分为7级，各个指标的分级结果见表10-5。

表10-5　首批试点城市（区）科技保险实施绩效7指标所属级别

指标序号	指标内容	级别
指标2	投保金额（亿元）	第4级，（[0.6, 0.7]）
指标3	缴纳保费（万元）	第4级，（[0.6, 0.7]）
指标1	投保企业数（家）	第4级，（[0.6, 0.7]）
指标4	财政补贴额（万元）	第5级，（[0.5, 0.6]）

指标序号	指标内容	级别
指标 5	财政最高补贴比例（%）	第 5 级，（[0.5，0.6]）
指标 6	分摊风险的及时效度	第 5 级，（[0.5，0.6]）
指标 7	出险赔付金额（万元）	第 5 级，（[0.5，0.6]）

（二）影响首批试点城市（区）科技保险实施绩效的因素重要程度分析

通过计算可以看到：

$$\gamma(x_0，x_2) > \gamma(x_0，x_3) > \gamma(x_0，x_1) > \gamma(x_0，x_4) = \gamma(x_0，x_5) = \gamma(x_0，x_6) = \gamma(x_0，x_7)，即 x(2) > x(3) > x(1) > x(4) = x(5) = x(6) = x(7)。$$

计算结果表明：首先，单位时间内试点城市（区）投保科技保险的投保总额对该地区科技保险实施绩效的影响最为重要，也就是说其对科技保险实施绩效的贡献度最大，因为该指标能反映地方企业参与科技保险后可转移的科技风险度，这也从另一侧面体现了国家推行科技保险工作的初衷；其次，单位时间内试点城市（区）投保科技保险企业缴纳的保险费用总额对于其实施绩效也有重要的影响，贡献度次之；投保企业数量指标反映地方企业参与科技保险的积极性，其对于该地区科技保险实施绩效的影响，即贡献度也较为重要；再其次，反映首批试点城市（区）科技保险实施行为（过程）的 4 个指标，即财政补贴额，财政最高补贴比例，分摊风险的及时效度和出险赔付金额并没有评价体系中反映其实施结果的 3 个指标对地区科技保险实施绩效的贡献度大；最后，根据各指标距离靶心的远近也可以看出，第 4 级的 3 个指标对于首批试点城市（区）科技保险实施绩效有着更重要的反应能力，即目前科技保险试行阶段其实施结果指标比行为（过程）指标对地区科技保险实施绩效的影响要大。

五、科技保险有效运行的对策建议

为了解决如何测算和改善科技保险实施绩效的问题，本章从首批试点城市（区）科技保险实施的实际出发，提出基于灰色关联的科技保险实施绩效评价分析模型，并运用该模型对全国首批科技保险 6 个试点城市（区）2006～2008 年的科技保险实施绩效进行了排序比较，其中深圳市在科技保险实施过程中的绩效测算结果最为突出。同时，针对绩效评价指标体系，本章利用灰靶理论找出其中影响首批试点城市（区）科技保险实施绩效的主要因素，结果是：一方面，投保金额即反映地方企业参与科技保险可转移的风险度评价指标对科技保险实施绩效的影响最为重要；另一方面，根据各指标距离靶心的远近可以看出，实施结果指标对于首批试点城市（区）科技保险实施绩效有着更重要的反应能力，换句话说，如果各地要提高科技保险实施绩效，就应首先从改进这几个指标所代表的工作入手。参考上述指标对于首批试点城市（区）科技保险实施绩效的贡献程度，本章提出以下三条改善科技保险工作实施绩效的建议：

首先，提升政府引导科技保险工作的热情，进一步加大支持科技保险工作开展的力度，营造更趋完善的政策支持环境，使科技保险对高新技术企业创新发展的保障作用充分凸显。具体而言可采用分类定率、逐批递减和总额控制的手段对企业进行合理财政补贴，力求使参与科技保险的企业达到效用最大化。分类定率即有意识的将部分科技保险险种的补贴标准提高，使之得以重点推行。逐批递减即根据各单位申请情况，试点期间分批审批科技保险费用补贴资金，补贴比率按批次递减，各保险产品的首单，原则上给予最高比率的科技保险费补贴。总额控制即根据科技企业投保年份上一年的高新技术产业产值规模控制补贴资金最高限额。

其次，增强科技企业投保的需求，推广和开拓新的科技保险产品。随着各地科技保险工作的深入，应联合相关保险机构不断探索科技保险服务模式，通过对高科技企业各个阶段相应风险的研究，提出符合高新科技企业需求的险种，更好地为企业创新提供全方位多角度的保障。

最后，扩大保险公司承保的意愿，促进保险公司与中介机构的合作，充分发挥中介机构的作用，积极尝试由经纪公司作为试点地区政府和试点企业的专业风险顾问来推进试点工作的业务模式，为高新技术企业提供更加专业化的承保、理赔、风险管理等服务。另外，做好续保和理赔工作，各地保险机构应为地区内投保的高新科技企业做好保险快速理赔通道服务，让出险的高新企业切身感受到科技保险在企业生存和发展中化解风险的作用。

本 章 小 结

本章基于科技金融体系的霍尔三维结构模型，重点对科技保险运行效果及其影响因素进行评价。本章运用灰色理论构建灰色关联评价模型，测算了全国第一批6试点城市（区）科技保险实施的绩效，找出了指标体系中影响首批试点城市（区）科技保险实施绩效的主要因素，并在此基础上提出了改善目前我国科技保险实施绩效的相关建议。

第十一章　科技金融体系政策环境建设的效果评价

考虑到金融资本在技术创新过程中发挥的重要作用，从 2006 年开始，科技部、中国人民银行、财政部、证监会和银监会等部门就联合出台制定了《科技型中小企业创业投资引导基金管理暂行办法》《关于进一步加大对科技型中小企业信贷支持的指导意见》等多个科技金融政策文件。这些政策文件旨在加强科技与金融的结合，并且继续深入探索建立新的科技金融合作模式与合作机制，增强对金融资源的引导力。显然，我国现阶段科技金融体系政策环境建设的效果将直接影响科技金融体系运营的绩效，本章将从科技金融体系政策环境发展的区域协同效应，以及科技金融体系服务平台建设两个方面对其政策环境建设效果进行评价。

第一节　科技金融体系政策环境发展的区域协同效果评价

中国经济步入新常态以来，经济增速放缓，创新驱动经济增长成为新常态下经济增长的核心动力，而科技与金融的有效结合能为创新发展提供强大的动力源。科技金融作为一种新型金融创新模式，可以加快高新技术企业的发展与完善、促进科技成果产业化，并能有效优化科技型中小企业的融资环境，进而起到提升高新技术在调整产业结构、促进企业转型、优化经济发展方式中的作用。同时，科技金融为区域创新注入新的活力，为经济的蓬勃发展提供资金支持，是区域创新和经济发展的必要手段，能有效提高区域经济质量，在区域经济协同发展中发挥不可替代的作用。因而各地政府均积极出台相关政策大力发展科技金融，以政府财政资金为引导，鼓励企业加大研发投入，并构建相关的平台设施，从创业风险投资、科技贷款、科技资本市场和科技保险四个方面完善区域科技金融体系建设。

长三角地区作为经济集群化发展的关注焦点，是中国乃至全世界经济发展最为活跃的地区之一，金融机构与金融资源形成了地域内的集聚，其经济转型成果对全国经济质量影响深远，但与经济协同一体化发展相比，长三角地区科技金融的发展仍不平衡，资源配置差异化明显，跨区域流动受到限制，资源利用率不高。本章在经济协同一体化的背景下，研究长三角区域相关城市科技金融政策环境建设的差异与联系，为未来长三角地区科技金融体系协同发展指明方向，对促进我国区域科技金融体系融合发展具有一定的理论参考价值与实践指导意义。

一、科技金融体系区域协同发展的文献回顾

在科技金融区域发展方面，莱维（Levine，2000）认为金融在区域经济发展中起到很大作用，克拉克（Clark，2003）认为金融集聚存在地理因素。我国科技金融区域发展呈非均衡状态，科技金融区域集聚分布与我国经济梯度相吻合，且科技金融区域发展存在显著的空间依赖性，科技金融资源的集聚主要体现在银行业的集聚（王春杨、张超，2013），区域金融发展具有一定的辐射作用，可以通过加强区域间金融合作、建设区域金融分中心来促进整个区域的发展（部慧、梁小珍等，2014）。

在实证研究领域，一方面，陈国亮、陈建军（2012）通过 E－G 修正指标测算出中国二、三产业的集聚程度，得出金融区域性中心城市的发展对周边城市产业集聚有促进作用；另一方面，张玉喜、赵丽丽（2015）从动态和静态两个层面分析得出科技金融对科技创新有明显的促进作用，通过面板数据分析发现，各地区科技金融对技术创新的促进作用有明显差异，应该推行科技金融发展的区域化战略，而对时间序列数据进行 Granger 因果检验可以得到科技金融体系框架中的财政科技投入、科技资本市场与风险投资支持均可促进技术创新（寻舸，2015）。

综上所述，国内外科技金融虽然在理论和实证研究方面取得了较为丰硕的成果，但从区域金融协同角度研究科技金融体系发展的文献仍然较少且并不深入。本章通过构建引力熵模型，研究长三角地区科技金融体系政策环境的区域化协同发展问题，可为其他区域科技金融体系的均衡发展提供借鉴，对解决科技金融体系发展不平衡现象具有较强的现实指导意义。

二、模型与指标体系构建

（一）引力熵模型介绍

引力模型是在牛顿提出万有引力模型的基础上发展而来，盖瑞（Garey）在其所著的《社会科学原理》中第一次应用万有引力原理解释社会现象，

这为万有引力原理应用于其他学科领域起到了示范作用。目前，引力模型已广泛应用于区域经济、国际贸易等领域，成为研究空间经济学问题的重要模型。熵是系统无序程度的一个度量，最早由鲁道夫·克劳希斯（Rudolf Clausius）提出，之后被广泛地应用于控制论、概率论、数论、天体物理、生命科学等其他领域。熵权法则是将各待评价信息进行量化与集成后，再综合考虑多方面因素并做出最优选择的赋权方法。

本节将熵权法嵌入引力模型中，使计算结果更具客观性和科学性。在此基础上将引力模型引入科技金融体系政策环境协同发展研究领域，构建区域科技金融引力模型如式（11-1）所示：

$$I_{ij} = \frac{M_i M_j}{d_{ij}^2} \qquad (11-1)$$

其中，I_{ij} 表示区域 i 与区域 j 之间的科技金融引力值，M_i 和 M_j 分别表示区域 i 和区域 j 的科技金融发展指数，d_{ij} 表示区域 i 和区域 j 之间的经济距离。本节采用驾车行驶最短交通距离来衡量两地间的经济距离。

（二）科技金融体系政策环境区域发展评价指标体系及方法的确定

1. 评价指标体系的构建

对一个地区科技金融体系政策环境发展水平的计算需要从多个角度选取指标，从而得到综合性的评价结果。本节在充分考虑数据的科学性、完整性和可获性的条件下，参考国内学者已有研究成果，分别从科技金融资源、科技金融经费、科技金融产出以及科技金融贷款四个维度构建科技金融体系政策环境区域发展评价指标体系，该指标体系分为一级、二级指标，具体如表 11-1 所示：

表 11-1　　科技金融体系政策环境区域发展评价指标体系

一级指标	二级指标	计算方法
科技金融资源	科技人力资源　C1	每万从业人员中 R&D 人员数（人/万人）
	科技资源效率　C2	R&D 活动人员占科技活动人员比重
科技金融经费	研发经费力度　C3	全社会 R&D 支出占 GDP 的比例（%）
	财政支持力度　C4	政府科技拨款占财政支出的比重（%）
	企业支持力度　C5	企业 R&D 经费占销售收入的比例（%）
科技金融产出	技术市场成交率　C6	技术市场成交合同金额/研发经费支出
	专利产出率　C7	专利申请授权量/研发经费支出
	出口产出率　C8	高新技术产出出口额/研发经费支出
科技金融贷款	科技贷款力度 C9	科技贷款占银行中长期贷款的比重（%）

在科技金融资源维度，本节选用科技人力资源和科技资源效率两个指标分别衡量全社会科技参与度以及科技活动中的研发力度，区域金融能否得到较快发展很大程度上取决于该区域科技金融资源的充足程度；科技经费的投入是区域金融快速发展的保障，科技经费维度选取研发经费力度、财政支持力度和企业支持力度，分别衡量政府以及企业对科技金融的资金投入，也可以衡量企业对发展科技金融的重视程度；科技产出维度包括科技市场成交率、专利产出率和出口产出率，分别从技术市场成交合同金额、专利申请授权量和高新技术产出出口额三个方面综合评价区域科技金融成果；最后，鉴于银行在我国金融市场中占比最大，本节构建的科技金融体系政策环境发展评价指标中单独设立科技金融贷款维度，用于计算科技贷款占银行中长期贷款的比重，该指标用以衡量地方政府对发展科技金融的支持力度。由于科技金融体系发展很大程度上依赖金融市场，所以这个指标一定程度上反映了区域科技金融体系政策环境发展的可持续性。

2. 科技金融体系政策环境发展指数的确定

为了保证结果的客观性和科学性，本节首先采用熵权法确定 9 个二级指标的权重值，进而求出各个地区的科技金融体系政策环境发展指数值。

由于上文建立的评价体系中所选取的 9 个二级指标单位不统一，需要先对原始数据进行极差化处理消除量纲的差异，得到标准化后的数据 X_{ij}（X_{ij} 表示 i 个地区第 j 项指标的标准化值）。然后求出 X_{ij} 在第 j 项指标中所占的比重值 f_{ij}，接着利用公式 $e_j = -\dfrac{1}{\ln m} \sum_{i=1}^{m} f_{ij} \ln f_{ij}$，求出第 j 项指标的信息熵值，其中 m 表示评价对象个数，$f_{ij} = \dfrac{X_{ij}}{\sum\limits_{i=1}^{m} X_{ij}}$，当 $f_{ij} = 0$ 时，则定义 $\lim\limits_{f_{ij} \to 0} f_{ij}$ $\ln f_{ij} = 0$。最后根据公式 $w_j = \dfrac{1 - e_j}{n - \sum\limits_{j=1}^{9} e_j}$ 求出第 j 项指标的权重值。如果某个指标的权重越大，说明该指标对综合评价结果影响越大，所包含的信息量越多。相反，如果某个指标的权重越小，说明该指标所包含的信息量越小，对综合评价结果影响越小。最后由每个地区各指标的权重值与其标准值乘积之和得到该地区的科技金融体系政策环境发展指数 $V_i = \sum\limits_{j=1}^{9} w_j X_{ij}$。

三、实证分析

目前，虽然长三角地区科技金融体系政策环境发展水平处于全国领先地位，但区域内各城市科技金融体系发展程度仍存在较大差异，这严重阻碍了长三角经济圈的协同发展。因此，本节选择长三角地区科技金融体系政策环境建设中典型城市，进行科技金融区域化发展研究具有一定的现实性和代表性，其经验对中国其他地区科技金融体系发展具有一定的借鉴意义。

（一）科技金融体系政策环境发展指数测算

本节对长三角区域科技金融引力强度的测算采用长三角城市带8个典型城市（上海、南京、无锡、苏州、常州、杭州、宁波和温州）2016年的数据值，其主要来源于长三角地区两省一市的科技统计年鉴，长三角统计年鉴等。依据前文构建的科技金融体系政策环境发展评价指标系统，利用熵值法确定指标权重，对各城市的科技金融体系政策环境发展指数进行计算。采用极差化方法对数据进行标准化处理，相关数据及计算结果如表11-2所示。

表 11-2　　　　　　　　　　　标准化处理后的数据

	C1	C2	C3	C4	C5	C6	C7	C8	C9
上海	0.2694	0.4021	1.0000	0.7176	1.0000	1.0000	1.0000	1.0000	1.0000
南京	1.0000	0.5331	0.5467	0.4353	0.0000	0.4190	0.0533	0.2278	0.0317
无锡	0.5270	1.0000	0.3800	0.3706	0.6667	0.3503	0.1349	0.4826	0.6402
苏州	0.6793	0.5269	0.3067	1.0000	0.1333	0.8165	0.6930	0.8263	0.2328
常州	0.7589	0.8606	0.3000	0.5176	0.2000	0.2365	0.0000	0.0541	0.8201
杭州	0.6156	0.4541	0.5467	0.1235	0.2333	0.3588	0.3340	0.4440	0.5238
宁波	0.1989	0.2122	0.1000	0.1000	0.0667	0.0744	0.3936	0.0270	0.1005
温州	0.0000	0.0000	0.0000	0.0111	0.0000	0.0523	0.0000	0.0000	0.0000

上述科技金融体系政策环境发展评价指标中除了科技人力资源（C1）指标，其他指标单位均为百分比。极差标准化后的数据能够将科技人力资源指标与其他8项指标同度量化，消除单位对赋权造成的影响，保证权重的有效性。根据上文介绍的熵值法计算步骤确定各指标的权重如表11-3所示。

指标	科技金融资源		科技金融经费			科技金融产出			科技贷款力度
	C1	C2	C3	C4	C5	C6	C7	C8	C9
权重	0.0685	0.0657	0.0852	0.0984	0.1772	0.0986	0.1456	0.1375	0.1232

从表 11－3 可以看出，科技金融资源维度两个指标的权重相差不大，在所有的指标中占比较小，表明在其他因素不变的情况下，科技人力资源（C1）与科技资源效率（C2）对科技金融体系政策环境发展水平的影响较小。在科技金融经费维度下，企业支持力度指标（C5）的权重最高，达到 17.72%，因此各个城市在建设科技金融体系政策环境的过程中，不仅要关注政府财政投入，更要鼓励企业自身加大科研经费的投入力度，即企业自身认识到科技研发的重要性，加大科技投入，才能从根本上提高科技金融发展的水平。在科技金融产出的相关指标中，专利产出率和高新技术产出出口率所占比重较高，分别达到 14.56% 和 13.75%。在 9 个指标中，科技贷款力度的指标权重达到 12.32%，排在第四位。显然，区域科技金融体系政策环境的发展离不开银行的支持，现阶段科技金融体系的快速发展仍依赖于科技贷款在银行中长期贷款中的比重。

根据熵值法计算出长三角地区各城市的科技金融体系政策环境发展指数如表 11－4 所示，上海作为长三角地区的中心，科技金融体系政策环境发展程度最高，其指数达到 0.8829。上海汇集大量的金融机构，拥有相对完备的金融市场体系，因此具有其他城市所不具备的金融资源与科技资源，其大部分科技金融体系政策环境发展评价指标与其他城市相比都是最高的。

表 11－4 长三角地区各城市的科技金融体系政策环境发展指数

	上海	南京	无锡	苏州	常州	杭州	宁波	温州
发展指数	0.8829	0.2773	0.4882	0.5530	0.3523	0.3817	0.1385	0.0096

江苏省内苏州市的科技金融体系政策环境发展处于领先水平，发展指数超过 0.5；无锡和常州的科技金融体系政策环境发展水平较为接近，其指数分别为 0.4882 和 0.3523；而南京市的科技金融体系政策环境发展水平最低，其指数仅为 0.2773。苏州拥有较为雄厚的产业基础和良好的金融环境，为金融业跨越式发展提供了坚实支撑，其财政支持力度（C4）在

几个城市中最高，说明政府高度重视苏州市科技金融体系政策环境的建设与发展，并为其投入大量的资金支持。南京市拥有众多的人力资源禀赋，其科技人力资源（C1）较为丰富，但企业支持力度（C5）占比较低，而通过赋权计算结果发现，在科技金融体系政策环境发展指标中企业支持力度所占权重最大，所以南京市的科技金融体系政策环境发展水平在区域内排名靠后。

与上海和江苏相比，浙江省的科技金融体系政策环境发展还相对落后，杭州市的指数在省内排在第一，但也只达到 0.3817。本节选取的 8 个城市中，温州市的科技金融体系政策环境发展指数仅为 0.0096，其发展水平远低于其他长三角城市。近年来，推动温州生产力发展的重要力量是民营经济，其科技投入与财政投入的重点并不是科技金融，科技型中小企业的资金主要源于自有资金和民间借贷，多项科技金融体系政策环境发展指标占比较低，这也是其建设科技金融体系过程中的主要障碍因素。

（二）长三角区域科技金融体系的引力值分析

（1）分布格局。根据引力熵模型，得出长三角地区典型城市组间的科技金融体系引力强度，如表 11-5 所示。

表 11-5　　　　长三角地区城市间科技金融体系引力测算结果

	上海	南京	无锡	苏州	常州	杭州	宁波
南京	0.9455	—					
无锡	8.0510	1.5299	—				
苏州	16.8038	1.1293	46.3414	—			
常州	3.3971	2.0773	21.4678	7.8756	—		
杭州	3.8177	0.4753	1.5732	2.8978	1.0714	—	
宁波	0.9107	0.0701	0.3270	0.5296	0.1758	0.7435	—
温州	0.0140	0.0027	0.0069	0.0094	0.0042	0.0143	0.0063

本节将 28 个城市组的科技金融体系引力状态分为四类：高强度状态（引力测算值大于或等于 3.0）、较高强度状态（引力测算值介于 1.0 与 3.0 之间，包含 1.0）、较低强度状态（引力测算值介于 0.2 与 1.0 之间，包含 0.2）和低强度状态（引力测算值小于 0.2）。上海—无锡、上海—苏州、无锡—苏州、无锡—常州、苏州—常州这些城市组间的科技金融体系引力强度较大，上海—温州、南京—温州、无锡—温州、苏州—温州、常

州—温州、杭州—温州、宁波—温州城市组间的科技金融体系引力强度较小。上海作为中国现代金融中心，其科技金融体系发展对长三角区域其他城市具有很强的辐射作用，具体结果如表11-6所示。

表11-6　　　　长三角地区城市间科技金融体系引力强度大小分类

类别		城市组				
高强度	$5.0 \leqslant I_{ij}$	上海—苏州	上海—无锡	无锡—苏州	无锡—常州	苏州—常州
	$3.0 \leqslant I_{ij} < 5.0$	上海—常州	上海—杭州			
较高强度	$1.5 \leqslant I_{ij} < 3.0$	南京—无锡	南京—常州	无锡—杭州	苏州—杭州	
	$1.0 \leqslant I_{ij} < 1.5$	南京—苏州	常州—杭州			
低强度	$0.5 \leqslant I_{ij} < 1.0$	上海—南京	上海—宁波	苏州—宁波	杭州—宁波	
	$0.2 \leqslant I_{ij} < 0.5$	南京—杭州	无锡—宁波			
较低强度	$0.1 \leqslant I_{ij} < 0.2$	常州—宁波				
	$0 \leqslant I_{ij} < 0.1$	上海—温州	南京—温州	无锡—温州	苏州—温州	常州—温州
		杭州—温州	宁波—温州			

（2）层域划分。按照表11-5计算出的典型城市组科技金融体系综合引力强度，本节将长三角城市带区域科技金融体系政策环境发展中心分为三级：一级中心为上海、无锡、苏州和常州；二级中心为南京和杭州；三级中心为宁波、温州。

一级中心：一方面上海作为科技金融体系政策环境发展指数最高的城市，拥有全国发展最为完善的金融市场，聚集了全球最优异的科技人才，金融资源和科技资源的天然优势为上海市科技金融体系的快速发展创造了条件，其对长三角城市带科技金融体系的发展起到示范和促进作用。此外，上海对周围城市的辐射作用很强，对其他城市的引力值大小与距离成反比，上海与苏州的经济距离最小、引力值最大，上海与温州的经济距离最远、引力值最小。另一方面无锡作为长三角城市带上科技金融体系发展引力值之和最高的城市，其与邻近城市苏州和常州的科技金融体系政策环境结构较为相似，科技金融体系发展具有很强的辐射能力。苏州市在江苏省乃至全国都是科技金融改革创新的先行者，其科技金融体系政策环境建设较为完善，与无锡市的科技金融体系发展引力值强度最大。常州市的科技金融体系引力值之和排在8个城市中的第三位，主要原因是其与无锡市之间的引力值较大。综上可以看出，无锡、苏州和常州同属于苏南地区，科技金融体系政策环境发展均较为成熟，三地之间的科技金融资源的流动性较大，从而也奠定了无锡、苏州、常州在长三角地区科技金融体系政策环境发展中的一级中心地位。

二级中心：南京和杭州。南京市作为江苏省的经济和文化中心，虽然科技金融体系政策环境发展不活跃，但省会城市的地位奠定了其科技金融体系发展在长三角经济圈中的重要性，其科技金融体系政策环境发展指数仅达到0.28，在所选取的8个长三角城市中处于较低水平，与上海的科技金融引力强度处于低强度状态。但由于南京与无锡、苏州和常州距离较近，且无锡、苏州和常州的科技金融体系政策环境发展水平较高，从而促使南京与三市的科技金融引力强度处于较高程度。杭州市的科技金融体系政策环境发展水平虽不算最高，但地处于长三角经济带的东南部，受到上海市科技金融体系政策环境发展程度影响较大，其与上海的科技金融体系引力值处于高强度状态。杭州市与无锡、苏州、常州城市组的科技金融体系引力强度处于较高强度状态。但杭州对本省其他城市科技金融体系政策环境发展缺乏影响力，其与宁波和温州的科技金融引力值均较低，分别处于低强度状态和较低强度状态。

三级中心：宁波、温州。宁波高新区作为宁波市科技金融体系创新的核心区，目前已经形成典型的宁波模式，产融协同发展效应已初步显现，但金融业支持的仍多为传统产业，且新金融工具的创新明显滞后，因此宁波市在长三角地区的科技金融体系政策环境发展中影响力较小，与其他城市之间的科技金融引力值大小处于低强度和较低强度状态。宁波市除了与上海、杭州和苏州的引力强度值稍高以外，与其他城市的科技金融引力强度都低于0.5。温州市的GDP总量在浙江省占比较大，主要来源是简单的制造业，高新技术产业产出较少。温州市的科技金融体系政策环境发展指数最低，与其他城市的引力值均处于较低强度状态，通过科技金融体系政策环境建设以促进高科技企业发展，成为温州市经济转型亟须解决的难题。

由以上分析可以看出，科技金融体系引力越强的城市对其经济腹地辐射能力越强。上海作为科技金融体系政策环境发展的先锋，应积极承担示范作用，勇于探索科技金融体系发展新模式；无锡、苏州和常州作为科技金融体系政策环境发展的一级中心，应继续加强交流合作，巩固科技金融体系发展成果；南京市应积极学习无锡、苏州、常州的科技金融体系发展经验，提高自身科技金融体系政策环境发展效率；杭州市需要加强与宁波市与温州市的互动，促进省内其他城市科技金融体系政策环境发展；而宁波市和温州市应主动与上海市和杭州市强化交流，加速科技金融体系初级阶段建设。

四、区域科技金融体系政策环境协同发展的政策建议

本节构建的科技金融体系政策环境评价指标系统，主要从四个方面分析了区域科技金融体系政策环境的发展状况，选取指标代表性强、覆盖面广。熵值法作为一种客观赋权方法，用来计算科技金融体系政策环境发展指数，使得本节对长三角地区科技金融体系政策环境发展状况的评价更为科学合理，避免了传统评价方法的主观性。采用引力模型，分析长三角地区科技金融体系发展的联系可以发现：区域科技金融体系政策环境发展与地区科技金融体系政策环境发展水平指数密切相关。其发展水平越高、交通越便利的城市，地区间科技金融体系政策环境发展关联性越强；科技金融体系政策环境发展水平越高的城市对其周围地区影响越大，辐射作用越明显。

当前，科技资源和金融资源正以前所未有的态势相互融合、相互促进，本节基于长三角地区科技金融体系政策环境发展状况的实证研究，提出以下几点关于区域科技金融体系政策环境协同发展的政策建议：

第一，有效弥补自身科技金融体系政策环境发展的短板。从长三角城市带8个典型城市的科技金融体系政策环境发展指数可以看出，每个城市在科技金融体系发展中都有其自身的短板，其中企业的投入对科技金融体系政策环境发展指数影响最大，因而企业要加强对科技金融体系政策环境建设的支持，在加大科技金融体系产品创新力度的同时，金融机构应为企业提供便捷、多样化的融资方式。以南京市为例，虽作为省会城市但其自身科技金融体系政策环境发展指数过低，这严重限制了其在长三角地区科技与金融产业发展的影响力。从标准化后的数据来看，南京市的企业研发经费（C5）的支持力度在8个城市中最小，而企业支持力度的指标权重在评价指标体系中为最大值，双重原因导致了南京科技金融体系政策环境发展指数较低的困局。因此，南京市需要鼓励企业加大研发投资力度，以弥补自身科技金融体系政策环境发展的不足。

第二，加快长三角地区多层次科技金融体系分中心的建设。从本节计算得到的科技金融体系引力熵模型测算结果可知，随着经济距离的不断增大，科技金融体系发展引力衰减的现象越明显。虽然上海作为国际大都市，拥有雄厚的经济实力和强有力的经济集聚和扩散能力，其科技金融体系政策环境发展指数最高，但对江浙两省较远城市的科技金融体系政策环

境建设影响却不明显，因此应加强上海与长三角经济腹地的金融合作。在此过程中，还要充分重视区域内金融机构的合作和融合，无论是对整个区域还是对上海国际金融中心建设而言，流动和整合都将带来金融聚集和扩张效应，进而将辐射作用发挥到最大。同时应强化长三角科技金融体系一级中心区域的辐射能力，充分发挥无锡、苏州和常州的科技金融资源优势，同时发挥南京、杭州二级中心的二次辐射的作用，以带动宁波、温州这类三级中心的科技金融体系政策环境发展，最终形成以上海为核心的多层次科技金融体系分中心。

此外，我国在建设科技与金融结合试点区域过程中还需明确科技金融体系发展方向。对于长三角区域中科技金融体系引力强度不同的城市组，应有不同的科技金融体系政策环境发展方向。对处于高强度状态的城市组，应积极发展科技金融体系项目共性平台，努力形成一个互补联通的科技金融体系政策环境；对处于较低强度和低强度状态的城市组，应发挥各自比较优势，重点形成具有自身特色的科技金融体系政策环境。

第二节　江苏省科技金融体系服务平台建设效果评价

一个地区科技金融体系服务平台建设水平能较为全面地反映该地区科技金融体系政策环境建设与发展状况。回顾整个"十二五"期间，江苏省科技金融体系服务平台建设的总体思路表现为，努力构建具有江苏特色的多元化、多层次、多渠道科技投融资体系，促进技术、资本、人才等创新要素向科技型企业、新兴产业集聚，使江苏省成为全国技术与资本要素最密集、科技金融体系发展最活跃的地区之一，为建设创新型省份、又好又快推进"两个率先"提供有力支撑和保障。具体而言，"十二五"期间，江苏省科技金融体系服务平台建设情况主要表现在以下四个方面：

首先，强化政策支持力度。"十二五"期间，江苏省政府相关部门出台了一系列政策，规范和促进了科技金融体系的发展。2012年12月，省财政厅出台了《江苏省金融机构科技型中小企业贷款风险补偿资金池管理实施细则》，基于"政府引导，市场运作"的原则，江苏省为科技中小企业信贷支持开辟了"绿色通道"，围绕"创投＋担保＋贷款"模式、"政府推荐＋担保＋贷款"模式以及"统贷支持"模式积极研发新产品，不断加大对科技信贷模式创新的支持力度。2013年1月，省财政厅、省科技厅出台印发《江苏省天使投资引导资金管理暂行办法》，正式设立首期规模为 2 亿元的省级天使投资引导资金，通过补偿性资助等方式扶持引导天使投资机构对处于种子期、初创期的中小企业进行股权投资，标志着江苏省在全国率先启动实施天使投资风险补偿工作。2014 年 3 月，省科技厅与财政厅又联合印发了《深入推进江苏省科技成果转化风险补偿专项资金贷款"苏科贷"工作的实施方案》的通知，在引导银行及相关金融机构逐步增加科技信贷投入的同时，着重强化了科技信贷风险的防范与监管。

其次，加大财政科技投入。"十二五"以来，江苏省财政科技投入不断增加，资源配置方式不断创新，财政科技投入无论是总量还是强度一直位居全国前列。在积极财政投入引导下，社会资源不断涌入到科技创新领域，科技筹集经费总额中非政府投入逐年增长，特别是大中型企业的研发投入占比也逐年递增。政府财政科技投入撬动和乘数效应的有效释放，不仅能为处于生命周期前端的科技型企业创新发展提供一定的资金支持，还能带动社会资本适时的进入科技创新领域，为科技金融的可持续发展助力。

再其次，扩容创业风险投资。江苏省创业风险投资发展的特点表现为，创业投资企业数量和资产规模增长迅猛，投资活跃度持续提升，基金跨省投资活跃，且净流入较大。以科技成果转化风险补偿资金为例，江苏省科技成果转化风险补偿资金实施 5 年多来，已在全省范围内建立了 34 个科技型中小企业贷款风险补偿资金池，资金规模达 5 亿元，合作银行达 10 家，分别比 2010 年增长了 400% 和 900%，当年新增发放贷款 59.88 亿元，是 2010 年的 15 倍，实现政府和金融机构风险共担，帮助 1 542 家科技型中小企业解决了融资难题，迄今为止资金池入库科技型企业超过 3 000 家。

最后，搭建信息服务平台。江苏省在促进科技与金融结合过程中，通过更新管理理念、创新服务模式、搭建专业化的科技金融体系投融资服务平台，有效促进了科技资源与金融资源有机耦合。"十二五"期间，国内首创的金融超市模式，为科技企业和投资机构提供了一站式服务平台，是一个集内外资金融产品、风险投资、信托、担保、租赁、短期融资等众多金融投融资创新产品及服务于一体的综合性金融市场。

一、江苏省科技金融体系服务平台建设效果评价

本节试图在已有研究的基础上，基于江苏省"十二五"期间科技金融体系服务平台建设的实际情况，并结合科技与金融资源投入与产出的特性，重点考虑指标的多维性，以构建江苏省科技金融体系服务平台建设效果评价指标系统。共选取 12 个发展指标，具体名称与计算方法，如表 11 - 7 所示。

表 11 - 7　　　　江苏省科技金融体系服务平台建设效果评价指标

序号	指标名称	计算方法
1	科技人力资源 X_1	科技活动人员/从业人口
2	研发机构资源 X_2	研发机构数/从业人口
3	财政补贴力度 X_3	财政科技拨款/财政支出
4	研发经费力度 X_4	研发经费支出/生产总值
5	技术市场成交率 X_5	技术市场成交合同金额/科技经费支出
6	论文产出率 X_6	中文期刊科技论文数/研发经费支出
7	专利产出率 X_7	专利申请授权量/研发经费支出
8	出口产出率 X_8	高新技术产业出口额/研发经费支出
9	税收优惠力度 X_9	科技金融税收优惠额/高新技术产业收入
10	企业资本化率 X_{10}	高新技术企业证券市值/高新技术产业收入
11	研发市场化程度 X_{11}	高新技术企业研发投入/研发经费总投入
12	风险保额比率 X_{12}	科技风险保额/高新技术企业收入

由表 11 - 7 可见，为了保证各地区科技金融体系服务平台发展程度的可比性，规避由于地区发展程度不同，在规模、体量方面存在的较大差异，从而选择了单位时间内的相对量指标，部分指标的具体内涵可表述为：科技活动人员包括直接从事科技活动的人员和为科技活动提供直接服务的人员，技术市场成交合同金额是指在从事技术中介服务和技术商品经营活动的场所进行合同交易的总金额，专利申请授权量是指由专利局依据专利法授予发明人和设计人对该项发明创造享有专有权的总数量，高技术产业出口额是指地区在出口贸易中高新技术产品的总金额，科技金融税收优惠额包括对高新技术企业、创业风险投资机构、科技贷款机构和提供科技保险的保险公司的税收优惠总额，科技风险保额是指区域内高新技术企业购买科技保险的保费总额。

基于上述指标体系，本节对江苏省 13 个地级市科技金融体系服务平台建设情况进行实证分析，为充分考虑所需指标数据的客观性、真实性、准确性和可获性，数据主要来源于《2013 中国高技术产业统计年鉴》、科技部《中国主要科技指标数据库》《2013 长三角年鉴》《2013 江苏省统计年鉴》，并结合部分实地调研数据。本节期望通过因子综合得分对江苏省 13 个地级市科技金融体系服务平台建设效果进行排名，进而运用聚类分析将其进行归类。在因子分析缩减变量并且进行排序的基础上，利用聚类分析方法把研究对象分类，能够更清晰地揭示江苏省各地区科技金融体系服务平台建设梯度及空间特征。

首先，运用 SPSS16.0 软件，通过因子分析程序对 13 个城市的 12 个指标所对应原始数据进行标准化处理，进而计算各指标间的相关系数矩阵。从相关系数矩阵可以看到，其大部分变量的相关系数大于 0.4，且 KMO 测度为 0.726，依据 KMO 值参考标准，说明本节指标数据适于做因子分析。另外，反映各指标对提取的所有公因子依赖程度的变量共同度也表明，除了专利产出率和出口产出率两个指标的共同度在 70% 以下，其余指标的共同度都在 80% 左右或以上，最高甚至达到了 98%，这表明提取的公因子对指标具有较强的解释能力。

本节采用主成分分析法，并综合考虑特征值大于 1 和因子累积贡献率大于 70% 的原则提取三个公因子，它们的累积方差贡献率达到 87.135%，这三个公因子包括了原指标的绝大部分信息，具有显著代表性，可以代替原来 12 个指标对江苏省科技金融体系服务平台区域发展水平进行评价，具体如表 11 - 8 所示。

表 11 - 8 矩阵特征值与贡献率

因子	初始特征值			旋转前提取的因子贡献和贡献率			旋转后的因子贡献和贡献率		
	特征值	贡献率%	累计贡献率%	特征值	贡献率%	累计贡献率%	特征值	贡献率%	累计贡献率%
F_1	4.532	37.766	37.766	4.532	37.766	37.766	4.423	36.856	36.856
F_2	4.028	33.570	71.336	4.028	33.570	71.336	4.034	33.617	70.473
F_3	1.896	15.799	87.135	1.896	15.799	87.135	1.999	16.661	87.135

由于初始因子载荷矩阵不够简明，各因子含义没有凸显，因此，运用方差极大旋转法进行因子正交旋转，旋转之后的因子载荷矩阵如表 11 - 9 所示。虽然转换后公因子解释原始数据的能力并没有提高，但因子载荷矩阵和因子得分系数矩阵都发生了变化，因子载荷矩阵的元素更倾向于正负 1 或 0，这样对各因子的经济学含义就能比较清晰的得到解释。一般而言，

因子负荷的绝对值越大，对所代表指标变量的解释性越好。

表 11 - 9   因子命名与载荷表

因子命名	指数名称	因子 1	因子 2	因子 3
培育性投入 科技金融 因子 F_1	研发机构资源	0.984	0.023	-0.068
	财政补贴力度	0.976	0.031	-0.103
	研发经费力度	0.978	0.003	-0.128
	税收优惠力度	0.976	-0.125	-0.091
自发性投入 科技金融 因子 F_2	科技人力资源	0.075	0.978	0.124
	企业资本化率	-0.082	0.926	-0.181
	研发市场化程度	0.003	0.987	-0.016
	风险保额比率	-0.025	0.978	0.098
效率性产出 科技金融 因子 F_3	技术市场成交率	-0.572	-0.147	-0.622
	论文产出率	-0.462	-0.065	0.811
	专利产出率	0.033	0.382	0.628
	出口产出率	-0.199	-0.319	0.680

第 1 个公因子 F1 在研发机构资源（X_2）、财政补贴力度（X_3）、研发经费力度（X_4）和税收优惠力度（X_9）指标上载荷值较大，分别为 0.984、0.976、0.978 和 0.976。而上述指标均是以政府等职能机构为支撑主体，并体现资源投入所形成的科技金融体系服务平台建设情况，因此将其命名为培育性投入科技金融因子。

第 2 个公因子 F_2 主要由科技人力资源（X_1）、企业资本化率（X_{10}）、研发市场化程度（X_{11}）和风险保额比率（X_{12}）指标所决定，其中指标载荷值最大的为 0.987，最低的也达到了 0.926。而这类指标都是以企业或社会个人为主体，进行资源投入而得以支撑的科技金融体系服务平台，因此将其命名为自发性投入科技金融因子。

第 3 个公因子 F_3 在技术市场成交率（X_5）、论文产出率（X_6）、专利产出率（X_7）和出口产出率（X_8）四个指标上的载荷较高，而该类指标均能反映科技金融体系服务平台中成果产出绩效的情况，所以将其命名为效率性产出科技金融因子。

选取回归分析法，将因子对指标变量作线性回归，得到系数的最小二乘估计，计算出的因子得分系数矩阵如表 11 - 10 所示。

表 11 - 10　　　　　　　　　　　　　　因子得分系数矩阵

序号	指标名称	因子 1	因子 2	因子 3
1	科技人力资源 X_1	0.017	0.241	0.054
2	研发机构资源 X_2	0.225	0.000	0.021
3	财政补贴力度 X_3	0.221	0.002	0.003
4	研发经费力度 X_4	0.220	-0.005	-0.009
5	技术市场成交率 X_5	-0.168	-0.023	-0.351
6	论文产出率 X_6	-0.060	-0.024	0.392
7	专利产出率 X_7	0.041	0.086	0.320
8	出口产出率 X_8	-0.005	-0.088	0.343
9	税收优惠力度 X_9	0.223	-0.037	0.012
10	企业资本化率 X_{10}	-0.036	0.233	-0.111
11	研发市场化程度 X_{11}	-0.007	0.245	-0.022
12	风险保额比率 X_{12}	-0.007	0.242	0.035

　　根据因子得分系数矩阵，得到 F_1、F_2 和 F_3 的因子得分表达式为：

$$F_1 = 0.017Z_1 + 0.225Z_2 + 0.221Z_3 + 0.220Z_4 - 0.168Z_5 - 0.060Z_6$$
$$+ 0.041Z_7 - 0.005Z_8 + 0.223Z_9 - 0.036Z_{10} - 0.007Z_{11} - 0.007Z_{12}$$

$$F_2 = 0.241Z_1 + 0.000Z_2 + 0.002Z_3 - 0.005Z_4 - 0.023Z_5 - 0.024Z_6$$
$$+ 0.086Z_7 - 0.088Z_8 - 0.037Z_9 + 0.233Z_{10} + 0.245Z_{11} + 0.242Z_{12}$$

$$F_3 = 0.054Z_1 + 0.021Z_2 + 0.003Z_3 - 0.009Z_4 - 0.351Z_5 + 0.392Z_6$$
$$+ 0.320Z_7 + 0.343Z_8 + 0.012Z_9 - 0.111Z_{10} - 0.022Z_{11} + 0.035Z_{12}$$

　　其中，Z_1，Z_2，$\cdots$，Z_{12} 是 X_1，X_2，$\cdots$，X_{12} 对应的标准化数据。根据各因子的方差贡献率占总方差贡献率的比重作为权重进行加权汇总，得到江苏省 13 个地级市科技金融体系服务平台建设效果的综合得分 F，其计算公式为：

$$F = (36.856F_1 + 33.617F_2 + 16.661F_3)/87.135$$

　　将反映各城市科技金融体系发展程度的指标数据代入，得到 13 个城市培育性投入科技金融因子（F_1）得分，自发性投入科技金融因子（F_2）得分，效率性产出科技金融因子（F_3）得分，以及区域科技金融体系服务平台建设效果综合（F）得分，并各自进行排序。为使因子分析结果进一步明晰，本节选择系统聚类法中的 Ward（离差平方和）法进行分层聚类分析，可以将江苏省 13 个地级市科技金融体系服务平台建设效果分为 4

类，如表 11 - 11 所示。

表 11 - 11   公因子得分与排序以及聚类结果

编号	地区	F_1 得分	F_1 排名	F_2 得分	F_2 排名	F_3 得分	F_3 排名	综合因子得分	综合排名	聚类
1	南京	-0.164	9	0.287	5	1.512	2	0.330	2	2
2	苏州	1.235	1	-0.038	8	1.786	1	0.849	1	1
3	无锡	-0.070	6	0.401	3	1.010	6	0.318	3	2
4	常州	-0.143	8	0.212	7	1.023	5	0.217	4	2
5	扬州	-0.343	10	0.870	1	-0.625	7	0.071	5	3
6	镇江	0.577	2	-0.536	10	-1.522	12	-0.254	9	4
7	泰州	-0.645	12	0.779	2	-1.192	10	-0.200	8	3
8	南通	-0.068	5	-0.602	12	1.226	4	-0.027	7	2
9	连云港	0.566	3	-0.885	13	-1.139	9	-0.320	12	4
10	盐城	0.525	4	-0.573	11	-1.546	13	-0.295	11	4
11	宿迁	-0.758	13	0.213	6	-1.214	11	-0.471	13	3
12	淮安	-0.636	11	0.325	4	-0.699	8	-0.277	10	3
13	徐州	-0.074	7	-0.453	9	1.380	3	0.058	6	2

第一类：苏州。苏州科技金融资源丰富，在科技金融主体协同创新，以及科技金融资源整合利用方面均处于全省甚至全国龙头地位。在多年的科技金融体系服务平台建设过程中，苏州能积极运用多种金融工具支持科技创新发展，勇于在深化科技金融体系改革创新方面先试先行。以苏州高新区为代表的高科技产业发展水平和潜力较大，宏观经济规模大、效益高，并已成为华东地区最具竞争力的国家高新区。苏州的科技金融体系服务平台建设效果综合排名第 1，在培育性投入科技金融因子（F_1），效率性产出科技金融因子（F_3）的得分也均排名第 1，体现出在相关政策的大力支持下，苏州的科技金融体系生态环境优良，同时也促进了科技创新成果产出效率的提升。

第二类：南京、无锡、常州、扬州和徐州。该类地区科技金融基础设施雄厚，科技创新能力处于全省前列。特别是苏南地区民间资本与草根创业蓬勃发展，都促使科技与金融资源相互扶持、互相支撑，科技金融体系产出不断增加。该类城市的培育性投入科技金融因子（F_1），效率性产出科技金融因子（F$_3$）的得分均位列全省前茅，部分城市的自发性投入科技金融因子（F$_2$）的得分也优于江苏省平均水平。今后该类区域将进一步发挥地缘优势，科技与金融相融合的力度会逐步加大，深度也将不断拓展。

第三类：南通、泰州、镇江和淮安。这些城市综合经济和科技创新能力都有待进一步强化，但这些地区已经开始重视科技与金融资源的结合与发展，如能充分利用现已具备的科技金融体系发展基础，就能在中短期内体现出较强的发展潜力。这些城市虽然科技金融体系服务平台的培育性投入和效率性产出发展水平靠后，但在自发性科技金融因子（F$_2$）方面的得分并未落后，反映出该地区内科技型企业创新活力充沛，有意识的从微观层面营造出良好的科技金融体系生态氛围。例如，镇江市积极探索科技保险运行模式，在"政策扶持，商业运作"的前提下，科技保险运营和实施的情况良好，并真正起到为科技型中小企业技术创新"保驾护航"的作用。

第四类：盐城、连云港和宿迁。处于苏北地区的该类城市，综合经济和金融创新能力相对不足，在江苏省大力推进苏北地区科技创新与金融改革的背景下，该类地区培育性科技金融因子有望改善，今后应在强化这些城市自发性科技金融发展水平，提升科技金融体系产出效率方面加大力度。

综合上述四类地区可以发现，江苏省科技金融体系服务平台建设具有较为明显的区域非均衡性特征。虽然从"十二五"期间江苏省科技金融体系发展成效不难看出，其发展中拥有政策的支持，资金的投入，参与主体的热情，但阻碍江苏省科技金融体系服务平台长效发展的障碍因素是缺乏配套政策协同、缺乏资金运作机制、缺乏参与主体共享平台。一方面，"十二五"期间，江苏省颁布的各类支持科技金融体系服务平台建设的相关政策文件不少，但缺乏统领性的政策指引，各类政策之间缺乏连贯性和系统性，从而容易造成科技与金融资源的重复投入，项目的重复建设；另一方面，虽然江苏省科技各部门、银行及金融机构投入了极大的热情和充足的资金，积极推动科技金融体系服务平台的建设，但在贯彻和落地各项规章与政策时仍稍显滞后，各参与主体往往以自身利益为导向，协同机制略显不畅，综合性服务平台搭建仍需完善。

二、江苏省科技金融体系服务平台建设的政策建议

基于上述江苏省科技金融体系服务平台建设中的区域非均衡性特征，以及影响其长效发展的"三缺三不缺"障碍因素，本节提出以"市场主

导、政府引导、体系完善、协同创新"为总体思想的江苏省科技金融体系服务平台建设创新机制。具体表现为：

首先，"一个强化"，即强化政策引导功能。面对江苏省部分地区金融体制与科技型企业融资需求的结构性矛盾，以及金融与技术创新结合上存在的机制缺陷，一方面，政府应通过富于层次性和体系化的相关政策，建立相应的政府引导机制，对科技创新不同阶段的企业提供全方位服务及全维度资金扶持；另一方面，政府可提供两个层面的科技金融生态保障体系，即形成各部门工作协调、金融产品创新、混业经营和混业监管的机制保障系统，以及内部培养、外部引进、市场化激励的人才保障体系。

其次，"一个完善"，即完善多层次科技资本市场架构。企业应成为江苏省科技创新的主体，而在面对科技型中小企业普遍存在的"麦克米伦"缺口问题时，企业自身应充分运用五类科技金融创新工具，即科技支行、中小企业集合债、企业债券、信托和商业贷款的债权融资工具；天使投资、风险投资、债转股、上市融资和并购的股权融资工具；科技保险和商业保险的保险工具；科技担保、商业担保、知识产权质押、典当和企业互保的金融中介服务工具；政府补贴、税费减免、贴息和孵化器等财政支持工具，从而全面填补科技型企业的资金缺口，逐步提高科技金融生态的可持续发展能力。此外，建立科学的科技企业信用评估体系，构建科技企业上市创业板、中小企业板及主板市场的培育体系，以加快适应国家金融改革的步伐。

最后，"一个创新"，即建立有效协同创新平台。形成以政府、市场、产学研为驱动、投融资平台为主体、信用体系为基础、中介服务体系和担保服务体系为两翼，融合制度创新、机制创新、技术创新、产品创新等在内的多层次科技金融生态体系。同时，依托"大众创业，万众创新"的经济增长新引擎，加强政产学研合作，构建"孵化+创投"、"互联网+"、创新工场等新型孵化器，以及高校科技金融创新实践平台。

本 章 小 结

本章基于科技金融体系的霍尔三维结构模型，重点对科技金融政策环境建设与发展的效果进行评价。一方面，本章利用引力熵模型，通过对"科技金融体系政策环境发展指数"和"经济距离"内涵的界定，建立了一个基于空间区域视角下的"科技金融体系引力"模型；同时，运用该模型对长三角地区相关城市的"科技金融体系引力"进行定量测度，为该区域科技金融体系非均衡发展现象提供一种新的分析视角，也为长三角地区科技金融体系政策环境协同发展提出一些有益的政策建议。另一方面，本章从政策支持、财政投入、创投扩容和平台搭建四个方面，回顾了江苏省"十二五"期间科技金融体系服务平台建设所取得的成效；基于江苏省科技金融体系服务平台建设效果评价指标，运用因子与聚类分析方法实证分析了江苏省 13 个地级市科技金融体系服务平台发展水平；进而利用聚类分析得出，江苏省科技金融体系服务平台建设呈现出较为明显的梯度分布，凸显出发展中的地域非均衡性特征；最后本章总结了阻碍江苏省科技金融体系服务平台进一步发展的"三缺三不缺"障碍因素，并从三个方面提出科技金融体系服务平台进一步完善的建设机制。

参考文献

［1］ Abbas J. , Ali. How to Manage for international Competitiveness [M]. International Business Press, New York, 1992.

［2］ Aghion P. , Hewitt P. and Mayer – Folks. The Effect of Financial Development on Convergence: Theory and Evidence [J]. The Quarterly Journal of Economics, 2005 (2).

［3］ Alexander Gerschenkron. Economic Backwardness In Historical Perspective [M]. The Belknap Press Of Harvard Univ. Press, 1962.

［4］ Allen, F. Stock Markets and Resource Allocation, in C. Mayer and X. Vives, editors Capital Markets and Financial International [M]. Cambridge University Press, Cambridge, 1993.

［5］ Allen F. , Santomero A. M. The theory of financia lintermediation [J]. Journal of Banking and Finance, 1998 (21).

［6］ Allen, F. and D. Gale. Financial Contagion [J]. The Journal of Political Economy, 2000 (1).

［7］ Andrew Winton, Vijay Yerramilli. Entrepreneurial finance: Banks versus venture capital [J]. Journal of Financial Economics, 2008 (88).

［8］ Andersen P. , Petersen N. C. A procedure for ranking efficient units in data envelopment analysis [J]. Management Science, 1993, 39 (10).

［9］ Aydalot P. , Keeble D. (ets). High Technology Industry and Innovative Environments, The European Experience [M]. London: Routledge, 1988.

［10］ Beard, R. E. Risk theory: the stochastic basis of insurance [M]. USA: Chapman and Hall, 1984.

［11］ Beck T. , Levine R. Industry growth and capital allocation, does Hav-

ing a Market or Banks – Based System Matter [J]. Journal of Finan-
cial Economics, 2002, 5 (8).

[12] Bencivenga V. , Smith B and Starr R. Transactions Costs, Technolog-
ical Choice, and Endogenous Growth [J]. Journal of Economic The-
ory, 1995 (67).

[13] Black, B. S. , Gilson and R. J. Does Venture Capital Require an
Active Stock Market [J]. Journal of Applied Corporate Finance,
1999.

[14] Blackburn, K. and V. Hung. A Theory of Growth, Financial Devel-
opment, and Trade [J]. Economics, 1998 (65).

[15] Boot, Arnoudand Anjan Thakor. Financial system architecture [J].
Review of Financial Studies, 1997 (3).

[16] Brown, J. R. , S. M Fazzari and B. C. Petersen. Financing Innovation
and Growth: Cash Flow, External Equity, and the 1990sR&Dboom
[J]. The Journal of Finance, 2009, 64 (1).

[17] Carpenter, R. E. , B. C. and Petersen. Capital Market Imperfections,
High – Tech Investment, and New Equity Financing [J]. The Eco-
nomic Journal, 2002, 112 (2).

[18] Carlin, Wendy and Colin Mayer. Finance, Investment, and Growth
[J]. Journal of Financial Economics, 2003 (69).

[19] Cetorelli, N. and GamberaM. Banking Market Structure. Financial
Dependence and Growth: International Evidence from Industry Data
[J]. The Journal of Finance, forthcoming, 2001 (56).

[20] Chesbrough H. Open Innovation, the New Imperative for Creating
and Profiting from Technology [M]. Harvard business school press,
2003.

[21] Chin, W. W. Issues and Opinion on Structural Equation Modeling
[J]. MIS Quarterly, 1988, 22 (1).

[22] Clark, G. L. An Economic Geography of Global Finance: Ownership
Concentration and Stock Price Volatility in German Firms and Re-
gions [J]. Annals of the Association of American Geographers,
2003 (4).

[23] Gompers, Paul A. and Josh Lerner. The Venture Capital Cycle
[M]. Cambridge: MIT Press, 1999.

[24] Data, Bypass, Dixon, Huw. Technological change, entry, and stock-market dynamics: An analysis of transition in a monopolistic industry [J]. American Economic Review, 2002, 92 (2).

[25] Dewatripont, M. and E. Maskin. Credit and Efficiency in Centralized and Decentralized. Economies [J]. Review of Economic Studies, 1995 (62).

[26] Diamond, Douglas W & Dybvig, Philip H. Bank Runs. Deposit Insurance, and Liquidity [J]. Journal of Political Economy, University of Chicago Press, 1983, 91 (3).

[27] Dcbson, P. And Starkey, K. The Competitive Advantage of Nations [J]. Journal of Management Studies, 1992, 29 (2).

[28] Dooley Lawrence, Cormican Kathryn, Wreath Siobhan, etal. Supporting Systems Innovation [J]. International Journal of Innovation Management, 2000, 4 (3).

[29] D. Salvatore. Theory and Problems of international Economics [J]. New York: McGrawhill, 1995 (2).

[30] Grossman, S. J. and Stiglitz, J. E. On the impossibility of informational efficient markets [J]. American Economic Review, 1980 (70).

[31] Hellman, T. , M. Puri. The interaction between product market and financing stragy: The role of venture capital [J]. The Review of Financial Studies, 2000 (4).

[32] Hellwig, M. Banking, financial intermediation and corporate finance in A. Giovannini and C. Mayer (eds.) [M]. European finacial intermediation. Cambridge: Cambridge University Press, 1991.

[33] Hicks, J. R. A theory of Economic History [M]. Clarendon Press, oxford, 1969.

[34] Iansiti Marco, West Jonathan. Technology Integration: Turning Great Research into Great Products [J]. Harvard Business Review, 1997, 75 (3).

[35] Jain, B. A. , O. Kini. Venture capitalist participation and the postissue operating performance of IPO firms [J]. Managerial and Decision Economics, 1995 (5).

[36] Jeffry A. Timmons, William D. Bygrave. Venture capital's role in fi-

nancing innovation for economic growth [J]. Journal of Business Venturing, 1986, 1 (2).

[37] Kenneth J. A. The economic implications of learning by doing [J]. Review of economic studies, 1962 (29).

[38] Keuschning, Christian. Venture Capital Backed Growth [J]. Journal of Economic Growth, 2004, 9 (2).

[39] La Porta, R. , Lopez de Silanes, F. and Schleifer, A. Government Ownership of Banks [J]. Journal of Finance, 2002 (57).

[40] Levine, R. Financial Development and Economic Growth: Views and Agenda [J]. Journal of Economic Literature, 1997 (35).

[41] Levine, Ross. Financial intermediation and growth: Causality and causes [J]. Journal of Monetary Economics, 2000 (46).

[42] Lichtenberg F. R. The effect of Government Funding on Private Industrial Research and Development: A Reassessment [J]. Journal of Industrial Economics, 1987, 36 (1).

[43] LÖÖf, H. , and Heshmati, A. The Impact of Public Funding on Private R&D Investment: New Evidence from a Firm Level [J]. Electronic Working Paper Series, 2005 (6).

[44] Lucas, R. E. Jr, On the Mechanics of Economic Development [J]. Journal of Political Economics, 1988, 23 (10).

[45] Macey, J. & Miller, G. Universal banks are not the answer to America's corporate governance problem [J]. Journal of Applied Corporate Finance, 1997, 9 (4).

[46] Martinsson, G. Equity Financing and Innovation: Is Europe Different from the United States? [J]. Journal of Banking & Finance, 2010, 34 (6).

[47] Michal Jerzmanowski, Mahler. The welfare consequences of irrational exuberance: Stock market booms, research investment, and productivity [J]. Journal of Macroeconomics, 2008 (30).

[48] Michelacci, Claudio, Suarez and Javier. Business creation and the stock market [J]. Review of Economic Studies, 2004, 71 (2).

[49] Moore B. Financial Constraints to the Growth and Development of Small High Technology Firms [M]. London: Routledge, 1994.

[50] Morck, Randall and Masao Nakamura. Banks and Corporate Control

in Japan [J]. Journal of Finance, 1999, 54 (1).

[51] Oakey, R. P. High technology new firms: variable barriers to growth [M]. Paul Chapman Publishing, London. 1995.

[52] Petersen, M. A. and R. G. Rajan. The effect of credit market competition on lending relationships [J]. Quarterly Journal of Economics, 1995 (110).

[53] Paul A. Gompers, Josh Lerner. The Venture Capital Revolution [J]. Journal of Economic Perspectives, 2001.

[54] Prahalad and Hamel, The Core Competence of the Corporation [J]. Harvard Business Review, 1990, 5 (6).

[55] Paulmr. Increasing returns and long run growth [J]. Journal of political economy, 1986 (94).

[56] Rajan R. G. Insiders and Outsiders: The Choice between Informed and Arm's length Debt. Journal of Finance, 1992 (47).

[57] Rajan, R. G. and Zingales, L. Financial dependence and growth [J]. American Economic Review, 1998 (88).

[58] Saint Paul G. Technological Choice. Financial Markets and Economic Development [J]. European Economic Review, 1992 (36).

[59] Sapienza, H. & Gupta, A. K. Impact of agency risks and task uncertainty on venture capitalist – CEO interaction [J]. Academy of Management Journal, 1994 (37).

[60] Sahlman W. A. The structure and governance of venture capital organization [J]. Journal of Finance Economics, 1990 (27).

[61] Schumpeter. The Theory of Economy Development [M]. Cambridge, MA: Harvard University Press, 1912.

[62] Schwartz D. , Raphael B E. Venture Investments in Israel- a Regional Perspective [J]. European Planning Studies, 2007, 15 (5).

[63] Scott, J. T. Firm Versus Industry Variability in R&D Intensity [A]. in Griliches, Z. (ed.), R&D, Patents, and Productivity, Chicago, University of Chicago Press, 1994.

[64] Stiglitz, J. E. and A. Weiss. Credit Rationing in Market with Imperfect Information [J]. The American Economic Review, 1981.

[65] Taylor P. D. , Jonker L. B. Evolutionarily stable Strategies and game dynamics [J]. Mathematical Bioscience, 1978 (40).

［66］Weinstein, D. and Y. Yafeh. On the Costs of a Bank – Centered Financial System：Evidence from the Changing Main Bank Relations in Japan ［J］. Journal of Finance, 1998, 53（2）.

［67］Vikas A. Aggarwal, David H. Hsu. Research article modes of cooperative R&D commercialization by startups ［J］. Strategic Management Journal, 2009, 30（8）.

［68］安虎森译, 欧洲风险投资协会编. 欧洲风险投资运作规程通览 ［M］. 太原：山西人民出版社, 2001.

［69］部慧, 梁小珍, 皮理. 我国金融业区域发展差异的空间统计分析 ［J］. 系统工程理论与实践, 2014（05）.

［70］曹颢, 尤建新, 卢锐, 陈海洋. 我国科技金融发展指数实证研究 ［J］. 中国管理科学, 2011（19）.

［71］陈德銮. 风险资本和高新技术企业发展——新加坡的启示 ［J］. 东南亚纵横, 2009（8）：21 – 22.

［72］陈国亮, 陈建军. 产业关联、空间地理与二三产业共同集聚——来自中国 212 个城市的经验考察 ［J］. 管理世界, 2012（04）.

［73］陈凯, 肖莺, 付永红. 江苏科技和金融结合效益评价研究 ［J］. 科技管理研究, 2013（14）.

［74］陈雨露. 科技风险与科技保险 ［J］. 科技风险投资, 2007（1）.

［75］成善栋. 金融创新体系的基本框架与要素构成研究 ［J］. 金融论坛, 2010（9）.

［76］促进科技和金融结合试点工作部际协调指导小组秘书处. 中国科技金融发展报告（2012）［M］. 北京：经济管理出版社, 2013.

［77］崔毅, 赵韵琪, 杨丽萍, 赵兵. 基于 DEA 方法的广东科技与金融结合效益评价 ［J］. 华南理工大学学报（社会科学版）. 2010（12）.

［78］戴学来, 董正英. 风险投资与技术创新效率比较 ［J］. 科学管理研究, 2003（8）.

［79］邓天佐. 科技金融发展思考 ［J］. 中国科技产业, 2012（7）.

［80］邓天佐, 张俊芳. 关于我国科技金融发展的绩点思考 ［J］. 证券市场导报, 2012（12）.

［81］董浩岩. 中国风险投资实务 ［M］. 北京：中国社会出版社, 2002.

［82］樊为刚, 侯丽红. 层次分析法的改进 ［J］. 科技情报开发与经

济 . 2005（4）.

［83］房汉廷 . 关于科技金融理论、实践与政策的思考［J］. 中国科
技论坛，2010（11）.

［84］冯中圣，沈志群 . 中国创业投资行业发展报告［M］. 北京：中
国计划出版社，2012.

［85］付剑峰，朱鸿鸣，郭戎等 . 科技银行中国化的探索——以杭州
银行科技支行为例［J］. 中国科技投资，2011（11）.

［86］高成亮，符亚明，王卓 . 风险投资运作［M］. 北京：首都经济
贸易出版社，2013.

［87］高天辉，宋砚秋，张萌，戴大双 . 我国政府对高新技术产业化
项目财政科技投入绩效评价——基于 Borda 法［J］. 现代经济
信息，2012（7）.

［88］顾海峰 . 战略性新兴产业培育、升级与金融支持［J］. 改革，
2011（2）.

［89］顾骅珊 . 政府设立创业投资引导基金的运作管理模式探析［J］.
经济研究导刊，2009（3）.

［90］顾昕，周大伟 . 开展科技贷款与建立中国科技开发银行［J］.
科学管理研究，1986（2）.

［91］郭戎，付剑峰，张明喜，薛薇 . 中国的科技投资——科技金融
与科技财税初探［M］. 北京：经济管理出版社，2013.

［92］郭立田，王砚书 . 企业科技投入绩效评价问题初探［J］. 会计
之友，2005（7）.

［93］韩刚 . 商业银行金融创新与科技型小微企业融资困境突破——
以商业银行苏州支行为例［J］. 金融理论与实践，2012（4）.

［94］韩士德 . 科技银行直面中小企业融资难题［J］. 华东科技，
2010（11）.

［95］洪银兴 . 科技金融及其培育［J］. 经济学家，2011（6）.

［96］何光辉，杨咸月 . 风险投资、二板市场及多层次资本市场发展
［J］. 财经研究，1999（5）.

［97］纪建悦，郅岳 . 我国商业银行对科技型中小企业融资支持的金
融创新研究［J］. 农村金融研究，2012（3）.

［98］蒋伟，顾汶杰 . 风险投资对创业企业作用的实证研究［J］. 商
业经济与管理，2015（11）.

［99］蒋岳祥 . 区域金融创新：效率评价、环境影响与差异分析［J］.

浙江大学学报，2013（6）.

[100] 杰弗里·蒙斯. 创业企业融资 [M]. 周伟民，长春译，北京：
华夏出版社，2002.

[101] 赖建平，王自锋. 我国科技银行的发展及对策 [J]. 开放导
报，2009（4）.

[102] 李柏洲，苏屹. 基于改进突变级数的区域科技创新能力评价研
究 [J]. 中国软科学，2012（6）.

[103] 李心丹，束兰根. 科技金融——理论与实践 [M]. 南京：南
京大学出版社，2013.

[104] 李雅莉. 河南省科技金融产品的供需对接研究 [J]. 区域经济
评论，2016（1）.

[105] 李颖，凌江怀，王春超. 金融发展对国内科技创新影响的理论
与实证研究——基于对广东省面板数据的分析 [J]. 科技进步
与对策，2009（12）.

[106] 李增福. 中小企业银行模式的国际比较及其历史经验批判——
兼论我国科技银行的设立 [J]. 经济经纬，2010（2）.

[107] 廖添土. 科技投入的国际比较与科技金融支持体系的构建 [J].
金融电子化，2007（5）.

[108] 廖添土. 我国财政科技投入的实证分析与绩效评价研究——基
于灰色关联分析方法的应 [J]. 福建农林大学学报（哲学社会
科学版），2012（15）.

[109] 林乐芬，张昆，丁鹏. 银行科技金融创新现状分析——基于江
苏八家银行的问卷调查 [J]. 学海，2012（1）.

[110] 刘璐，金素. 金融发展中的科技风险研究 [J]. 科技进步与对
策，2011，28（21）.

[111] 刘骅，卢亚娟. 金融机构非系统性风险集成评价与监测研究——
后危机时代的新思考 [J]. 财贸经济，2012（2）.

[112] 刘骅，谢科范. 科技环境与科技保险对区域自主创新能力的影
响——基于结构方程模型的实证分析 [J]. 中国科技论坛，
2009（3）.

[113] 刘骅，谢科范. 中部六省科教资源比较分析 [J]. 科技管理研
究，2009（8）.

[114] 刘骅. 科技保险的理论与实证研究 [D]. 武汉理工大学博士
学位论文，2010.

［115］刘思．国内外发展高科技园区金融支持体系的比较［J］．会计之友，2012（21）．

［116］刘世锦．为产业升级和发展创造有利前金融环境［J］．上海金融，1996（4）．

［117］刘学林，刘萍萍．创业投资中的契约机制研究［J］．天津大学学报，2008，10（2）．

［118］刘展，陈宏民．我国企业优化技术创新模式策略研究［J］．管理工程学报，2009，23（3）．

［119］刘志彪．科技银行功能构建：商业银行支持战略性新兴产业发展的关键问题研究［J］．南京社会科学，2011（4）．

［120］陆岷峰，张慧．构建以科技商业银行为核心的科技金融管理体制［J］．哈尔滨金融学院学报，2011（6）．

［121］龙勇，张合，刘珂．风险资本和高新技术企业的特殊关系［J］．科技管理研究，2009（4）．

［122］罗介平，李丽萍．促进科技发展的财政投入政策研究［J］．开发研究，2012（4）．

［123］马欣，丁慧平．高科技项目投资的实物期权定价模型［J］．北京工业大学学报，2006，32（1）．

［124］麦均洪．我国多层次科技资本市场的重构与对策研究［J］．宏观经济研究，2014（11）．

［125］彭京华．构建我国高新技术产业多层次融资创新体系［J］．经济与管理研究，2001（3）．

［126］钱野，徐土松，周恺秉．基于政府支持的科技担保缓解科技型初创企业融资难问题的研究［J］．中国科技论坛，2012（2）．

［127］钱志新．产业金融——医治金融危机的最佳良药［M］．江苏：江苏人民出版社，2010．

［128］秦娟，费颖新，刘春辉，徐欣．江苏省科技贷款风险补偿的实践与思考［J］．科技管理研究，2012（4）．

［129］青木昌彦．《政府在东亚经济发展中的作用：比较制度分析》中文版前言［J］．改革，1997（5）．

［130］阙澄宇，金珊珊．科技资本市场对高新技术企业创新支持分析——基于辽宁、山东、四川、浙江四省的比较［J］．社会科学辑刊，2013（05）．

［131］任静，赵立雨．陕两省政府科技投入绩效评价与目标强度研究

[J]. 科技管理研究, 2011 (10).

[132] 任伟, 胡安周. 我国应大力发展科技保险 [J]. 金融理论与实践, 1997 (1).

[133] 邵同尧. 风险投资、创新与创新累积效应——基于系统 GMM 估计的动态面板分析 [J]. 软科学, 2011 (25).

[134] 邵学清. 科技保险的必要性与可行性 [J]. 中国科技投资, 2007 (9).

[135] 宋彧, 莫宇宏. 科技与金融结合模式的比较研究 [J]. 商业研究, 2005 (22).

[136] 孙玉涛, 刘凤朝. 双重价值导向的政府科技投入绩效评价 [J]. 科学学研究, 2011 (29).

[137] 汤汇浩. 科技金融创新中的风险与政府对策 [J]. 科技进步与对策, 2012 (29).

[138] 唐若兰. 我国高科技企业风险投资运行机制的困境与出路 [J]. 理论与改革, 2011 (2).

[139] 唐中赋, 顾培亮. 高新技术产业的发展水平的综合评价 [J]. 经济理论与经济管理, 2003 (10).

[140] 田霖. 科技力与区域金融综合竞争力的模糊曲线分析 [J]. 重庆大学学报 (社会科学版), 2005 (11).

[141] 王春杨, 张超. 地理集聚与空间依赖——中国区域创新的时空演进模式 [J]. 科学研究, 2013 (05).

[142] 王凤荣. 中小高新技术企业成长的金融支持制度研究 [M]. 北京: 中国经济出版社, 2006.

[143] 王国刚. 创业板: 创业投资与高新技术产业化 [J]. 中国工业经济, 2001 (6).

[144] 王海, 叶元煦. 科技金融结合效益的评价研究 [J]. 管理科学, 2003 (16).

[145] 王伟光. 政府在创业投资发展中的作用: 国际经验 [J]. 中国科技论坛, 2004 (6).

[146] 王新红. 我国高新技术企业资金供给的有效性评价 [J]. 经济管理, 2007 (20).

[147] 王雪原, 王宏起. 政府科技经费预算效果评价及实证研究 [J]. 中国科技论坛, 2012 (1).

[148] 王砚书. 企业科技投入绩效评价指标体系探析 [J]. 科技管理

研究, 2007 (7).

[149] 王媛媛. 风险投资的运行机制及外部环境分析 [D]. 河北大学硕士学位论文, 2001.

[150] 王中华, 赵曙东. 中小企业技术创新模式研究 [J]. 中国科技论坛, 2009 (7).

[151] 魏权龄. 评价相对有效性的 DEA 方法——运筹学的新领域 [M]. 北京: 中国人民大学出版社, 1988.

[152] 文竹, 文宗川, 宿北燕. 基于 TRIZ 理论的科技金融创新模式研究 [J]. 科学管理研究, 2012 (3).

[153] 闻岳春. 促进科技创新的多层次资本市场创新探讨 [J]. 上海金融学院学报, 2013 (1).

[154] 伍海华, 张旭. 经济增长·产业结构·金融发展 [J]. 经济理论与经济管理, 2001 (5).

[155] 吴翌琳, 谷彬. 科技金融服务体系的协同发展模式研究——中关村科技金融改革发展的经验与启示 [J]. 中国科技论坛, 2013 (8).

[156] 肖泽磊, 韩顺法, 易志高. 我国科技金融创新体系的构建及实证研究——以武汉市为例 [J]. 科技进步与对策, 2011 (8).

[157] 肖科. 政策性金融对我国自主创新成果转化的贡献研究 [J]. 科技进步与对策, 2009 (26).

[158] 谢林林, 廖颖杰. 科技银行与风险投资关系探讨 [J]. 改革与战略, 2011 (7).

[159] 谢科范, 倪曙光. 科技风险与科技保险 [J]. 科学管理研究, 1995 (2).

[160] 谢沛善, 刘金林. 开发性金融支持创业风险投资基金运行机制的设计 [J]. 中国科技论坛, 2011 (3).

[161] 谢章澍, 朱斌. 高技术产业竞争力评价指标体系的构建 [J]. 科研管理, 2001, 22 (5).

[162] 熊波, 陈柳. 中小高科技企业技术成果转化中的金融创新研究 [J]. 财经问题研究, 2005 (5).

[163] 许庆瑞. 技术创新管理 [M]. 杭州: 浙江大学出版社, 1990.

[164] 徐土松. 杭州市科技贷款风险补偿机制探索和实践以及加计扣除政策落实情况 [J]. 今日科技, 2012 (3).

[165] 徐雪竹, 刘振. DEA 模型在评价科技投入产出绩效中的运用——

以云南省 2000～2004 年数据为例 [J]．经济理论研究，2007
（12）.

[166] 寻舸．区域金融学视角下我国科技金融发展研究 [J]．科技进
步与对策，2015（17）.

[167] 严武军．中国区域金融发展水平差异分析 [D]．新疆财经大
学硕士学位论文，2012.

[168] 杨大楷，李丹丹．政府支持对中国风险投资业影响的实证研究
[J]．山西财经大学学报，2012，34（5）.

[169] 杨刚．科技与金融结合的支撑体系研究 [J]．工业技术经济，
2005（8）.

[170] 杨蒙莺，陈德棉．风险投资介入的最优创业融资探讨 [J]．科
学管理研究，2005（2）.

[171] 杨哲．科技信贷产品创新的拓展空间探究 [J]．财会月刊，
2014（11）.

[172] 姚丰桥，陈通．技术创新企业与风险投资的演化博弈分析 [J]．
中国科技论坛，2010（11）.

[173] 姚慧．风险投资的运行机理及其发展的宏观环境研究 [D]．
广西大学硕士学位论文，2005.

[174] 叶龙凤．垂直专业化分工对我国本土企业技术创新影响的实证
研究 [J]．华东经济管理，2011，25（1）.

[175] 于静霞，刘玲利．我国省际科技投入产出效率评价 [J]．工业
技术经济，2007（9）.

[176] 俞立平．银行贷款、政府及企业科技投入贡献的纵向差距研
究——基于面板数据分位数回归的估计 [J]．科技进步与对
策，2013（2）.

[177] 余粤．国外风险投资的微观运行机制研究 [D]．西南财经大
学硕士学位论文，2001.

[178] 张华．宁、锡、苏三地高新技术企业科技保险需求研究 [J]．
中国科技论坛，2008（10）.

[179] 张俊芳．中国风险投资退出渠道的现状、问题及政策建议 [J]．
科技创新与生产力，2010（8）.

[180] 张俊芳，郭戎．盘点 2010 年中国创业风险投资行业发展 [N]．
科技日报，2011.

[181] 张军洲．中国区域金融分析 [M]．北京：中国经济出版社，

1995.

[182] 张琳. 风险投资体系与运行机制 [M]. 长沙: 湖南师范大学
出版社, 2004.

[183] 张利科. 风险投资对高新技术产业发展的绩效研究 [D]. 沈
阳: 沈阳大学, 2012.

[184] 张陆洋. 风险投资的运行和效用 [N]. 证券时报, 2001.

[185] 张明喜, 郭戎. 中国创业风险投资的发展近况及思考 [J]. 中
国科技论坛, 2015 (2).

[186] 张仁寿, 黄小军, 郑传芳, 胡亦武. 基于 DEA 方法的区域科
技自主创新绩效评价实证研究——以广东南沙为例 [J]. 科学
管理研究, 2012 (32).

[187] 张小蒂. 美国创业投资业成功运作的主要因素及启示 [J]. 金
融研究, 1999 (9).

[188] 张育明. 科技与金融结合的机制与模式 [J]. 经济学家, 2001
(4).

[189] 张玉喜. 产业政策金融支持的协调机制研究 [J]. 学习与探
索, 2008 (3).

[190] 张玉喜, 赵丽丽. 中国科技金融投入对科技创新的作用—基于
静态和动态面板数据模型的实证研究 [J]. 科学研究, 2015
(2).

[191] 张铮, 高建. 硅谷银行创业投资的运作机制 [J]. 中国创业投
资与高科技, 2004 (4).

[192] 赵昌文, 陈春发, 唐英凯. 科技金融 [M]. 北京: 科技出版
社, 2009.

[193] 赵昌文, 杨安华, 赵雅婷, 唐华. 政府、创投、担保与银行四
方协作——成都高新区"统借统还"贷款模式 [J]. 证券市场
导报, 2010 (11).

[194] 赵昌文. 科技金融文集 [M]. 北京: 中国金融出版社, 2014.

[195] 赵成国, 金晓芳, 胡宇靖. 科技中小企业信贷统计评价指标体
系研究 [J]. 科技管理研究, 2015 (24).

[196] 郑长德. 中国金融发展地区差异的泰尔指数分解及形成因素分
析 [J]. 金融与保险, 2008 (7).

[197] 赵敏, 史晓凌, 段海波, TRIZ 入门及实践 [M]. 北京: 科学
出版社, 2009.

[198] 中国人民银行南京分行营业管理部课题组．基于当前银行实践的科技信贷创新研究［J］．金融纵横，2013（4）．

[199] 周昌发．科技金融发展的保障机制［J］．中国软科学，2011（3）．

[200] 周峰．高科技中小企业融资路径选择研究［D］．长沙：中南大学，2008．

[201] 周乃敏，毕新华，王建皋．高技术产业化风险投资的运行机制研究［J］．工业技术经济，1995（6）．

[202] 周天勇．高负债发展模式的金融风险［J］．经济研究，1998（5）．

[203] 朱爱萍．江苏省政府主导的创业投资基金运作模式初探［M］．经济问题探索，2004（7）．

[204] 朱鸿鸣，赵昌文，李十六，付剑峰．科技支行与科技小贷公司：谁是较优的"科技银行"中国化模式？——来自苏州的经验［J］．中国软科学，2011（12）．

[205] 朱鸿鸣，赵昌文，肇启伟．科技银行是什么？——兼论如何建设科技银行［J］．经济体制改革，2012（3）

[206] 朱鸿鸣，赵昌文．科技银行中国化与科技银行范式——兼论如何发展中国的科技银行［J］．科学管理研究，2012（6）．

[207] 朱鸿鸣，赵昌文，付剑锋．中国科技贷款三十年：演进规律与政策建议［J］．中国科技论坛，2012（7）．

[208] 朱建芳．中国地区金融差距变动趋势研究：1978～2004年［J］．宁波大学学报，2007（20）．

[209] 朱小璐．浅谈中国金融风险的现状及防范对策［J］．时代金融，2012（10）．

[210] 朱孝忠．风险投资对技术创新的作用研究综述［J］．金融理论与实践，2008（3）．

[211] 朱逸文．科技信贷运作综合评估体系探讨［J］．商业经济与管理，2014（7）．

后　　记

在我国科技金融发展第三个阶段（2006年起）的十年间，科技金融由一个解决中小企业融资难、融资贵的工具，转变为创新驱动发展的"牛鼻子"。其发展范式也逐步由供给、政府、技术和服务为导向，向需求、市场、产业和竞争为导向转变。然而，金融并不必然促进创新，金融是异质的，不同的金融体系在促进创新方面具有不同的绩效。因此，在现有背景下，应对如何促进我国科技和金融结合，有效支撑和引领经济发展方式转变给予更多关注。

本书旨在从全局和战略性的角度阐释科技与金融协同创新的重要意义，通过引入霍尔三维结构模型，以科技型中小企业生命周期不确定性管理机制和风险管理机制的创新为切入点，构建多元化、多层次、多主体的科技金融建设体系，通过其行为演化规律的发掘，实现政府与市场利益关系为核心的多方共赢；进而为落实科技金融体系服务国家自主创新战略目标，加强对科技金融体系建设的效果评估，为科技金融体系可持续发展及时纠偏。

本书获得"江苏高校品牌专业建设工程项目"资助；在此，感谢倪桓、葛晟、王璨和卢亚娟等同事的鼓励和帮助，以及硕士研究生朱鹏、陶锋和张婕等同学的辛勤付出。

图书在版编目（CIP）数据

科技金融体系建设与效果评价/刘骅著 . —北京：
经济科学出版社，2018.4
ISBN 978 - 7 - 5141 - 9232 - 2

Ⅰ.①科… Ⅱ.①刘… Ⅲ.①科学技术 - 金融 -
研究 Ⅳ.①F830

中国版本图书馆 CIP 数据核字（2018）第 079379 号

责任编辑：刘　　莎
责任校对：徐领柱
责任印制：邱　　天

科技金融体系建设与效果评价
刘　骅　著
经济科学出版社出版、发行　新华书店经销
社址：北京市海淀区阜成路甲 28 号　邮编：100142
总编部电话：010 - 88191217　发行部电话：010 - 88191522
网址：www. esp. com. cn
电子邮件：esp@ esp. com. cn
天猫网店：经济科学出版社旗舰店
网址：http：//jjkxcbs. tmall. com
北京密兴印刷有限公司印装
710 × 1000　16 开　13.5 印张　280000 字
2018 年 4 月第 1 版　2018 年 4 月第 1 次印刷
ISBN 978 - 7 - 5141 - 9232 - 2　定价：49.00 元
（图书出现印装问题，本社负责调换。电话：**010 - 88191510**）
（版权所有　侵权必究　举报电话：**010 - 88191586**
电子邮箱：**dbts@ esp. com. cn**）